THE
COACH

나를 찾는 마음 여정, 그리고 NLP

구병주 · 김영주 · 노진백 · 설명찬 · 이재영 · 조영자 · 최현정

추천사

　우리는 무엇을 배우면 내가 생각하고 이해하고 있는 것이 맞는지, 남들은 어떻게 생각하고 실행하는지에 대해 늘 궁금해 합니다. 더구나 그 분야가 사람의 마음에 대한 것이거나 코칭과 같이 비밀유지가 철저할 때는 더 그렇습니다. 간혹 전문가들의 책이나 자료는 너무 고급이어서 왠지 안 맞는 옷처럼 느끼기도 합니다.

　이 책은 제목처럼 7인의 코치들이 설렘과 두려움을 가지고 처음 떠난 마음여행에 대한 여행기입니다. 자신들이 처음 경험하고, 먼저 무릎써 본 것들에 대해 정리한 것이기에 "나만 이렇게 생각한 게 아니구나", "이렇게 실행에 옮기면 되는구나", "이런 결과가 나오는구나" 등 책을 통해 살아있는 간접경험을 할 수 있게 합니다. 막연하게 말로만 '당신이 옳고, 괜찮고, 잘될 거다'라고 하는 것이 아니라 생생한 스토리를 바탕으로 진솔한 지식과 경험을 전달하고 있고 특히 코칭과 NLP의 원리와 기법을 다양한 영역에 접목한 경험을 투명하게 보여준다는 것에 큰 의미를 두고 싶습니다. 이들이 남긴 마음여행의 기록은 앞으로 동일한 여행을 가려는 사람들에게는 보석 같은 가이드가 될 것임에 틀림없습니다.

7인의 코치들은 제가 강의하는 비즈니스 코칭 수업에서 만났습니다. 목요일 밤 10시 수업을 마치면 어김없이 강의실에 모여 앉아 책에 대한 논의를 하는 모습이 인상적이었습니다. 배움에 대한 열정으로 가득 찬 이들은 제 수업에서도 반딧불처럼 돋보였습니다. 서로 다른 색깔로 각자의 다양한 생각을 표현해 주어서 수업은 언제나 풍성하고 활기가 넘쳤습니다. 마음 여행을 위한 준비물을 챙기는 과정을 보며 이들이 가지는 설렘과 두려움을 느낄 수 있었고, 그래서 더 몰입하고 또 고민하는 모습들이 마냥 아름답게만 보였습니다. 각자도 예쁜 반딧불이지만 함께 모여서 서로 의지하는 모습은 환상적인 은하수를 보는 듯했습니다.

7인의 코치들은 특공대처럼 각기 다른 전문 영역에서 열심히 뛰고 있습니다. 그래서 이들이 풀어내는 이야기는 무지개와 같은 호기심을 가지고 보게 됩니다. 스스로 더 성장하고 싶고 동시에 같은 길을 가는 사람들에게 조금이라도 도움이 되고 싶다는 아름다운 욕심이 있었기에 가능한 일입니다.

좋은 사람의 정의가 '남을 위해 작고 사소한 행동을 하는 사람'이라면 이들은 분명히 좋은 사람들입니다. 처음 떠나는 마음여행이라서 부족함이 있다는 것을 알면서도 있는 그대로 공개하는 것을 보면 이들은 충분히 용기 있는 사람들입니다. '바보는 문제가 풀리기를 기다리지만 리더는 문제를 푼다'라는 말이 맞는다면 이들은 훌륭한 리더들입니다.

마음여행은 어려움을 많이 겪었다고, 긴 시간을 여행했다고 그에 비례한 깨우침을 얻는 것은 아닙니다. 그 과정에서 얼마나 자신의 마음의 본질을 정확히 알고자 노력하고, 자신을 있는 그대로 인정하고 사랑하려고 했는지가 중요합니다. 이 책을 통해 자신의 마음을 살펴보고 자신의 마음을 따스한 시선으로 바라보고 안아 줄 수 있게 되었으면 좋겠습니다. 또한, 다른 사람이 맞을 수도 있고, 내가 모든 것을 다 아는 것은 아니라는 지적인 겸손함을 갖는 데 도움이 되었으면 좋겠습니다.

언제나 코칭은 큰 도전입니다. 그리고 코칭의 큰 핵심은 성찰입니다.

이 책을 읽고 나면 커피의 향처럼 마음여행에 대한 좋은 향기를 기억하게 될 것입니다. 그리고 그 향기는 자신이 어디에 어떻게 있는지를 알게 하는 '삶의 나침반'이 되어 줄 것입니다.

이렇게 좋은 책을 쓴 7인의 코치들과 이렇게 좋은 책을 읽는 모든 분들이 오늘보다 나은 성장을 통해 뜻한 바를 이루고 누리고 나누게 되기를 기원합니다.

아주대학교 경영대학원 교수 김헌수

　　직업이 선생이라 그런지 좋은 글을 읽는 시간만큼 행복한 시간은 찾기 어렵고, 글을 쓰는 시간만큼 충만감으로 채워지는 시간은 만나기 어렵다. 예로부터 선비의 미학은 문방사우를 가까이하며 평생 좋은 글 쓰기를 갈구하며 자신을 연마하며 보내는 시간에 달려 있다고 하지 않는가! 참으로 새로운 것을 발견하고, 배우고, 익히고, 나누는 교육의 장은 매 순간이 감동이다. 비록 브르디외(Pierre Bourdieu) 같은 이는 교육을 '지배 계급이 학력을 통해 그들의 사회적, 문화적 유산을 합법적으로 상속함을 정당화하려는 도구'라고 비판하기도 했지만 인류는 본능적으로 배우고, 익히고, 나아감을 멈추지 않는다. 같은 프랑스 인인 베르그송(Henri Bergson)의 이야기처럼 '나아감은 생명의 본성으로 그 원리가 모든 곳에서 작동'하기 때문이다.

　　대학이란 본질적으로 교양 공동체다. 예로부터 전해지는 숭고한 사상을 나누고, 새롭게 발견되는 새로움을 논의하는 공간이다. 대학을 '다양한 여러 신들의 투기장'이라고 표현한 막스 베버의 이야기처럼, 다양한 사상과 이론이 만들어지고 논의된다. 그리고 이 모든 활동의 핵심은 디스커스(discourse), 즉 談論(담론)이다. 이러한 사유에 기초해 나는 지난 20년간 대학에서 교수라는 역할을 해 오면서 본질에 충실하기 위해 노력했다. 수업시간에 다루는 제일 중요한 컨텐츠는 교수가 준비한 강의가 아니라 학생들의 질문과 서로 나누는 대화이길 희망했다. 담론을 잘 하기 위한 훈련의 장으로서의 학교를 지향하며 끊임없이 토론하고 또 토론했다. 아울러 고독한 글쓰기 연습은 빠질 수 없는 수업의 핵심 훈련이었다. 대리석 원석을 깎고 또 깎아내며 다비드상을 완성한 미켈란젤로(Michelangelo)처럼, 학생들이 글쓰기라는 사유를 통해 뭉툭한 생각을 다듬고 또 다듬을 수 있도록 돕는 일을 교수의 제1강령이라고 믿고 실천했다.

훌륭하게 이야기하고 훌륭하게 글을 쓰려면, 훌륭하게 생각해야 한다. 오직 입시를 목표로 암기 위주의 척박한 대한민국 공교육이란 어두운 터널을 지나온 우리 모두에게 누군가의 강의를 듣고, 받아쓰고, 암기하는 것은 그저 편안하다. 정답을 찾는 데 길들여진 우리는 자신의 생각을 표현함을 어색하게 느끼고, 타인의 다른 생각을 틀린 것이 아니라 다른 것이라 수용하며 새로운 마음의 공간에 담아두는 힘이 부족하다. 이런 측면에서 진정 우리가 이겨내야 하는 마음의 습관은 신이 물음표를 던진 곳에 마침표를 찍어야 편안함을 느끼는 습일지도 모른다.

여러 권의 책에 추천사를 썼지만 저자들의 얼굴을 한 사람 한 사람 떠올리며 추천의 글을 써내려가는 지금 이 순간은 미묘한 떨림이 느껴지는 뭉클한 시간이다. 저자들은 아주대학교 경영대학원 MBA과정에서 나의 두 과목 6학점의 수업을 들으며 당시, 매주 빠지지 않고 부과되는 글쓰기 과제를 한 주도 빠지지 않고 성실하게 수행한 학생들이다. 교수가 조금은 과하게 요구하는 성찰하는 사색의 시간을 통한 글쓰기 훈련을 단지 수행한 것에만 그치지 않고 나아가 종강한 후에도 자발적으로 1년 이상 함께 모여 토론하고 논쟁하며 꾸준히 대화하는 나눔과 성찰의 스터디를 지속해 온 놀라운 끈기와 정진에 힘찬 박수를 보낸다. 그 높은 의식 에너지의 결과물이 이 한 권의 책이다. 의식이 물질을 창조함을 경험하는 이 얼마나 감개무량한 일인가! 제자들의 글이 책으로 탄생되는 기쁨은 나의 책이 출간되는 것과 비교할 수 없는 감동이다. 우리 N7멤버들… 구병주, 김영주, 노진백, 이재영, 설명찬, 조영자, 최현정… 큰 기쁨과 또 다른 성찰거리를 주신 저자들께 고개 숙여 인사 올린다.

작은 물방울이 모여 망망대해를 이룬다. 버터플라이 효과! 그때는 모르지만 그 작은 일이 세월이 흘러 역사가 된다. 아주대학교 경영대학원에 코칭 전공을 만들고 NLP(신경언어프로그래밍)라는 과목을 개설한 것은 어찌 보면 작은 결정이었지만, 전공이 만들어지고 수업이 진행된 지 10년이 되어가면서 그때의 결정과 잘 운영하기 위한 꾸준한 마음의 정성을 담아온 노력은 학생들의 저서로까지 이어졌다. 실사구시의 정신을 실천하는 학교의 학풍이 이런 형태로 또 구현됨을 바라보니 작은 생각, 작은 몸짓 하나도 다시 돌아보게 된다. 아울러 혜안으로 좋은 전공과 과정을 디자인하시고 만들어 주신 아주대학교 경영대학의 박호환 교수님, 조영호 교수님, 임재익 교수님께 다시 한번 감사의 마음을 전한다. 이제는 존경하는 세 분 모두 퇴직하셔서 아쉬움이 크지만 큰 획을 그으신 역사는 오래오래 지속될 것이라 희망한다.

　NLP는 40여 년 전 상담분야에서 논의는 시작되었으나 지금은 범 세계적으로 응용되어 활용되는 마음운영원리로, 이미 수십 년 전부터 학교교육, 기업교육, 코칭, 의료, 광고, 세일즈 등 다양한 분야에서 적용되며 그 탁월성을 인정받고 있는 도구다. 처음 접하는 분이라 하더라도 이 글을 읽는 독자들께서는 저자들의 글을 통해 마음공부의 맛을 알아갔으면 하는 바람으로 즐거운 독서하시길 응원한다.

아주대학교 글로벌미래교육원 원장
경영대학 글로벌경영학과 교수 이성엽

2022년 6월 25일, 초여름이었지만 에어컨과 아이스커피가 없으면 견디기 힘든 날이었다. 긴장감이 살짝 드는 가운데 아주대학원 MBA과정 수업이 이루어지고 있는 강의실로 들어갔다.

MBA과정 중 NLP(Neuro Linguistic Programming, 신경언어프로그램) 수업을 듣는 7명의 학생들이 눈에 들어왔다. 바깥의 뜨거운 열기 못지않게 학생들의 눈동자도 무엇인가를 갈구하듯 이글이글 타고 있었다.

나는 NLP 수업을 하러 들어온 게 아니었다. 이 수업과는 전혀 관계가 없는 이른바 '책 내기' 강의를 위해서였다. NLP 수업을 듣는 7명의 학생들(이하 'N7'이라 함)은 그간 NLP 수업에 참여하면서 '코칭에 관한 이야기'를 책으로 내보자는 의기투합으로 뭉친 사람들이었다. 저마다 한 가정을 이루며 살고 각자 나름의 분야에서 지금까지 해온 일들이 있었다. 나는 이 조합이 대견했지만 한편으론 미덥지 않았다. 그들은 각자 일해 온 분야에서는 전문가 소리를 들을 만한 경력이 있었고, 그 경력의 시너지를 위해 MBA 과정을 다닌다고는 하지만 코칭 수업을 몇 번 듣고 그와 관련된 전문서적을 내겠다는 호기(豪氣)라니....

내게 있어 글이란, 더욱이 책이란, 타는 목마름만 가지고 만들어지는 것이 아니라는 게 DNA로 박혀 있었기에 먼저 딴지부터 걸어보자는 마음이 솟구쳤다. 이 강의의 목적은 '책 내기'에 도움을 주는 강의가 아니라 수업을 듣고 N7 모두에게 책 내기를 포기하겠다는 소리를 듣는 데 있었다.

42세에 방송작가가 된 나는 그 전에 10여 년간을 편집자로 일해 왔다. 편집자이고 작가였기에 글쓰기의 고통, 책을 만드는 일의 어마어마한 스트레스를 누구보다 잘 알고 있었다. 그 고통에도 불구하고 그것으로 밥을 먹고 살아온 내공 덕에 강의를 맡아달라는 요청을 받았지만 내가 경험했던 글쓰기와 책 내기의 산고(産苦)를 알려줌으로써 그들에게 부담감을 내려놓고 자유로워지라고 말해주고 싶었다. 나의 진심 어린 충고 덕분이었을까. 수업이 시작할 때 N7 구성원들의 얼굴은 다가가면 데일 듯이 붉은 빛이었지만 수업이 끝날 무렵에는 모두가 잿빛으로 변해 있었다.

그로부터 1년이 지난 오늘, N7로부터 책의 추천사를 써달라는 부탁을 받았다. 그간 N7은 좌절과 두려움, 자괴감, 우울 등 온갖 부정적인 감정을 숱하게 맛보면서 오로지 초심을 잃지 않고 한 권의 책을 세상에 선보이게 되었다. 솔직히 N7로부터 "작가님, 저희들 책 내는 거 포기할래요."란 소리가 들려오기를 은근히 기다리기도 했다. 불행한 작가보다는 행복한 독자로 살라고 지난해 6월 강의에서 인상을 쓰며 강조했기 때문이었다. 그러나 N7은 기어코 일을 저질렀다.

코칭 분야의 전문가도 아닌 내가 이 책의 추천사를 맡게 된 것은 순전히 N7의 눈물겨운 '책 내기' 투쟁사 때문이었다. 주변의 쏟아지는 질타에도 불구하고 무엇인가를 손에 잡으려 했던 그들, 코칭 전문가라고 명명하기조차 이른 병아리일 뿐인 그들이 스스로 닭이 되기 위해 험한 가시밭길을 마다하지 않았다.

이 책에는 수줍은 새색시처럼 '코칭 이야기'를 하고자 하는 그들의 진심 어린 고군분투가 들어 있다. 또한 저마다의 삶을 억척스럽게 살아내는 좌충우돌 성장기가 들어 있다. 책 내지 말라고 그렇게 잔소리를 했건만 기어코 책을 낸 N7의 열렬함에 박수를 보낸다.

2023년 10월 장문선

머리말

이 책을 출판할 수 있도록 도와주신 세 분께 감사드립니다.

이성엽 교수님 감사드립니다.

NLP 수업 성찰 과제의 글쓰기를 통해 각자의 삶을 돌아보는 시간을 가질 수 있었기에 N7이 책을 쓰겠다는 결심을 할 수 있었습니다. 10번의 고쳐 쓰기와 수십 번의 회의를 통해 교수님께 제출한 과제의 글과 거의 모든 내용이 수정되었지만, 방학 동안 NLP 기본원리 책을 다시 복습하고 수십 번의 N7회의를 통해 그동안 잊고 살아왔던 나를 만나는 계기가 되었습니다. N7이 책을 쓰고 싶다고 했을 때, "자신의 이야기를 쓰는 것"의 진정성이면 충분하다는 말씀에 있는 그대로의 저희 모습을 그릴 수 있었습니다.

김헌수 교수님께 감사드립니다.

비즈니스코칭 수업을 통해 교수님의 코치다움과 코칭다움에 대한 성찰로 N7 모두 글을 쓰는 동안 자격증을 업그레이드할 수 있었습니다. 수업 중 코칭 실습은 코치의 직관을 배우고 질문으로 바로 활용해 볼 수 있는 시간이었습니다. 고객에게 호기심을 갖고 지금보다 다양한 관점으로 세상을 볼 수 있는 많은 영상과 사례는 비즈니스 현장에서 사용할 수 있는 족집게 과외와 같았습니다. 단순한 고객의 문제 해결보다 내면의 잠재력을 발견하고 성장하는 여정이라는 것을 깊이 깨닫게 되었습니다. 상대방을 배려하는 성품을 직접 보여 주신 김헌수 교수님께 N7이 닮고 싶어하는 멘토임을 지면을 통해 고백합니다.

장문선 작가님 감사드립니다.

N7의 글이 책으로 출간될 수 있도록 글을 쓰는 목적과 각오를 다짐하게 되는 시간이었습니다. 작가님께서 알려 주신 글의 구성과 스토리 전개 방식은 고쳐 쓰기를 해야 하는 필요성을 알려주었습니다.

"글쓰기의 고통스러움을 겪는 작가의 길을 왜 가려 하는가? 읽는 즐거움의 독자로 남아라."

처음에 이해하지 못했던 말씀을 고쳐 쓰기를 하는 동안 온몸으로 체험하였습니다. N7 글의 잠재력을 믿어 주시고, 고통스러움 도전에 든든한 울타리 역할을 해 주신 작가님이 계셨기에 탈고가 가능했습니다. 이 책이 출간될 수 있도록 도와주신 장문선 작가님께 진심으로 감사드립니다.

N7이 글을 쓸 수 있도록 물심양면으로 도와준 N7 배우자 여러분께도 깊은 감사를 드립니다.

2023년 10월 구병주, 김영주, 노진백, 설명찬, 이재영, 조영자, 최현정

차례

제1장 NLP 전제

제2장 탁월함의 원(The circle of excellence)

프롤로그

"여러분! NLP 마음공부를 하고 나면 어떤 효과가 있을지 궁금하세요?"

우렁찬 이성엽 교수님의 질문에 NLP 수업을 듣는 33명의 학생들은 모두 "네~"하고 합창하듯 대답했다. 교수님은 거침없이 판서를 시작했다. 강의실에는 칠판에 마카펜 부딪히는 소리만 들렸다. 그야말로 일필휘지였다.

- Self Awareness & Mindfulness!
→ 매 순간 깨어 있으며 변화를 창조할 수 있는 상태를 창조하고 지속할 수 있다.

- Successful Relationships!
→ 깊고 충만한 관계 창조와 유지의 힘을 키울 수 있다.

- Power of Language!
→ 타인의 변화와 성장을 가져오는 매력적이고 파워풀한 질문을 던질 수 있다.

- Managing Emotions!
→ 언제나 나의 감정상태를 최상의 상태로 조정, 변화 또는 준비할 수 있다.

- Outcome Focus!
→ 원치 않은 것을 잊고, 원하는 상태에 집중하고, 불가능을 가능으로 창조한다.

교수님의 칠판을 가득 채운 판서가 끝나자 찰칵, 찰칵 학생들의 사진 찍는 소리가 났다.

NLP프렉티셔너 1, 2 강의는 토요일 오전 3학점, 오후 3학점을 이수하는 두 과목으로 하루 종일 진행된다. 오전 수업이 끝나고 N7은 분식집에 모여 앉았다. 떡볶이, 순대, 튀김, 김밥, 오뎅까지 테이블 위에 한 상 가득 차려졌다.

"오늘 수업 내용 어떤 것 같아?"

"교수님의 열정 에너지가 학생 30명보다 더 강하게 느껴지던데"

"나는 살짝 부흥회 느낌이 났어."

"뭐든지 의미를 부여하시는 것 같아. 숙제를 축제라고 부르라 하시고, 앞으로 호칭은 서로 뭐라고 부르라 했지?"

"오즈의 마법사? 마법사가 줄인 말이었는데.. 마음 뭐였지?"

줄인 말을 찾아내려고 입으로 '마음의… 마음의… '를 중얼거려본다.

"마음의 법칙을 아는 사람들"

우리는 합창하듯이 동시에 말했다. 목소리가 어찌나 컸던지 분식집에 있는 사람들의 시선이 우리 테이블로 모였다. 주변 반응은 부끄러웠지만 우리는 고교시절로 돌아간 아이들처럼 마냥 즐겁기만 했다.

우리가 첫 수업에서 NLP를 이해하지 못했던 것처럼 N7을 바라보는 동기들의 시선은 궁금증 투성이었다.

"N7이 뭐야?"

"N은 NLP의 약자이고, 7은 아주대 MBA 67기 중에서 NLP 수업을 함께 듣는 7명을 말하는 거야."

대답을 듣자마자 뒤에 나오는 질문은 항상 정해져 있다.

"NLP는 또 모야?"

"NLP는 Neuro Linguistic Programming의 약자로 신경언어프로그램이라고 해. 나의 의식과 잠재의식을 성찰해서 건강한 내면 상태를 만들고 유지하게 하는 거야."

대답을 할수록 상대방의 표정은 일그러진다.

"그래서 결론은 코칭이야?"

"코칭의 한 분야이긴 한데… 그게…." 말 끝을 흐린다.

NLP는 우리의 뇌가 어떻게 일을 하며,

언어가 어떻게 뇌와 상호작용을 하며,

우리 자신과 타인을 위해서 원하는 결과를 얻기 위하여 그 지식을 어떻게 활용할 것인가에 대한 모형이다.

– NLP의 원리 p.16 로버츠 딜츠

대학원에 입학해서 1학기 때 코칭을 전공하는 김영주를 제외하고 구병주, 노진백, 설명찬, 이재영, 조영자, 최현정에게 코칭은 낯선 과목이었다.

김영주는 원우들에게 회사에서 직급이 올라갈수록 코칭을 업무에 활용하는 관리자의 존재에 대해서 설명할 때 "Good to Great"의 저자 짐 콜린스의 5단계 리더십을 예로 들었다.

개인	능력 있는 개인
팀원	공헌하는 팀원
유능한 관리자	조직이 성과를 내도록 사람과 자원을 효율적으로 통합하는 리더

유능한 리더	분명한 비전에 대해 조직 공동의 책임감과 동기 부여를 통하여 열정적으로 다 같이 노력하도록 하며 보다 높은 성취기준을 자극하는 리더
유능한 경영자	개인적인 겸손과 직업적 성취의지가 역설적으로 조화를 이루며 지속적으로 큰 성과를 이루어 내는 리더

"대표입장에서 보면 20년 이상 근무한 관리자가 〈능력 있는 개인〉으로 머물러 있기를 원할까? 〈유능한 관리자〉를 거쳐 〈유능한 리더〉로 조직을 성장시켜 주기를 원할까?"

"코칭 과목만 들으면 무조건 유능한 리더가 된다는 거야?"

코칭을 배우면 반드시 유능한 리더가 된다고 말할 수는 없다. 코칭은 마법이 아니다. 하지만, 직급이 올라갈수록 조직이 성과를 내도록 직원과 자원을 효율적으로 관리하는 리더를 현장에서는 요구한다. 이런 상황에서 직원의 생각과 욕구, 동기부여를 질문할 수 있는 방법을 배우는 것은 필요하다. 직원의 내면에 잠재되어 있는 성장의 욕구를 발견하기에는 충분하다고 설명했다.

아주MBA 코칭 과목은 인기 콘서트처럼 수강신청 사이트 오픈 후 10분만에 마감되는 과목이다. 2021년 2학기 코칭기본스킬 수강신청을 위한 눈치 작전이 시작됐다. 코칭 과목을 신청하기 위해서 마음 졸이며 PC 화면 새로고침 버튼을 초 단위로 클릭했다. 매 학기 코칭 수강신청은 우리의 주된 관심 사항이 되었고, N7 다 함께 수업을 듣게 됐을 때는 어릴 때 친구들이 함께 모인 것처럼 즐거워했다. 각기 다른 전공을 가졌던 N7이 코칭을 전공, 부전공으로 모두 변경했고, 코칭 강의를 들을 때마다 자격증을 하나씩 취득했다.

· 2021년 2학기 코칭기본스킬 - KAC(구병주, 노진백, 설명찬, 이재영, 조영자, 최현정) 취득
· 2022년 1학기 NLP프렉티셔너 - NLP PRACTITIONER(N7) 취득
· 2022년 2학기 비즈니스코칭 - KSC(김영주) 취득
                           - KPC(구병주, 노진백, 설명찬, 이재영, 조영자, 최현정) 취득

김헌수 교수님께서는 비즈니스코칭 첫 수업에서 우리가 매일 마시는 커피와 코칭의 공통점을 말씀해 주셨다.

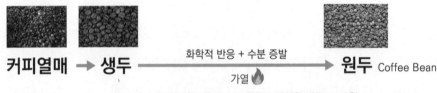

커피: 20% 바리스타의 역량 + 80% 좋은 생두와 알맞은 로스팅 방식
코칭: 20% 코치 역량 + 80% 고객의 내면 탐색과 잠재력 발견

커피는 좋은 원두와 올바른 로스팅이 중요하고, 코칭을 할 때는 코칭을 받는 고객의 타고난 기질과 미래지향적인 행동이 중요하다. 바리스타가 원두를 갈고 커피를 추출하는 과정을 통해 커피의 맛을 만들어 내는 것처럼, 코치가 코칭 질문을 하고 고객이 생각하고 자신의 목표와 실행계획을 구체화하는 과정을 통해 고객의 잠재력을 최대한 발휘할 수 있다.

커피를 마시는 방식에 따라 아메리카노, 카페라떼, 아인슈페너 등 이름
이 달라지는 것처럼 코칭도 라이프, 비즈니스, 강점, 팀코칭의 다양한 형태
를 만들 수 있다.

교수님께서는 수업 중에 〈존재감이 강한 임원의 7가지 특성〉을 침착함,
연결, 카리스마, 자신감, 신뢰성, 명확성, 간결함을 적고, 각자 어느 정도의
역량을 가졌는지 생각해 오는 과제를 내셨다. N7은 비즈니스 수업이 밤 10
시에 끝나면 밤 12시까지 모여서 글을 썼다. 각자 수정해 온 글을 낭독하고
피드백을 했고, 글쓰기의 슬럼프에 빠진 멤버를 건져내는 시간이었다.

"12시다. 집에 가자."

누군가의 말에 우리는 노트북을 접었다. 강의실을 나가려다가 칠판에
적힌 〈존재감이 강한 임원의 7가지 특성〉 옆에 침착함-최현정, 연결-조영
자, 카리스마-구병주, 자신감-설명찬, 신뢰성-김영주, 명확성-노진백, 간결
함-이재영의 이름을 적었다.

N7 모두 칠판 앞에 서서 맞는 듯 아닌 듯 하면서도 각자 가진 특징이
다 보인다며 웃었다.

구병주: 코칭 입문 후 접하게 된 NLP는 우연을 가장한 필연이었다. NLP
를 통해 처음으로 나 자신의 마음 여행을 떠나게 되었다. 내 안의
거인과 마주하며, 과거의 힘든 일을 극복했던 순간들을 오감을 통
해 생생하게 느꼈다. 내 안의 무한한 잠재력을 깨닫고, 과거의 나
를 보듬고 미래로 나아간다. 비즈니스 코칭으로 개인에서 팀과 조
직으로 확장하고, 팀워크와 조직의 성과를 향상시키는 코치로의

발전을 위해 KPC 자격을 얻게 되었다. 자신 안의 거인을 찾기 위해 여러분들도 오늘 첫 발을 내딛는 것은 어떨까?

김영주: N7과 글을 쓰면서 2개의 꿈이 이뤄졌다. 첫 번째는 전문코치로 활동하면서 코칭에 대한 이야기를 글로 쓰고 싶었던 것과 두 번째는 KSC 자격 취득이다. 공저는 A4로 20장이라 편하게 생각했는데, 글을 쓰면 쓸수록 글쓰기가 더 어려워졌다. 한 문장을 만들기 위해 썼다 지웠다를 몇 시간씩 반복하고 노트북을 닫기도 했다. KSC 실기시험에 떨어지고, 다시 코칭 연습을 시작해야 하는 고통스러움이 몰려올 때, '현장에서 코칭 잘하면 되지 꼭 자격을 취득해야 할까?'라는 생각에 마음이 갈팡질팡했다. 글 쓰는 재주가 없음에 절망하고 있을 때, KSC 자격증 도전을 멈추고 싶을 때, N7이 위로해 주고 응원해 주었기에 포기하지 않았다. N7의 지지와 격려 덕분이다.

노진백: NLP 배움 과정에서 '성찰'이라는 제목으로 매주 쓰여진 것이 하나하나 모여 글이 되었고 책을 쓰고 싶다는 용기로 다가왔다. 글을 쓰는 과정에서 김헌수 교수님의 비즈니스 코칭 수업에서 커피에 비유된 코칭에 큰 영감을 얻었다. 나의 글은 하루가 다르게 색이 짙어가는 녹음처럼 성숙해져 갔다. 또한 작가님의 세심함에 더욱 빛나기까지 했다. 이렇게 나에게 연결된 인연들에 깊은 감사의 뜻을 전하고 싶다.

설명찬: 책이 출간되는 것을 상상하며 글쓰기를 시작했다. 책 쓰는 것이 내 인생의 하나의 큰 이정표가 될 것이다. 설렘으로 시작한 글쓰기는 시간이 갈수록 부담이 되었고, 스스로에게 '내가 잘 할 수 있을까? 글쓰기가 나에게 무슨 의미가 있을까?' 하는 여러가지 질문을 던지게 만들었다. 이러한 과정을 이겨내며 하나둘씩 완성되어가는 책을 보면서 하나의 큰 산을 넘었다는 기쁨이 밀려온다. 책을 쓰면서 KPC 시험 준비를 했다. 한 번의 고배를 마셨지만, 포기하지 않고 두 번째에 KPC 자격을 취득했다. 인생이라는 것이 한 번에 안되는 경우가 많다. 하지만 포기하지 않고 한 발자국씩 나아가면 결국 목적지에 도착할 것이다.

이재영: 아주대학교 MBA과정은 코로나 시기 속에서 우연한 기회에 시작하게 되었다. 우연에 우연을 거듭하면 필연이라들 한다. 우연히 시작된 MBA를 통해서 코칭을 만나고, 우연히 시작된 코칭 과정에서 또 다시 NLP를 만나게 되었다. 연이어진 우연 그 속에서 만난 코칭, NLP이다. 아직은 온전하지는 않지만 내 인생에 새로운 무엇인가로 다가오는 걸까? 코칭, NLP와의 새로운 인연 이후에 변화될 나의 미래 모습을 상상해 본다. 미래의 내가 이 책을 다시 읽어 본다면 어떤 마음이 들고 어떤 느낌일지가 궁금해진다. 다시 또 새로운 우연은 어떤 모습으로 다가올지 궁금해진다.

조영자: 변화와 성장, 미래지향적이라는 코칭의 매력에 빠져 호기심으

로 시작했다. 심플할 것 같았지만 다양한 공부가 필요했다. 그중 NLP 과정을 통해 나를 알아가고 무한한 잠재의식을 맛보게 되었다. 나를 바라보고 성찰하는 나와의 여정들이었다. 이런 경험을 바탕으로 겁도 없이 글쓰기를 시작했다. 코칭과 NLP로 성장한 마음을 엿볼 수 있는 이야기들로 N7이 함께 했기에 가능했다. 코칭과 NLP가 궁금하신 모든 분들에게 미숙하지만 진솔한 우리들의 이야기가 좋은 사례로 도움이 되었으면 하는 작은 바람이 있다.

최현정: NLP의 수업은 한주도 빠짐없이 축제[과제]를 하면서 스스로 내면을 탐색하고 자기성찰을 통해 나를 만나가는 시간이었다. NLP공부는 나의 경험을 통한 자원 찾기를 하고 나를 발견하게 하며, 나를 성장시키고 싶은 동기가 되었다. 잠재력을 일깨워 주는 선물과 같은 코칭, NLP 그리고 비즈니스 코칭은 함께 공부한 코치님들과 이렇게 자신의 관점을 제한 없이 그려 볼 수 있게 하였고, 우리에게 책을 쓸 수 있는 용기를 주었다. 코칭은 그리고 코칭을 함께 공부한 N7 7인의 코치님들은 내 인생에 선물이다.

"N7 우리 함께 책을 쓸까? MBA 코칭 과정 책으로 남겨보자."

2022년 6월 1일 첫 회의를 시작으로 7월부터 한 주에 하나씩 주제를 정해서 글을 썼다. 각자 써온 글을 낭독하고, 본인 글에 대한 피드백을 본인이 먼저 진행했다. 스스로 잘 썼다고 생각한 부분과 어색한 점을 이야기했다. 내 글에 대해서 내가 먼저 피드백을 하면 다른 사람의 피드백이 상처가 되지 않기 때문이다. 다른 사람들은 독자의 입장에서 듣고 잘한 점과 아쉬운 점을 모두가 돌아가면서 피드백했다. 우리의 초고는 매주 일요일 새벽 7시에 줌으로 만나 3개월 만에 완성됐지만, 고쳐 쓰기 과정은 1년이 넘어가는 길고 지루한 시간이었다. 탈고의 고통스러운 시간을 함께 하는 동안 N7은 서로를 더 깊이 이해하게 되었고 인생의 첫 번째 공동 저자가 됐다.

제1장

NLP 전제

문제는 벌어진 일이 아니라 그 일을 해석하는 마음이다. NLP에서 선 모든 사건은 가치중립적이다. 벌어진 일에는 좋다, 나쁘다가 없다. 벌어진 일에 대해 판단하고 분별하는 순간 감정이 올라온다. 따라서, 나의 감정은 의식적이든 무의식적이든 나의 결정이다. 동시에 자신에 결정에 따른 책임감을 중요한 전제로 여긴다. 따라서, "당신이 나에게 아픔을 주었잖아", "그 일이 나를 힘들게 해"라는 말은 적절하지 않다. 모든 것은 나의 판단과 나의 결정이기 때문이다. 따라서, '모든 상처는 수신자 부담이다' 같은 흔히 하는 말도 진중하게 생각할 필요를 느낀다.

- 변화와 성장을 위한 NLP의 원리1 p.23 -

같은 환경, 같은 상황에서도 사람들마다 세상을 바라보는 시각이 다르다. 그에 따라서 감정 관리와 행동 관리능력 역시 차이가 있다. NLP 전제는 나의 현재 상태보다 더 나은 상태로, 내 머릿속에 있는 프로그램을 수정하기 위한 기본적인 지침을 제공한다.

- 사람은 누구나 자기에게 필요한 모든 자원을 가지고 있다.
- 사람의 모든 행동은 내적인 변화에 대한 정보다.
- 모든 인간의 행동에는 긍정적인 의도가 있다.
- 인간의 행동은 그때 상황에 맞춰 익혀진 것이다.
- 아무도 망가진 사람은 없다.
- 어느 누군가 할 수 있다는 것은 다른 어떤 사람도 할 수 있다는 것이다.

- 풍향은 못 바꾸지만 돛은 조정할 수는 있다.
- 융통성은 선택지를 더 많이 가진다는 것이고, 선택지를 더 많이 가진다는 것은 더 많이 컨트롤할 수 있다는 것이다.
- 선택이 있는 것은 선택이 없는 것보다 우수하다.
- 선택은 많으면 많을수록 좋다.
- 사람은 어떤 환경이나 어떤 상황에서나 최선의 것을 선택한다.
- 저항은 리더(코치, 상담자, 교사)의 융통성 없음을 반영하는 것이다.

- 실수는 배울 기회를 제공해준다.
- 실패는 피드백이다. 문제가 있다는 것은 기회를 가지는 것이다.
- 제한을 느끼는 것은 가능성을 알려주는 것이다.
- 모른다는 것은 정보를 얻는 금광이다.
- 항시 하는 것만 하는 사람은 언제나 얻는 것만 얻는 사람이다.

- 감정의 경험은 구조(시/청/촉)가 있어서 구조가 바뀌면 경험도 바뀔 수 있다.

- 인간의 내적인 상태는 시각, 청각, 촉각, 미각, 후각을 통해서 나타낸다.

- 이 세상은 하나의 시스템이며, 시스템 안의 모든 것은 서로 영향을 주고 받는다.
- 조직체의 국부(부분)에서 일어나는 일은 조직의 전체에 영향을 미친다.
- 인간의 복잡한 행동은 자르고 조각을 내봄으로써 최선의 배움이 이루어진다.

- 무의식은 신뢰성이 있다.
- 의사소통은 언제나 어디서나, 의식/무의식에서 일어난다.
- 뇌가 참과 거짓을 구분하지 못한다.
- 뇌는 동시에 여러 정보를 받아들이지 못한다.
- 관심이 가는 곳에 에너지가 흐르고, 에너지가 흐르는 곳에 나의 인생이 흘러간다.
- 정신과 몸과 마음은 하나다.

- 지도는 영토가 아니다.
- 자신에게 취한 사람은 타인의 심장박동 소리를 듣지 못한다.
- 자신의 세계에 갇혀 있다면 타인의 세계에 들어갈 수 없다.

- 용기란 두려움이 없는 게 아니라 두려움을 견디는 것이다.
- 불안에서 도망칠수록 불안은 더 깊이 파고든다.

NLP 전제 35가지(NLP원리 25페이지) 중에서, N7 선택한 주제는 다음과 같다.

구병주   나의 관심이 가는 곳으로 에너지가 흐르고, 에너지가 흐르는 곳으로 나의 인생이 간다

김영주   풍향은 못 바꾸지만 돛은 조정할 수 있다

노진백   자신의 세계에 갇혀 있다면 타인의 세계에 들어갈 수 없다

설명찬   문제를 만난다는 것은 기회를 만나는 것이다

이재영   정신과 몸과 마음은 하나다

조영자   어느 누군가 할 수 있다는 것은 다른 어떤 사람도 할 수 있는 것이다

최현정   사람은 누구나 자기에게 필요한 모든 자원을 가지고 있다

나의 관심이 가는 곳으로 에너지가 흐르고, 에너지가 흐르는 곳으로 나의 인생이 간다

- 구병주 -

NLP 전제 "관심이 가는 곳에 에너지가 흐르고, 에너지가 흐르는 곳에 나의 인생이 흘러간다"를 생각하는 내내 마음먹은 대로 된다는 이적의 노래 〈말하는 대로〉가 머릿속에서 맴돌았다.

내가 지금 하고 있는 '일'은 어디에서 시작되었는가?

2000년 하반기 입사 이후, 오늘까지 해외 영업 및 마케팅 업무를 22년간 하고 있다.

1995년 대학을 졸업하고 소위로 군 생활을 시작했다. 기계화 부대 소대장이던 나는 영하 20도까지 떨어진 12월 어느 날 30명의 부하 병사들과 함께 장갑차를 타고 철원으로 혹한기 훈련을 나갔다.

공격 기동 훈련으로 산 중턱에 난 비포장 임시도로로 우회하면서 예정보다 늦게 도착했다.

가상의 적군을 지켜볼 수 있는 장소에 진지를 구축하고 지휘소를 만들어야 했다. 땅을 깊게 파고 텐트가 지면에 묻힐 정도로 설치해야 추위를 피할 수 있지만, 해가 지고 어둠 속에서 2시간을 넘게 언 땅을 곡괭이와 삽으로 작업해 겨우 5cm 정도 팔 수 있었다. 훈련의 노곤함, 추위와 희미한 달빛으로 더 이상 작업을 할 수가 없어 그 위에 간이 텐트를 설치해 지휘소를 만들었다. 땅에서 올라오는 차가운 얼음 냉기와 텐트 틈새로 들어오는 혹한의 추위를 막기에는 역부족이었다.

또래의 병사들에게 솔선수범하고 강인한 장교의 모습을 보여주기 위해, 내복도 입지 않고, 야전상의 안에 보온 내피도 없이 텐트의 틈으로 밀려오는 혹한의 추위는 나의 몸으로 고스란히 파고 들었다. 훈련 상황으로 난로 없이 수통에 받은 뜨거운 물이 텐트 안 온기의 전부였다. 이를 위로삼아 긴 겨울 밤을 뜬눈으로 지새웠다. "이 또한 지나 가리라"를 무수히 되뇌이며 밤이 빨리 끝나기만 기다렸다. 먼 산 쪽에서 새벽을 깨우는 여명이 진지 깊숙이 번져 왔다.

소대장 근무 이후 군단장 보좌관, 교육장교, 중대장을 수행하면서 5년간 6번의 보직변경에 따라 이사를 다녔다. 매년 새로운 지역에서 아는 지인도 친구도 없는 외로운 군인 일상에 일탈의 기쁨과 위로해 주었던 책이 있었는데『시마』시리즈였다.

이 책은 일본의 황금기였던 1960년대부터 80년대까지 일본 상사맨으로 해외 영업을 하면서 벌어지는 에피소드를 다채롭게 다루었다.

시마 과장이 미국 영화사 인수를 위해 LA로 출장을 떠난 에피소드가 있다. 시마 과장은 LA 지사의 동료와 만나 인수 상황 및 정보를 파악하고, 영화사와 인수 협의를 했지만 가격 문제로 협상이 난항을 겪는다.

경쟁사 또한 인수전에 참여해서 매입가에 대해 영화사와 견해가 좁혀지지 않고, 인수 협상이 무산될 상황에 처하게 되었다.

내부 정보가 세고 있지 않나 의문을 품게 되고 잠입 조사를 하여 직원 중 한 명이 스파이임을 인지하고, 이를 역이용하여 잘못된 정보를 상대방에 전달하면서, 목표한 가격 내에 낙찰받는 데 성공한다.

당시 해외 여행 경험조차 없던 나에게는 외국에서의 비즈니스는 영화, 소설, 만화와 같이 비현실적으로 느껴졌지만, 나의 마음속 깊은 곳에서 시마 시리즈의 주인공과 같은 글로벌 비즈니스를 하고 싶은 마음이 꿈틀거렸다.

장기복무로 분류되어 10년간 의무 복무를 해야 되었지만, 5년 근무 후에 전역을 신청할 수 있는 기회를 얻었다.

장기복무 군인으로의 익숙한 삶을 선택할지, 전역 후 새로운 인생 도전의 갈림길에서 나는 마음속에서 '말하는 대로, 생각한 대로' 도전의 길을 선택했다.

군 장교 출신은 전공과 무관하게, 인사과 배정이 관행이었고, 나도 인사과 배치를 권유 받았다. 전역을 했던 이유가 글로벌 비즈니스를 하고 싶었기에 해외 영업 마케팅으로 지원했다. 해외 영업직군에 배치된 동료들 대부분이 외대 또는 해외 MBA 출신으로 영어가 수준급으로 이때부터는 외국어가 극복 대상이 되었다.

회사에서 일과 후에 운영하는 비즈니스 영어 강좌를 수강하고, 주말에는 종로어학원에서 토익 공부를 병행했다. 목표한 점수를 얻기 위해 매달 시험을 봤지만, 기대와는 달리 단기간에 원하는 점수로 올라가지 못했다. 1년 넘게 800점대를 유지하다보니 공부 의욕도 떨어져 몇 달간 공부를 하지 않았지만, 시험은 매달 보는 원칙은 고수했다. 2년간 열 몇 번의 토익 시험 끝에 900점을 넘기며 영어에 대한 두려움도 같이 사라지게 되었고, 해외 업무가 본격화되었다.

미국 비즈니스는 기본에 충실해야 된다. 거래선 내 상사와 부하직원을 동시에 만족시켜야 되고, Yes와 No에 대한 정확한 표현을 해야 한다. 일에 있어서는 저녁시간, 주말에도 메일 문의를 받았을 때 바로 답변을 해주는 것이 좋다. 즉시 답변이 어려운 사안에 대해서는 잘 받았고 언제까지 회신해 주겠다고 답변한 후, 그 기한까지 회신을 주면 비즈니스 신뢰 관계를 높일 수 있다.

치안이 불안한 중남미 멕시코에서는 출장자가 아닌 현지인이라는 인식을 주기 위해 멕시코인들이 즐겨 입는 무채색 옷에, 고급시계가 아닌 전자시계를 착용하면 여행자를 노리는 범죄를 예방할 수 있다.

중남미 국가에서 회의 후 마지막 일정 체크 시에 언제까지 회신하겠냐고 하면 늘 Manana로 답하는데 사전적 의미로는 내일이지만, 관용적인 의미로는 Some day(언젠가)이다. 반드시 구체적인 날짜로 정해야 한다. 비즈니스에서 파트너 이전에 친구(Amigo)가 되어야 사업을 지속할 수 있고, 어려울 때 친구로서 사업 파트너로서 도와주며 사업을 키워 나갈 수 있다.

유럽은 다양한 역사와 국가별로 와인과 같이 다양한 색과 향과 멋을 가지고 있다.

식사와 파티도 비즈니스의 중요한 요소이다. 거래선 연말 파티에 초청을 받았었는데 연미복이 드레스 코드였지만, 양복을 입으면 되지 않을까 하고 준비를 하지 않았다. 현지 직원과 사전 미팅을 하면서 연미복이 필수임을 알고 우여곡절 끝에 연미복을 빌려서 입고 갔다. 참석한 모든 남자들은 연미복을 입고 있었고, 양복을 입고 갔으면…… 지금 생각만 해도 등골이 오싹하고, 얼굴이 화끈하다.

오케스트라나 오페라에 갈 때 대부분의 유럽인들은 정장과 드레스를 입기에, 여행으로 유럽을 갈 때에도 정장 한 벌은 준비하는 게 좋다. 현지인들의 문화를 이해하기 위해서는 현지인과 동일하게 입고, 먹고, 같이 즐기면 단순한 여행이 아닌 생활이 되기에 느끼는 감정과 이해의 폭이 다르다. 2015년부터 5년간 유럽의 한 국가에서 주재원으로 사업 전반에 대한 운영 및 책임지는 역할을 하면서 '시마'처럼 글로벌 비즈니스의 주인공이 되었다.

만화와 현실은 정말 다르다. 외국의 한 도시에 몇 개월 동안 살게 되면 나도 해당 국가, 국민들을 잘 알고 있다는 착각에 빠지는 순간이 오게 되고, 냉정하게 판단하기가 어렵게 된다.

가장 큰 거래선과 가격 협상에서 마찰을 빚었던 적이 있다. 경쟁사가 이를 간파하면서 거래선에 가격 할인과 마케팅 비용을 전폭적으로 지원했다. 우리의 매출과 시장 점유율이 일시적으로 하락했다.

현지 영업 담당자는 "가격을 빨리 할인하면 다시 우리 제품 구매로 전환해야 피해를 최소화할 수 있다."고 한다.

제품 담당자는 "제품 라인업을 변경해서 가격을 다시 설정해야 된다."는 의견이었다.

이 중 제품 담당자의 제안이 '프레임을 전환하고 장기적으로 리스크 최소화' 할 수 있을 거라고 판단했다. 거래선 인맥을 통해 우리의 방안을 우회해서 확인해 보니 긍정적인 피드백을 받을 수 있었다.

대응방안이 결정되어, 즉시 변경 라인업 및 가격을 제안했고, 그 다음 달부터 계획된 매출과 시장 점유율을 회복할 수 있었다.

현지 시장에 대한 정보와 문제 발생 시 해결책은 주재원보다는 현지 동료들이 더 많은 정보와 아이디어를 가지고 있다.

현지 동료와 많은 얘기를 통해 문제를 정확하게 파악한다. 다양한 정보를 통해 해결책을 찾아서 방안을 결정한다. 물론 신속한 실행이 가장 중요하다.

비즈니스도 결국 인간과 인간의 상호 작용 및 상호 관계 속에 서로가 발전해야 된다. 상호 이익의 접점을 찾는 것이 핵심이다.

인생에서도 선택의 순간이 있다. 정말 들어야 하는 건 바로 내 마음속의 작은 이야기이다. 지금 내 마음 속에서 말하는 대로, 생각한 대로, 될 수 있다고 믿는다면, 마음먹은 대로, 생각한 대로, 내가 원하는 곳으로 인생이 흘러가게 된다.

풍향은 못 바꾸지만 돛은 조정할 수 있다

-김영주-

코칭 내용을 공개할 수 있도록 허락해 주신 이 대리님 감사합니다.

"영주 코치! 죽고 싶다는 사람도 코칭 가능해요?"

"경우에 따라서는 코칭으로 해결할 수 있고, 상담을 받아야 할 수도 있어요. 누구요? 심각해요?"

"이 대리. 며칠 전부터 한숨을 들이쉬고 내쉬고 하더니 오늘은 출근을 안 했어. 전화했더니 죽고 싶다하고 울기만 해요."

이 대리는 평상시 회사에서 에너지가 넘치는 열정의 마스코트였다. 어떤 프로젝트를 시작한다고 했을 때 가장 긍정적이고 일을 잘하는 직원이었기에 대표님의 말이 믿기지 않았다.

김 대표님은 직원 30명의 중소기업을 운영 중이다. 나와 대표님의 인연은 2019년부터 대표님의 비즈니스 코칭과 라이프 코칭을 일주일에 한 번

씩, 진행하면서부터였다. 이대리는 월 1회 직원 세미나를 진행하면서 알게
됐다.

"영주 코치가 나한테 들었다고 하고 전화해 보면 어때요?"

대표님은 바로 전화해 보라 하셨지만 나는 이 대리에게 통화하고 싶다
는 문자를 남겼다. 2시간이 지나도 읽음 표시가 뜨지 않았다. 코칭 중인지
묻는 대표님의 문자가 6번째 울렸다. 이 대리 전화보다 대표님의 전화가 먼
저 올 것 같다. 나는 이 대리 전화번호의 통화 버튼을 눌렀다. 대표님의 신
경이 온통 여기에 쏠려 있기도 했지만, 나도 너무 걱정스런 마음에 기다리
기가 힘들었다.

"여.. 보.. 세.. 요.."

"잤어요? 내가 깨운 거예요? 조금 있다가 다시 전화 할까요?"

3번만에 연결된 전화여서 예의상 말했는데 이 대리는 짧은 한숨과 함께
'네'라고 대답했다. 잠시 끊어야 하나 망설이다가 일방적으로 오늘 밤 9시
에 전화하겠다고 했다.

코칭 시작 20분 전, 명상을 하기 위해 자리에 앉았다. 4444호흡(4 숨 들
여 마시기, 4 멈추기, 4 숨 내쉬기, 4 멈추기)을 하는데 숨 들여 마실 때 오른쪽 명
치가 뻐근하다. 명상 마침 종소리에 천천히 눈을 떴다. 9시 3분. 이 대리의
전화가 안 온다. 코칭할 때 고객이 코치에게 전화를 하는 것이 코칭에 대한
준비가 됐다는 약속이기에 9시 5분까지 기다리다가 내가 전화를 했다.

첫 번째, '안 받을 수 있지.'

두 번째, '아직 자고 있을까?'

세 번째, '잘못됐으면 어쩌지?'

이 대리는 다섯 번째 전화를 받았다.

"대리님, 전화 받아줘서 고마워요. 저 전화 받을 때까지 할 생각이었어요."

"그러실 것 같아서 받았어요."

"대리님, 지금 대화는 한국코치협회 윤리규정과 개인정보보호법에 의해서 제가 코칭대화 중에 알게된 사항에 대해서는 철저히 비밀을 보장하겠습니다. 대표님께도 대리님 동의 없이 어떤 이야기도 하지 않을 거예요. 저 믿죠?"

코칭을 하겠냐는 질문 없이 나는 바로 비밀준수 사항을 얘기했다.

"무슨 일이예요?"

"……"

"기다릴게요. 준비되면 말해요."

이 대리가 전화만 끊지 않는다면 나는 새벽까지도 기다릴 생각이었다. 이대리의 긴 한숨이 반복됐다.

"제가… 사실은…"

이 대리는 한 문장을 이어가지 못했다.

이 대리는 6개월 전 코인에 투자를 했다. 일명 코인 다단계라고 했다. 내가 투자한 금액을 포함하여 내 하위그룹의 투자금액에 대한 수수료와 카지노 게임머니가 합쳐진 것이 수익금이다. 게임머니는 코인을 발행한 지주회사가 카지노회사여서 돌려받는 수익금 중에 3%에 해당하는 수익금은 모바일 카지노 게임을 매일 접속해서 방문자수를 늘려야 한다고 했다. 처음엔 투자금액에 6% 수익금을 미국 거래소에서 매도가 가능한 코인으로 입금해

줬다. 3명의 하위그룹을 만들면 12%로 수익금이 올라간다. 3명의 하위그룹에 또 하위그룹을 만들면 24% 수익율이 발생했다. 5개월 동안 첫 투자금 중 2천 500만원을 돌려 받았다. 미국 거래소에서 한국 거래소에 가능한 코인으로 바꿔가며 매수 매도를 하는 방법이 복잡하긴 했어도 내 코인 계좌에 잔고가 있어서 의심하지 않았다. 투자를 더 하고 싶었지만 새로운 프로모션이 진행될 때만 가능하다. 드디어 1개월을 기다려서 그 동안의 이익금을 재투자할 경우 2배의 코인을 주는 프로모션이 진행됐다. 이대리는 돌려받은 2천 500만원과 마이너스통장을 개설하고 지인에게 돈을 빌려서 1억원을 투자했다. 그런데, 어제까지만 해도 1,000원이었던 코인 가격이 하루 아침에 50원이 되어 있었다. 내 계좌라는 것이 믿겨지지 않았다. 엄마, 이모, 친구들까지 이대리가 소개한 인원은 5명이다. 평소 야무진 성격으로 주변 지인들이 이대리를 믿고 투자한 것이다.

이 대리는 긴 이야기를 마치더니 전화기 너머로 흐느끼는 소리가 점점 커졌다. 가슴을 치는 소리, 휴지를 뽑아 코를 푸는 소리가 들렸다. 그리고 점점 숨 소리가 잔잔해졌다.

"이 대리님, 상황을 말하고 나니 지금 마음이 어때요?"

"이익이 발생했을 때 멈췄더라면 좋았겠다. 2배의 코인을 주는 프로모션 전까지 함께 코인에 투자한 사람들이 만나면 코인 이익금 얘기에 세상이 온통 즐겁기만 했어요. 그런데 지금은 세상이 무너진 것 같아요. 앞이 캄캄하고 너무 막막해서 죽고만 싶어요. 아니 저 죽어야 해요."

이 대리는 다시 울음을 터트렸다. 어린 아이가 목 놓아 울듯이 꺼이꺼이 소리를 내며 울었다.

"제가 미쳤어요. 저만 투자하면 될 것을. 왜 주변 사람들까지 소개했을까요?"

나는 이 대리의 질문을 다시 이 대리에게 되물었다.

"이 대리님만 투자하면 될 것을, 왜 주변 사람들까지 소개했나요?"

"제가 몇 개월을 투자해 보니 정말 이익금이 꼬박꼬박 들어왔고, 이렇게 쉽게 돈을 벌 수도 있구나 생각했거든요. 다 같이 돈을 많이 벌고 싶은 생각에 소개를 했던거죠. 그런데 무슨 소용인가요. 지금은 다 망했는걸요. 저한테 다 원망하라고 하고 저만 죽으면 되는 거죠."

"이 대리님만 죽으면 모든 것이 다 해결될 거라고 생각한 이유는 뭐예요?"

이 대리는 바로 대답하지 못했다. 나는 이 대리가 말을 다시 할 때까지 기다렸다. 충분하게 생각해 보라는 의미에서였다. 긴 정적을 이 대리의 깊은 한숨이 깼다.

"저를 위해서 죽고 싶은 거네요. 지인들이 힘들어 할 모습을 상상하니 도망가고 싶었나 봐요."

나는 도망치고 싶었던 이유를 물었다.

"무서웠어요. 사람들이 저 때문이라고 비난할까봐 두렵고, 손해 본 돈 다 책임지라고 할까봐 겁이 났어요."

"무섭고 겁이 났다고 내 감정을 마주하니 지금 기분이 어때요?"

"내가 죽고 싶었던 것이 아니라 이 상황을 견뎌내지 못할까봐 두려웠다는 것을 알게 됐어요."

나는 이 대리 양팔로 무서웠던 마음을 꼭 안아주라고 했다. 이 대리에게 내가 나를 안아도 위로가 된다고 말해주었다.

"대리님~ 분위기 바꿔서, 제가 자살시도했던 경험 들어보실래요?"

"자살이요? 코치님이요???"

"25년 전 24살 때, 회사 다닐 시절인데 제가 늦으면 아버지가 엄마를 때렸어요. 야근, 회식, 친구들 만나서 늦을 때마다 상황이 좋지 않아서 나만 없어지면 되겠구나 싶었죠. 약국에서 수면제 10정씩 나눠서 100정을 준비해서 먹었어요. 지금은 쉽게 살 수 없지만 그때는 수면제를 약국에서 살 수 있었어요. 100정 먹기 정말 힘들더라구요. 수면제로 죽기 전에 배불러서 죽겠다 생각했을 정도였어요."

이 대리가 픽 웃었다.

"엄마한테 편지 쓰고, 약 먹고 누웠는데 처음엔 잠이 안 오는 거예요. 안 죽을 수도 있겠네. 그런 생각을 한 것까지는 기억이 나는데, 어느 순간 잠이 들었나 봐요. 어렴풋하게 기억나는 장면은 제 입 속에 엄청난 양의 물이 쏟아지고, 저는 고개를 저으며 발버둥을 치고, 의료진들이 저에게 무언가를 하고 있었어요. 기절했는지 수면제 때문인지 눈을 떠보니 병실에 누워 있었어요."

"코치님도 힘든 시기가 있었네요."

"대리님~ 죽고 싶다고 죽을 수 있는 게 아니더라구요. 제가 약을 먹었을 때 아버지께서 놀라셨는지 한동안은 폭력이 잠잠했어요. 근데 시간이 지나니까 아버지의 폭력은 다시 반복됐어요. 그래서 저는 화요일, 목요일은 집에 일찍 와서 부모님과 저녁식사를 했어요. 그때 동료들이 화목은 집에 일찍 간다고 〈화목댁〉이라는 별명을 지어줬어요. 그땐 살기 위해 선택한 방법이었는데 NLP 전제를 공부하다 보니 아버지 풍향을 바꿀 수 없어서 저의 돛을 조정한 거였어요."

이대리는 말없이 듣고만 있었다.

"대리님~ 대리님이 처음에 '저 죽고 싶어요' 했을 때, 저에게는 '코치님, 살고 싶어요'로 들렸어요."

"코치님, 저.. 살아도.. 돼요?"

"대리님이 살면 누가 죽으라고 할 것 같아요? 그래요?"

"아니요. 죽으라고 할 사람은 없을 것 같아요. 코인 소개한 사람들이 오늘 너무 자책하지 말라고 문자도 해줬어요. 저라면 왜 소개했냐 화낼 수도 있는데, 정말 좋은 사람들인 거죠. 코치님 말씀처럼 저 죽고 싶지 않아요. 사람들이 저한테 죽으라고 할까봐 너무 무서웠어요."

"사람들이 죽으라고 할까봐 무서웠군요. 지금 이 대리님 상황과 〈풍향은 바꿀 수 없지만 돛은 조정할 수 있다〉는 어떤 연관성이 있을까요?"

"이미 벌어진 코인 다단계의 사건은 풍향이고, 제 상황이 돛인 거죠?"

이대리는 꽁꽁 묶여있던 밧줄이 풀린 것처럼 앞으로 무엇을 해야 하는지 술술 생각을 풀어냈다.

살고 있는 집의 추가 대출과 보험 약관 대출이 가능한지 알아보고, 대표님께 퇴직금을 먼저 받을 수 있는지 여쭤 보고 아끼는 명품 가방과 시계의 중고 가격을 확인해 보기로 했다.

"우리 오늘 밤에 코칭 진행했다고 대표님께 대리님이 말씀 하실래요? 제가 할까요? 12시가 넘은 지금도 기다리고 계실 것 같은데요. 아마 문자 몇 개 와 있을 걸요?"

"맞아요. 대표님 성격 급하신데 제가 바로 전화할게요. 오늘 출근 못한 것 죄송하다고 말씀드리고, 내일 드릴 말씀도 있다고 할게요."

이 대리는 하루 종일 부정적인 생각에만 갇혀 가슴이 답답하고 머리가 깨질 듯 눈이 아팠는데, 코칭대화로 숨을 쉴 수 있게 되었다고 했다.

코칭은 마음의 심폐소생술과 같다는 명언을 남겨줬다.

누구에게나 피하고 싶은 두려운 상황이 있다.

거센 풍향에서 벗어날 수 있다면 얼마나 좋을까?

뛰고 또 뛰어도 도망갈 수 없는 풍향이 불고 있다면, 내가 쥐고 있는 돛으로 할 수 있는 무언가를 반드시 찾아내야 한다.

자신의 세계에 갇혀 있다면
타인의 세계에 들어갈 수 없다

-노진백-

2023년 3월, 1년 만에 일본에 유학 중인 큰아들을 만나기 위해 아내는 전날 많은 짐을 챙겼다. 아들이 좋아하는 것들을 캐리어에 담았다. 대구에서 도쿄 출발 비행기는 12시 30분에 이륙할 계획이었다. 출국을 기다리는 동안 아내는 아들에게 카톡을 보내고 있다. 지금 공항에서 출발 준비하고 있다고 문자를 보냈다. 이어 아들에 카톡 댓글이 왔다. 도쿄 공항에 마중나가 있겠다고 했다. 아내는 "그래 알았어." 답장을 보냈다. 안내 방송이 나왔다. 나리타 공항에 가는 승객은 3번 입구로 탑승하라는 방송이 나왔다. 비행기에 탑승 나리타 공항까지 1시간 30정도 소요가 된다고 했다. 비행기를 활주로를 벗어나 이륙했다. 하늘 아래 내가 살고 있는 대구 시내가 보이기 시작했다. 아주 작은 소인국을 보는 것 같이 착각할 정도로 느껴졌다. 아내는 비행기 창밖 세상을 보면서 핸드폰 사진을 찍으며 행복해 했다. 그동안 아들과 카톡으로 대화는 많이 했지만 직접 얼굴을 보는 것은 1년 만이라 더 들떠 그런 것 같았다. 나는 그런 아내를 바라보면서 미소를 지었다.

잠시 눈을 감으니 아들에 대한 많은 것이 떠올랐다.

아들은 1996년 11월 20일 하얀 첫눈이 내리는 겨울에 태어났다. 아내는 아들과 첫 만남을 갖기 위해 오랜 시간 산모의 진통을 견뎌야만 했었다. 분만실에 들어가고 3시간 만에 아들의 울음소리를 듣게 되었다. 분만실에 나오는 의사 선생님께서는 산모와 태아가 아주 건강하다고 말하면서 나의 곁을 스쳐 지나갔다. 그동안 고생했어 아내는 눈가에 눈물이 젖어들었다.

아들과의 첫 만남은 나에게 신비로운 경험이었다. 나와 쌍둥이가 아닌가 하는 착각을 일으킬 정도로 아들은 나를 많이 닮았다. 어린 시절 나의 모습이 유리에 비치는 것 같았다. 앙증맞게 웃는 모습은 모든 시름을 다 잊게 만들었다. 아들을 바라보면서 마음을 다지게 되었다. 내 자신이 자라왔던 환경보다 더 나은 세상을 경험하게 해주고 싶었다. 아들과 함께 하는 시간은 마법처럼 느껴졌다. 아들이 6살이 되는 해, 하루는 유치원에서 오는 시간이 한참 흘렀는데 오지 않았다. 순간 우린 멍해졌다. 온 동네를 정신없이 돌아다녔다. 점점 마음이 초조해졌고 일순간에 숨이 멈춘 듯한 기분이 느꼈다. 한참 후 골목 저 멀리서 품에 무엇인가 안고 걸어오는 아들을 보았다. 아들 품에 케익이 있었다. 그날 나의 생일이었다. 우리는 아무 말을 할 수 없었고, 나는 아들을 품에 안았다. 그렇게 시간이 흘러 둘째 아들이 태어났다. 큰아들은 조금씩 달라져갔다. 4년 동안 넘치게 받았던 사랑이 작은 아들이 태어나면서 분산되었기 때문이었다. 아들에 마음을 달래주지 못하고 나는 당시 그런 아들에게 '넌 형이 돼서 왜 동생에게 질투를 하느냐'고 훈계를 했었다. 아들의 눈에서 닭똥 같은 눈물이 뚝뚝 떨어졌다. 큰아들은 우리에게 늘 해맑은 웃음으로 기쁨을 줬으며 책 읽는 것을 좋아했고, 한자공부에는 탁월함을 보여줬다. 그래서 우린 큰아들에게 많은 기대를 하면서 살아왔다. 늘 학교 성적은 우수했고, 무엇이든 하면 잘하기 위해 노력하는 아들이었기에 더욱 아들에 대한 의존도가 높았다. 그러나 늘 밝기만 했던 아들의 유년기는 딱 10살까지였다.

아들이 초등학교 4학년 때, 수원에서 대구 초등학교로 전학을 가야 했다. 새로운 환경에서 친구들과 생활을 잘 할 줄 알았던 아들은 5학년부터 행동과 언어가 조금씩 달라졌다. 아내와 아들은 서서히 마찰이 생기면서 소통 갈등을 겪게 되었다. '이것이 사춘기인가' 덤덤하게 말했던 아내는 아들의 상태가 심각해지자 화살이 나에게로 향했다.

"아니~ 당신이 남자고 하니 아들하고 소통 좀 해보라고!"

어쩌다 어른이 된 것처럼 아들과 어떻게 소통해야 하는지 방법을 잘 몰랐다. 아들의 유년기 방황은 사실 환경에 변화가 생기면서 나오는 갈등이었지만 난 당시 그것을 알지 못했다. 오직 현재 나의 환경에서 살아가기 위함을 최우선으로 생각했기 때문이었다. 누구나 한 번쯤 겪게 되는 성장과정의 하나라고 생각하게 되었다. 하루는 아들의 중학교 문제로 다툼이 있었다. 아내는 중학교에 내신이 좋은 학교를 가기 원했지만 아들은 자신이 스스로 결정할 거라고 했었다. 순간 감정이 올라왔다.

"너, 이... 버릇없이 엄마에게 그 말투가 뭐야"

"제가 뭐라고 했는데요. 제가 다닐 학교 가겠다는데 왜 말리시는데요."

"지금까지 저에게 관심이 얼마나 계셨다고 지금 그런 말씀하시는데요."

나는 순간 올라오는 감정을 자제하지 못하고 손을 올렸다. 아들의 뺨은 옆으로 돌아갔다. 아내의 눈이 순간 커졌다.

"다시 말해봐!"

아들은 나를 바라보면서 말을 하지 않고 멍하니 서있었다. 아들은 눈물을 흘리면서 방으로 들어갔다.

"뭘 잘했다고 울긴 울어 사내 자식이, 그것 좀 맞았다고 눈물을 보여." 방안이 울릴 정도로 소리를 높였다. 아들과 그렇게 다툼이 시작되었다. 아들의 감정에 상처를 준다는 것을 깨닫지 못했다. 나 또한 어릴 때 부모님에게 많이 맞으면서 자랐기 때문에 당연하다고 생각했었다.

누구나 한 번쯤 유년기 시절을 겪게 되는 과정이 있고 시간이 지나면 괜찮을 것이라고 내 스스로 판단했었다.

요즘 들어 더 마음에 남는 질문이 있다.

"시간이 지나면 정말 괜찮아지긴 할까?"

아들은 어두운 긴 터널에서 홀로 싸우고 있다는 것을 인지하지 못하고 있었다. 무엇이든 갈등의 연속이 되었다. 아내는 엄마로서 아들에게 소통을 하고 싶었지만 아들은 말문을 열어주지 않았다. 그날 이후 시간이 지나 아들이 군대 입대하는 날이 되었다. 아들은 강원도 철원에 있는 육군 백골부대에 입대하게 되었는데 나의 강력한 의지로 선택한 길이었다. 군대 입대를 한다면 강인한 정신력을 갖기를 원했다. 군에서 단체 생활을 하면서 많은 것을 깨닫게 될 줄 알았다. 그렇지만 아들은 큰 변화가 없었다. 대구에서 강원도 철원까지 면회도 쉽지 않았다. 그런 아들은 휴가도 자주 나오지 않았고 군대 내에서만 생활하는 일이 많았다. 하루는 아들이 휴가를 나오게 되었다. 군 전역하고 일본 유학을 떠나겠다고 했다. 우린 순간 아무 말도 할 수 없었다.

"지금 다니고 있는 대학은 어떻게 할 건데?"

"사실 그 대학은 제가 원해서 들어간 것이 아니잖아요."

우리 부부는 어떤 말을 해야 할지 몰라 일단 그 순간을 다른 화제로 돌려 보기로 했었다. 군 생활에 대해 물어보고 어떻게 지내고 있냐고 화제를 돌렸다. 아들은 그 순간에도 자신의 감정을 알아주지 않는 부모에게 의논하지 않았다. 아마도 아들은 그간 군대에서 일본 유학을 준비하고 있었나 보다.

전역 후 아들은 일본 유학 준비 중에 코로나19 상황이 악화가 되어 바로 떠날 수 없었다. 나와 마찬가지로 아내 역시 아들이 군대를 다녀오면 많이 달라질 줄 알았다. 하지만 변하지 않은 아들에 모습에 늘 갈등이 생겼다. 그런 아내는 스트레스로 인해 이석증(귓속 달팽이관 이상) 진단을 받고 병원에 1주일 입원해야 만했다. 퇴원 후, 아들과는 아주 짧은 대화만 주고 받았다.

그런데 나는 알았다. 코칭을 배우면서 아들의 언어가 문제가 아니라 나의 감정 즉, 나의 삶을 아들에게 주고 싶지 않다는 욕심이 앞섰기에 아들의 말을 살펴 들지 않았음이 문제였다는 것을.

우린 어릴 때부터 경제적으로 자유롭지 못했다. 서로 어려운 환경에서 자랐기 때문에 아들들에게 그런 환경에서 살아가지 않았으면 하는 바람이 강했다. 늘 자신의 의사를 물어보지 않고 일방적으로 나만의 소통을 중시했기 때문이었다.

코칭(경청, 질문, 공감)수업을 들으면서 나는 가족에게 미안함, 특히 아들들에게 가장 큰 미안함이 앞섰다고 할까? 부모의 일방적 대화 방식이 아들에게 마음의 상처가 되었다는 것을 알게 되었다. 나의 감정 즉! 아들의 눈높이에서 공감과 경청, 그리고 기다림이 있었다면 아들은 어떤 모습으로 성장을 했을까를 생각해 보았다. 코칭을 통해 마음의 상처를 치유하는 법을 알게 되었다. 아내에게 그동안 나의 생각으로만 말해서 미안했고, 아내의 말에 진지하게 귀 기울이지 않는 것에 자책이 들었다. 무엇보다 아들들이 가장 힘들어 했을 때 세상을 살아가면서 가장 자신의 존재를 믿어주고 응원해줘야 하는 부모인데 소통과 공감이 되지 않아 많이 외로웠을 것이다. 나는 아들들에게 미안하다고 사과했다.

"아들~ 아빠가 그동안 너에게 마음 상처를 줘서 미안해. 너의 말을 들으려 하지 않아 많이 힘들었지."

난 진심을 담아 아들들에게 사과를 했다. 그리고 큰아들과 초등학교 3학년 이후 처음으로 따뜻한 포옹을 했다. 아들의 작은 어깨가 느껴진다. 나의 귀에 아들은 말했다. "괜찮아요~ 아빠."

눈에서 눈물이 떨어진다. 이렇게 마음의 문을 열면 되는데 왜 아들에게 문제가 있다고만 생각했는지 모르겠다. 타임머신이 존재한다면 과거로 돌리고 싶다는 생각이 든다. 그렇게 아들과 대화와 소통을 하고 자신이 정말 무엇을 하고 싶어 하는지 알게 되었다. 아들은 일본 유학길에 떠났다. 한국에서 대학 생활보다 또 다른 곳에서 자신이 좋아하는 일을 하고 싶다고 말했다. 만약 코칭을 배우기 전이었다면 또 나의 일방적인 의사표현을 했겠지만 아들에게 격려와 존중 그리고 공감을 해줬다. 지금 아들과 카톡 대화도 자주 하고 있다. 엄마에게는 한국음식을 어떻게 만들어 먹는지 레시피를 물어보면서 일본에서 음식을 직접 해먹고 있다고 톡에 사진도 올리고 있다.

어느덧 비행기는 나리타 공항에 착륙했다. 일본 입국 심사를 끝내고 공항 밖 저 멀리 서있는 아들의 모습이 보였다. 아들 보는 순간 만감이 교차했다. 얼굴에는 평온함이 보였고 더 늠름해진 모습에 울컥하는 감정이 올라왔다. 그동안 내 자신이 내 세계에 갇혀 아들의 세상을 바라보지 못했구나 그렇게 우리 부부는 아들과 2박 3일 짧은 일본여행을 하게 되었다. 아들은 대중교통부터 모든 것을 자연스러운 일본어를 구사하며 우리가 좋아하는 식당을 찾아 함께 다녔다. 아내는 그런 아들을 바라보면서 흐뭇한 미소와 함께 팔짱도 끼면서 도쿄거리를 걸었다. 하늘도 참 높고 청명했다.

코칭을 접하기 전까지는 내자신의 세계에 갇혀 있어서 아들의 마음속에 들어 갈 수 없었다.

지금 나는 아들의 세상을 느낄 수 있어서 행복하다.

문제를 만난다는 것은
기회를 만나는 것이다

-설명찬-

월요일 아침 일찍 출근하여 주말에 온 이메일을 확인하고 있었다. 출근 시간이 되었을 때 최 대리가 머리를 떨구고 터벅터벅 걸어오고 있었다. 자리에 앉더니 긴 한숨을 내쉰다.

"휴~~"

"최 대리, 주말은 잘보냈어?

"부장님, 그냥 쉬면서 보냈어요."

월요일 아침은 그렇듯이 지하 1층으로 모닝 커피를 하러 최 대리와 내려갔다.

최 대리는 모니터에서 얼굴을 돌리지 못하고, 마지 못해 따라 나오는 것 같았다. 엘리베이터 안에서 최 대리는 멍하니 층수만 바라보고 있었다.

아메리카노의 쌉쌀한 내음새가 커피숍에 퍼져 있었다. 우리는 아메리카노를 받고 자리에 앉아 까만 커피를 바라보고 있었다.

"최 대리, 무슨 일 있었어?"

커피를 한 모금 마셨지만 정적이 흘렀다. 최 대리가 천천히 고개를 들면서 얘기를 꺼냈다.

"부장님, 지난 주 고객에게 신제품 관련 프리젠테이션을 했습니다. 고객의 반응을 확인해 봤는데, 새로운 것이 전혀 없고, 신제품에 대한 단점만 늘어났다고 하더라구요."

고객사가 확인한 바로는 다른 업체들 사용실적도 없고, 성능은 경쟁사와 대동소이한데, 가격만 비싸다는 의견을 내놓았다고 파악했다.

"부장님, 이 문제만 극복하면 만사형통인데요. 걱정입니다. 어떻게 해결해야 할 지를 모르겠어요."

"최 대리, 이 문제만 해결하면 신제품 판매를 하는 데 추가적인 문제가 없다는 게 사실일까?"

우리의 삶은 문제의 연속이고, 이것을 해결하면서 하루하루 살아가고 있다. 문제를 바라보는 시각은 대단히 중요하다. 왜냐하면 해결점의 시작점이 달라지기 때문이다.

문제가 있다는 것은 우리에게는 기회로 생각할 수 있다. 그 문제를 해결할 수 있다면, 이는 기회로 바뀌게 되는 것이다. 문제라는 것은 긍정의 역할을 하는 경우도 있고, 우리를 자극하여 더 열심히 찾고 극복하기 위한 긍정의 자극제가 되기도 한다.

"최 대리, 이 문제를 다른 각도에서 바라보면 어떨까? 신제품의 장점에는 어떤 것들이 있는지 종이에 써서 읽어보는 건 어떨까? 그리고 신제품 자체가 아니라 우리 회사가 제공할 수 있는 서비스에는 무엇이 있는지도 생각해봐."

"넵, 부장님! 사무실 올라가서 정리해 보겠습니다."

최 대리는 다른 부서의 사람들에게 신제품에 대해서 의견을 물어보고 메모를 했다. 그리고 자리에 돌아와서 골똘히 생각하며 정리를 해가고 있었다. 오후에 최 대리가 내 자리로 왔다. 물끄러미 나를 바라보면서 종이를 건넸다.

나는 종이를 받고 천천히 읽어 내려갔다. 거기에는 신제품에 대한 장점을 정리한 내용이 있었다. 우리 신제품의 장점은 크기가 작아서 설치 공간 확보가 용이하다. 설치 후 사후 서비스에 대해서도 경쟁사보다 우수하다. 에코 관점에서 우리 장비의 전기 소모량이 작아 강점을 가지고 있다.

다른 시각으로 바라보니 최 대리가 장점들을 하나둘씩 찾아낼 수 있었던 것 같았다. 또한 다른 사람과의 소통을 통해서 내가 보지 못했던 점들을 발견할 수 있었던 것 같았다.

"최 대리, 이렇게 정리하면서 어떤 생각이 들었어?"

"부장님, 저는 고객사의 반응에 집착하면서 그 문제에 대해서만 생각을 했습니다. 다른 시각으로 바라보니, 새로운 것들이 보이더라구요."

최 대리는 자리로 돌아가서 2차 고객 미팅을 제안했다. 그리고, 새로운 관점에서 기획안을 작성했다. 최 대리의 눈빛에서 결의에 찬 기운이 보였다. 자신감을 가지고 다시 한번 신제품 판매를 위한 두 번째 걸음을 시작했다. 2차 미팅에서는 고객이 바라보는 관점을 전환하는 방향으로 준비했다. 제품 자체에 대한 것에서 제품을 사용하는 환경 및 관리 부분에 대한 장점을 부각하면서 미팅을 진행했다. 그리고 최종 프로젝트의 제품으로 선정되었다.

우리는 문제에 직면하는 것에 대해서 두려움을 가지고 있다.

한번 생각을 해보자, 아무 문제없이 일사천리로 진행되는 일이 얼마나 있을까? 단언하건데 전혀 없다고 자신있게 말할 수 있다. 문제가 없이 진행되고 있다면 그건 오히려 더 큰 문제이다. 우리가 문제를 직면하면 그것은 성공의 길에 한 걸음 더 다가갔다고 볼 수 있다. 왜냐하면, 문제에서 결국 해결책이 나오기 마련이고, 그로 인해 우리는 성공에 한 발 더 접근했다고 할 수 있다.

우리는 문제를 두려워할 필요가 없다. 문제가 있다는 것은 새로운 성장의 동력이 있다는 것이다. 문제 해결을 위해 성찰하고, 다른 시작으로 바라보는 연습을 시작하자.

정신과 몸과 마음은 하나다

-이재영-

'하나 둘, 하나 둘' 구령에 맞추어 일렬종대 형태로 도로 중앙선을 열심히 달려가는 한 무리가 있다. 인원은 대략 20명 남짓으로 보이며, 무리를 이끄는 사람이 선두에서 구령을 외치고 있고 나머지는 그 뒤를 따르고 있다. 복장은 모두 아래위로 흰색의 옷에 허리에는 검정색, 빨강색, 파랑색, 노란색, 흰색의 띠를 두르고 있다. 이 행렬은 태권도장에서 훈련을 위해 구보를 하는 행렬이다. 창원시의 도심 한가운데로 창원대로가 가로지르고 있었고, 70년대 말의 창원대로에는 차가 거의 다니지 않았다. 전쟁 발생 시를 대비하여 비상 활주로를 겸하도록 설계된 창원대로는 왕복 8차선이다. 시내버스가 50분 간격으로 운행되고 있던 시대적 상황으로 왕복 8차선에는 지나다니는 차량을 보는 것이 힘들 정도였다. 자가용도 보편화되기 이전이라 낮 시간대이지만 도로에 차량이 다니지 않아서 자전거를 타고 도로 한가운데를 내달려도 크게 문제가 없었던 시절이다. 간혹 차량이 지나갈 때라도 차량이 피해 다니곤 하였다. 그래서인지 태권도장 사범은 도장의 홍보와 수련생들의 훈련을 겸하여 그 넓은 도로 중앙선에서 구령에 맞추어 구보를 하고 있다.

구보 행렬이 도로를 나와서 개천 옆으로 좁게 나 있는 농로로 빠져 들어간다. 얼마간 더 달리니 멀리 허름한 스레트 지붕으로 지어진 도장 건물이 보인다. 도장 옆으로는 간이 푸세식 화장실도 보인다.

50평 남짓한 건물로 바닥은 맨발로 운동할 수 있게 마루바닥이 깔려 있다. 그 마루바닥 덕분에 수련생들은 뛰고 구르고 넘어지고 하면서 운동을 하더라도 큰 부상 없이 운동할 수 있었다.

태권도를 처음 시작했던 나의 몸과 마음은 항상 붕붕 떠 있는 상태였다. 어떤 일이나 상황에 몰입하고 집중하기 어려워했다. 그 또래의 아이들이 대부분 그렇지만 조금은 주위가 산만하고 호기심에 이것저것 신기해하며 궁금증 많았던 시절이었다.

'파리와 모기는 천적이다.'

도장은 산비탈이 끝나는 즈음에 위치해 있었고, 건물 앞에 있던 간이 푸세식 화장실로 인해 도장에는 파리와 모기가 많았다. 음식물을 조금만 방치해 두면 금방이라도 똥파리가 달라붙기 일쑤였다. 똥파리는 한번 자리에 앉으면 겁이 없는지 잘 도망가지도 않는다. 이런 파리와 모기는 수련과정에서 거쳐야 하는 정신 집중 훈련에 가장 큰 방해물이 된다.

태권도에서 부동자세는 차렷 자세로 꼼짝하지 않고 몇 분간을 정신을 집중하고는 그대로 멈춰 있는 상태를 말한다. 이 부동자세를 오랫동안 유지해야 하는 훈련은 산만하고 에너지의 발산이 왕성했던 나에게는 최악의 훈련이었다. 이 훈련을 할 때면 정신을 집중하고 부동자세를 유지하는 것만으로도 땀이 뻘뻘 흘렀다. 그리고 몸을 움직이지 못하는 상태로 잠시만 지나도 팔과 다리를 통하여 근질근질하고 가려운 부위가 느껴진다. 고도의 정신집중이 필요한 훈련을 할 때면 그동안 잘 보이지 않던 파리나 모기가 여지없이 나타난다. 그렇지 않아도 힘들게 집중하고 있던 나를 괴롭힌다. 팔다리의 신경은 움찔움찔 가렵기도 하고 근질거리도 하고 귓가에는 붕붕거리는 파리소리가 거슬린다. 집중하기가 정말 힘들다. 혹여나 모기가 앵앵거리며 접근이라도 할 때는 부동자세를 풀고 모기를 쫓아야 할지? 아니면 계속 부동자세를 유지해야 할지? 하는 고민을 하느라 잠시나마 집중했던 정신이 흐트러지기가 십상이었다. 특히 모기가 콧잔등이나 귓볼에 앉아 나의 소중한 피를 쪽쪽 빨아먹을 때는 부동자세를 풀고 모기를 잡기 바쁘다. 이 모습을 보고 사부님은 '그 정도 집중력도 없이 수련을 어떻게 하느냐?' 하시며 다그치신다. "파리, 모기가 달라붙더라도 꼼짝달싹하지 않고 정신을 집중할 수 있을 때에만 진정한 부동심이라고 할 수 있다."고 하시면서 따끔한 가르침을 주시곤 했다.

그 당시에 집중력 훈련을 하며 사부님이 항상 강조하시던 '정신일도 하사불성'이라는 말을 귀에 딱지가 앉을 정도로 많이 들었다. 태권도 도장에서 사부님에게 가름침을 받았던 정신일도 하사불성이라는 정신은 어렸던 나의 잠재의식에 각인이 되어 이후 나의 삶에 많은 영향력을 주었다.

90년대 말 나는 전자공학을 전공으로 대학원에서 초고주파마이크로웨이브 기술 분야의 광대역 증폭기 관련 논문을 쓰고 졸업하였다. 그 당시에는 높은 기술력이 필요했던 위성통신 기술, 그중에서도 지상에서 운영되는 장비가 아닌 위성탑재체 실리는 통신장비를 개발하는 고도의 최첨단 기술을 기반으로 하는 회사에 입사하게 되었다. 90년대의 대한민국은 스타트업 회사에 대해서 정부 지원정책이나 사회적 지원 정책의 활성화와 기반이 미비하였다. 기술력만을 가지고 시작한 스타트업 그러니까 벤처기업에서의 한번의 실패는 회사의 존폐로 바로 연결되는 상황이기도 했다. 내가 소속되었던 회사도 예외는 아니라서 회사 경영 문제로 인해 힘든 상황을 겪고 있었고, 설상가상으로 2000년 초반의 닷컴버블로 인해 IT기술 분야의 심각한 침체기가 도래하였다. 이로 인해 회사는 불황의 늪에서 빠져나오지 못하고 앞날을 알 수 없는 어려운 시간을 보내야 했었다. 시대적 풍파 속에서 회사는 대주주의 변경을 몇 차례 겪어야 했다. 또한 회사가 여기저기로 이전하기도 하고 사명도 바뀌기도 했다. 나는 학교 졸업 이후 최초로 회사에 입사하고 나서 한번도 이직한 이력이 없다. 앞선 배경으로 인해 국민연금 이력의 내역을 보면 다양한 업체로의 이전 이력을 가지고 있다.

처음 직장에 입사하여 6개월이 넘는 시점에 그동안 교제하던 지금의 와이프와 평생을 함께 할 것을 약속하며 결혼을 하였다. 허니문 베이비로 큰 딸아이를 가지게 되었고 연년생으로 둘째 아들까지 태어나면서 사회 초년생으로 시작해서 3년도 되지 않는 시간에 4인 가족의 가장이라는 막중한 책임을 가진 상황에 처하게 되었다.

회사는 조금씩 힘들어졌고 새로 시도했던 신규 사업에 큰 손실을 입으면서 심각한 자금난에 빠지게 되었다. 6개월치의 급여가 밀리면서 퇴직하는 직원들도 많이 생겨나게 되었고, 그래도 같이 하자는 마음으로 의기 투합을 하면서 서로 격려해주면서 지냈다. 회사의 추천으로 고용노동부 지원을 통하여 농협에서 그 당시는 초저금리였던 5%대의 대출을 받아서 가정 경제생활을 유지해야 했다. 요즘은 주택담보대출이 2~3% 정도이니 예전의 대출 5% 이자는 어마어마해 보이지만 IMF를 막 지나서 10~20% 이자를 경험하였던 그 시절의 5%대 대출은 정부 지원정책이 아니면 받기 힘든 수준으로 기억된다.

어려워진 회사 상황과 급여의 지연은 그 기간에 옆에서 같이 고생하던 많은 동료들을 위협하였고, 더 버티지 못하고 이직을 결정하는 동료들도 생겨났다.

명절이면 동서 형님이 요즘 생활이 어렵지 않냐며 많은 염려와 걱정을 같이 해 주셨다. 아직은 젊은 나이이니까 어려운 회사를 정리하고 새로운 분야로의 도전을 고민할 필요가 있지 않겠냐며 권유도 잊지 않았다.

4명의 생활을 책임진 가장으로서 한편으로는 주변의 권유와 가족의 생활을 생각해서 당장 가정경제가 원활하게 돌아갈 수 있도록 다른 직장을 찾아 이직을 해볼까 하는 마음이 문득문득 들기도 했었다. 하지만 그럴 때면 어린 시절 태권도장에서 사부님께 배웠던 '정신일도 하사불성'의 가르침을 마음속으로부터 떠올렸다. 나는 내가 어떻게 마음을 먹느냐에 따라 내 인생을 결정할 수 있다고 마음속으로 다짐했다. 그리고 진정 내 마음이 향하는 것이 무엇인지를 생각해 보고 현실에서 부딪히는 당장의 어려움에서 도망가지 않고 용기내어 다시 어려운 시기를 같이한 동료들과 함께 언젠가 이루어질 무선통신분야의 선두주자가 되기 위해 느리지만 한 걸음씩 앞으로 걸어가보기로 결심하였다.

그 이후로도 여러 번의 어려운 과정을 지나올 때마다 나의 마음을 굳건하게 바로 잡을 수 있게 하고, 역경을 슬기롭게 넘어올 수 있게 하였던 힘의 원천은 바로 '정신일도 하사불성'의 정신이었다고 생각한다.

현재의 회사는 역경을 잘 견뎌내고 조금씩 성장을 하였다. 어려운 시절을 슬기롭게 돌파해 온 동료들이 아직도 함께 하고 있다. 좌절하지 않고 다시 도전할 수 있었던 용기의 근원이 되었던 정신일도 하사불성의 정신을 가지도록 가르쳐 주셨던 사범님께 감사한 마음이다.

'강해서 살아남는 것이 아니라 살아남는 자가 강하다'라는 교훈은 우리 회사에 딱 어울리는 말이다.

지금은 방위산업 분야의 IT 전성기가 오고 있고 우주항공과 위성산업의 시대를 맞이하여 관련 분야의 사업에 대한 관심과 투자가 활발하게 이루어지고 있다. 우리 회사도 여기에 발맞추어 위성통신 분야에서 몇년 전부터 개발 사업에 참여하고 있으며 향후 더 많은 사업으로 확장해 나가는 것에 대해서도 검토 작업이 활발하게 이루어지고 있다.

사회 초년기에 어려움을 잘 이겨내고 지금의 안정된 직장 생활 기반을 이룰 수 있었던 것은 태권도 도장에서 사부님에게 귀가 아프게 들었던 '정신일도 하사불성'의 정신력이 큰 역할을 했다고 생각한다. 물론 파리와 모기도 훌륭한 한 몫을 했을 것이다

어느 누군가 할 수 있다는 것은
다른 어떤 사람도 할 수 있는 것이다

-조영자-

응급실 출근 첫날

나는 간호사다. 병원에서 근무를 한다고 하면 처음 만나는 사람들은 대부분은 이렇게 질문을 한다.

"근무한 지 얼마나 되었어요?"

한 25년 정도라고 하면 모두들 놀란 표정들이다.

"어떻게 한 직장에서 그렇게 오래 다녔어요?"

이런 질문을 받을 때마다 나도 놀랍다. 지금 생각해 보면 응급실 한 부서에서 20년 넘게 있었던 것이 더 놀랍다.

사실 나는 입사 후 산부인과 병동으로 발령받았다. 업무에 적응하고 나름 잘 지내고 있었다. 3개월쯤 지났을 때 갑자기 응급실로 부서이동 통보를 받았다. 인력 부족으로 급하게 1주일 뒤로 다가오는 추석 당일 응급실로 출근하게 되었다.

이제 조금 업무에 적응되어 가고 있었는데 다시 적응할 것을 생각하니 걱정이 앞섰다.

그러나 걱정만 하고 있을 수 없었다. 입사동기 지영(가명)이가 떠올랐다. 응급실로 발령이 나서 지금 근무 중이었다. 무선호출기(삐삐)에 만나자고 음성을 남겼다. 며칠 뒤 병원 앞 까페에서 만났다. 지영(가명)이는 내가 응급실로 간다고 하니 고맙게도 너무 좋아했다. 그러면서 바로 응급실 내부 위치, 구역마다의 역할 그리고 선배들의 특성을 친절히 알려주었다. 나머지는 직접 경험하라며 의미심장한 미소를 지었다.

내일이면 응급실로 출근하게 된다. 입맛이 없다. 잠도 안 온다. 양을 1000마리째 세고 있다. 화장실도 몇 번째 왔다 갔다 하는지 모르겠다.

어느덧 날이 밝아 오고 있었다. 5시다. 이제 잠들면 알람 소리에도 못 일어날 것만 같았다. 이불을 걷어 차고 일어났다. 라디오를 켰다. 김경호의 '나를 슬프게 하는 사람들' 노래가 흘러나왔다.

"오늘 하루 나를 슬프게 하는 사람들이 없었으면 좋겠다."

나도 모르게 혼잣말이 튀어나왔다.

머리를 감고 화장을 정성스럽게 했다. 그래도 시간이 많이 남았다. 쓰디쓴 블랙보다 오늘은 다방커피로 찐하게 한잔 가득 탔다. 평소보다 한 시간은 일찍 병원으로 갔다. 하늘이 맑고 살랑살랑 불어오는 바람에 나는 이대로 여행을 떠나고 싶다는 생각을 했다. 집문을 열고 나서면서 병원까지 천천히 발걸음을 세면서 걷다 보니 어느덧 응급실 입구에 도착했고, 그때 발걸음이 잠깐 멈칫했다. 여기까지 253걸음이였다. 응급실 간호사 탈의실로 들어가 유니폼으로 갈아 입은 후 신분증을 목에 걸고 필수 소품인 청진기, 펜라이트, 의료용가위, 빨간볼펜 검정볼펜, 네임펜을 주머니에 가지런히 넣고 문을 열고 나갔다. 나가는 길이 낯설었다. 너무나도 넓은 공간이 내 온몸을 압도했다. 응급실 내부 구조는 동기 지영(가명)이에게 들은 정보로 잘 찾을 수 있었다. 소아과 스테이션에서 인계 준비를 하고 있던 간호사와 눈이 마주쳤다. 나에게 90도 인사를 했다. 나도 같이 깊이 고개를 숙여 인사했다.

지나가던 주임선생님이 웃으며 말했다.

"보경샘~ 이번에 부서이동 온 신입 간호사야~ 호호호 네 후배야~"

그랬다. 경력 간호사처럼 보였다고 시간이 흐르고 난 뒤 그 선배 간호사가 말했다. 그 순간 나의 마음은 태풍 같은 파도가 치고 있었다. 인계시간이라 모여 있는 응급실 식구들에게 인사를 나누었다. 나는 오늘 소아구역 근무 배정을 받았다. 1년 선배인 보경(가명) 간호사가 응급실 소아구역 간호업무에 대해 간단히 설명해 주었다. 곧 환자가 밀려올 것이라며 빠른 속도로 설명해 주었다. 일단 열나는 아이가 많이 올 것이라고 했다.

"열나서 왔어요."

"밤새 토해요."

"애가 밤새 울고 보채요."

"경기했어요."

"장남감을 삼켰어요." 등 다양한 증상으로 환아들이 밀려왔다.

보호자들은 놀란 얼굴을 하고 '여기 응급이예요, 당장 어떻게 좀 해줘요' 하는 표정이었다.

그날 나의 첫 업무는 몸무게에 따른 용량 계산하여 해열제를 투여하고, 미온수 마사지를 제공해 주는 것이었다. 물바가지에 미온수를 만들고 패드를 준비해서 열이나는 환아에게 직접 시연해 보이고 보호자 교육시키는 것이었다. 내가 다가가는 순간부터 울기 시작하는 아이, 미온수 마사지 설명에 우는 아이에게 어떻게 할 수 있겠냐고 울먹이는 보호자(엄마)들…, 거의 모든 아이들이 울고 있으니 내 목소리도 커지면서 설명이 잘 전달되지도 않았다.

그렇게 시간이 흘러가고 있었다. 멀리서 사이렌 소리와 함께 시끌벅적한 소리가 점점 더 커져왔다. 119구급대원과 2개월쯤 된 아이를 안고 있는 엄마가 뛰어 들어왔다.

겁에 질린 목소리로 떨면서 말했다.

"애가 울지 않아요."

온몸이 검푸르고 아무 움직임이 없었다. 보경(가명)샘은 침상으로 바로 안내를 하고 모니터를 연결했다. 심전도가 한 줄로 그어져 보였다. 심정지다!

"여기 Arrest예요!!"

보경(가명)샘은 심장마사지를 시작했고, 소아과 의사가 뛰어왔다.

"기도 삽관 준비해주세요!"

다른 구역 간호사들이 몰려 들었다. 하나같이 빠른 움직임으로 정맥관 확보하고, 약물준비 및 기관 삽관 준비등 척척 진행하고 있었다. 나는 얼음같이 서 있었고 모든 것이 일시 정지였다. 아무것도 할 수가 없었다. 애는 한 시간 이상을 심폐소생술을 했으나 결국 사망했다. 숨가쁜 심폐소생술이 멈추고 바닥에 철퍼덕 앉아 어찌할 바를 모르며 울고 있는 보호자(엄마)에게 소아과 의사가 다가갔다. 힘 없이 고개를 숙이며 사망선고를 했다. 아이의 엄마는 하얀 시트를 걷어 치우고 아이를 안고 울었다. 아이의 할머니, 할아버지도 막 도착했다.

"이게 무슨 일이야~ 애를 어떻게 본 거야?!"

아이 엄마는 그저 죄송하다는 말만 반복했다.

"죄송해요… 죄송해요…."

아이 아빠는 해외출장 중으로 아직 소식을 전하지 못하고 있다고 했다.

할아버지께서는 침착하게 아이 사망경위에 대해 설명을 들었다. 나는 할머니와 아이 엄마를 꼭 안아주었다. 영안실 직원이 카트를 가지고 도착했다. 카트로 아이를 옮기고 보호자들과 함께 영안실로 이동했다.

119구급카트가 급하게 밀고 들어왔다. 8세 남자아이였다.

"경련이 멈추지 않아요."

카트를 대면서 보호자(할머니)가 말했다. 정리 중인 침대를 빠르게 마무리하고 경련하고 있는 아이를 옮겼다. 보경(가명)샘이 경련하고 있는 아이에게 산소마스크를 해 주면서 나에게 정맥관을 빨리 잡으라고 했다.

"네? 제가요?"

"그럼 지금 그림같이 서있기만 할 거예요?"

"아… 네~ 알겠습니다."

나는 바로 수액을 준비해서 정맥관 시도를 했다. 경련하고 있는 팔에 주사를 놓아야 했다. 보호자들도 모두 날 지켜보고 있었다. 등줄기에 땀이 쭉 흘러내렸다. 순간 난 간호사다, 할 수 있다. 주문 외우듯 했다. 한 번에 정맥관 삽입 성공을 했다. 옆에서 진정제를 준비하고 기다리고 있던 보경(가명)샘이 약물을 주입했다. 바로 경련이 멈추고 CT실로 이동했다. 두경부 CT 검사 결과 뇌종양이 발견되었다. 보호자(할머니)는 그 자리에서 쓰러지듯 주저 앉았다. 얼마 전 엄마가 집을 나갔고 할머니집에 맡겨졌다고 했다. 간간히 머리가 아파서 학교 못 가겠다고 몇 번을 말했다고 한다. 그럴 때마다 할머니는 가정불화로 인한 두통이라 생각하고는 괜찮다고 달래 주며 학교에 보냈다고 한다. 신경외과의사는 뇌종양이 커서 머리가 많이 아팠을 거라고 했다. 입원해서 수술하기로 했다. 할머니는 죄책감에 눈물을 흘리며 자고 있는 아이의 손을 잡고 연신 중얼거렸다. 미안하다고… 잘못했다고….

소아환자들이 끊임없이 오고 있다. 또 다시 나는 미온수 마사지할 준비를 하고 있었다. 누군가가 어깨에 손을 올리며 말했다.

"괜찮았어? 바빴지?"

동기 지영(가명)이가 이브닝 출근을 했다. 얼마나 반가웠는지 나도 모르게 소리를 지를 뻔했다. 근데 벌써 퇴근시간이 다가오고 있었다. 어떻게 근무 시간이 흘러 갔는지 모르겠다. 내가 준비한 물바가지, 관장 등 셀 수가 없었다. 화장실도 잊고, 당연히 점심도 못 먹고 일했다.

"밥은 거의 못 먹는 경우가 많으니 든든히 먹고 출근해요."

보경샘이 퇴근 인사하며 말해주었다.

출근 전에 다방커피를 마신 것이 정말 다행이었다.

응급실 첫날 근무가 끝났다. 인사를 하고 나와 집으로 가지 않고 응급실 앞 벤치에 앉았다.

여기서 근무를 잘 할 수 있을까? 스스로에게 질문했다. 조용한 병동에 있다가 버라이어티한 응급실에서 내가 잘 버틸 수 있을까? 고향집으로 내려가고 싶다. 엄마가 해준 밥을 먹으면서 병원 다닐 수 있는 대구로 가고 싶다. 곧 독립적으로 응급실 간호사 일을 혼자서 해내야 하는데… 그럴 수 없을 것 같다. '그래! 한달만 해보고 힘들면 고향집으로 내려가자. 하루 하고 결정하는 것은 아니지' 스스로 맘을 다스리고 일어나 집으로 향했다. 집에 도착하자마자 수화기를 들었다.

"엄마!"

"그래, 퇴근했어? 수고 많았다."

"응급실에서 못 해낼 것 같아…."

수화기 너머로 한동안 말이 없던 엄마는 그 과정을 지내온 응급실 선배 간호사들이 지금 잘 하고 있다는 것은 나도 할 수 있다는 의미라고 했다. 나… 할 수 있다.

지금까지 병원에서 근무해 오면서 새롭고 어려운 일이 다가올 때마다 나는 나에게 '어느 누군가가 할 수 있다는 것은 다른 어떤 사람도 할 수 있는 것이다'라는 전제를 생각한다. 어떤 새롭고 무거운 일이 나에게 주어질 때마다 안 해본 일이지 할 수 없는 일이 아니라는 생각으로 나에게 긍정에너지를 주었다. 그렇게 나는 간호사 생활을 해왔고, 지금은 한 부서의 파트장으로 일하고 있다. 신입 간호사들이 수습기간이 끝나면 독립적으로 해내야 하는 것에 하나같이 모두 두려움을 가지고 있다.

"파트장님~ 이제 업무를 혼자서 해내야 하는데 못 할 것 같아요."

심할 경우 당장 그만두겠다는 신입 간호사도 있다. 너무 공감이 된다. 학교에서 배우고 익힌 것으로 짧은 수습기간을 거쳐 환자에게 간호를 수행하는 것이 얼마나 두려운지…

"저기 일하고 있는 선배 간호사들 정말 대단하지? 신입 간호사일 때는 어땠을 것 같아?"

질문을 던져 스스로 생각해보게 한다.

누구나 처음은 있고 그 처음이라는 것을 지내와야 현재가 있다는 것을… 처음 해보는 일이라서 그렇지 못하는 일은 아니라는 것을….

선생님들~

할 수 있어요!!!

사람은 누구나 자기에게
필요한 모든 자원을 가지고 있다

-최현정-

모두 사람은 자기에게 필요한 모든 자원을 갖고 있다.

마음으로 훅 들어왔다. 이 전제를 20대부터 알았더라면 삶에 직면하는 일을 대하는 나의 반응이 달라졌을까? 더욱 멋지게 대면해보지 않았을까?

지금 나는 25년 전 입사했던 회사에서 다양한 업무 경험을 쌓아가며 간부가 되었고 인정받으며 직장 생활을 하고 있다. 그렇게 중간 관리자와 사원대표 노사협의회 위원, 조직변화 추진자 등 다양한 업무를 경험할 수 있었다.

20년도 더 된 오래전 일이 기억난다. 나는 글로벌 IT 기업에 입사하였고, 현장 관리자 1년차였을 때다. 당시 노사협의회 하시던 선배가 나에게 제안을 했다.

"현정아, 노사협의회 위원에 출마해 보지 않을래? 사업팀 사원대표로 출마하는 거야."

"노사협의회요? 뭐하는 일인가요?" 사업팀 500명 사원을 대표해서 선거에 출마하라는 제안에 겁도 나고, 두려움도 생겼다

당시 나는 10명 안팎의 조직을 관리하는, 아니 거창하게 조직이라는 단어보다는 동료에게 근무에 필요한 일을 지원하는 현장 관리자였다. 업무와 상관없이 가끔은 야간에 간식도 사다 주고, 여름엔 수박도 사서 쉬는 시간에 함께 나눴던 기억이 난다. 힘들었지만 일할 맛 나게 해주고 싶었다. 나는 당시 12시간 주야 근무로 업무 외에 다른 취미 활동은 생각해 보지 못했다. 주간 근무 후 야근조에게 인수인계 하고 퇴근하면 9시를 훌쩍 넘겼다.

반대로 야간 근무 후 미팅하고 나서 퇴근하면 오전에 강하게 내리쬐는 햇빛에 따뜻함을 느낀다 하지만 때로는 아픈 눈을 감고 길을 걸을 정도였다. "업무도 하고 노사협의회를 한다고? 그게 가능해? 내가 할 수 있을까?" 스스로 여러 번 생각해 본 질문이다. 도저히 불가능하다고 생각을 여러 번 곱씹었다.

그리고 팀 대표로 당선된다 해도 뭘 할 수 있을까? 끊임없이 내가 나에게 걱정하는 질문들이 머릿속에 가득했고 마음은 무겁기만 했다.

> **노사협의회란?** 노동조합과는 다른 기구로 근로자와 사용자가 참여와 협력을 통하여 근로자의 복지증진과 기업의 건전한 발전을 도모하기 위하여 구성하는 협의 기구를 말한다.
>
> 출처: 노사협의회 알아보기 (1) - 노사협의회의 정의 및 설치 대상 - IMHR

여러 차례 고민하고 머릿속은 걱정으로 가득했지만, 한편으로는 '한 번 나가봐?'라는 생각이 피어났다.

응원일까?, 용기를 주고 싶었을까? 좋은 말들이 내게 속삭이고 있었다.

생각해 보면, 내가 듣고 싶었던 말이었을지도 모른다. '뭘 걱정해 넌 잘할 꺼야' 라는….

아니면 NLP의 전제와 같이 "어느 누군가 할 수 있다는 것은 다른 어떤 사람도 할 수 있는 것이다."라고 얘기해 줬다면, 나는 좀 더 즐겁게 선거의 모든 과정을 즐기지 않았을까?

마음 한 편의 응원에 용기를 얻은 나는 선거에 출마하였다. 당시에 노사협의회 위원 선출 투표제를 시작한 첫해였다. 이전에 없었던 새로운 문화를 시작하게 된, 첫 선출된 위원이 되는 것이었다.

출마를 하기 위해서는 후보자 등록, 출마 신청서, 출마 각오, 공약, 마치 국회의원이 지역구 선거 출마하 듯이 흡사하게 준비를 했다. 당시 사업부에 지역구가 있고, 그 지역구에서 사업팀의 대표로 선거에 출마를 하는 것이었다. 사업부〉지역구〉사업팀 단위로 이해하면 좋을 듯하다.

"일 할 맛 나는 직장을 만들겠습니다."라는 문구 아래 각오와 공약을 펼쳤고 출마 각오를 사업부, 사업팀 안팎에 포스터를 붙이고 선거운동도 적극적으로 하였다. 처음엔 너무 부끄러워서 "기호 1번 최현정입니다."라는 말을 상대방이 들릴 듯 안 들릴 듯한 소리를 내어 말하였다. 그렇게 하루 이틀 7일간 선거운동을 했고 나를 알리는 시간이 그리 길지 않았다.

어느덧 D-Day 투표하는 날이 왔다. 나는 선거구 투표함 옆에 후보자석에 앉아서 투표에 참여하러 온 사원들에게 한 사람 한 사람 눈을 마주보며 최대한 밝게 인사하려고 했다. 모르는 사람들이 너무 많았다. 그러다 부서 사람들이 오면 정말 반가웠다. 큰 미소로 인사하게 되었고 눈으로 응원해 주는 듯했다. "나 너 뽑았다." 아마도 내 마음속으론 그렇게 바랬던 거 같다.

그렇게 이른 아침 7시부터 저녁 6시까지 투표는 2일간 진행하였다. 투표일에도 최대한 우리 부서원들이 많이 투표해주길 바랐다. 그래도 나를 아는 사람은 나를 뽑아줄 것이라는 막연히 나의 기대도 했다. 그러나 전체 투표에 참여했던 우리 부서원은 1/3의 인원수가 투표에 참여하였다. 가까운 동료 중에는 출장으로 휴가로 투표하지 못해서 미안하다고 메시지를 보내왔다. 나는 "괜찮아"라고 회답하였지만 내심 걱정이 앞섰다. 막상 시작하니 당선되고 싶은 생각으로 가득 찼다. 나는 그런 사람이었나 보다. 도전한 일에 꼭 되길 바라고 이루고 싶은 마음 가득했다. 타 부서에서 2/3의 인원이 투표에 참여하였다. 결과는 아무도 모를 일이었고 예측할 수 없었던 일이었다.

투표함은 자물쇠로 잠겨 있었다. 투표는 마감이 되었고 투표함을 개봉하는 시간이 되었다. 개표에 참석하는 사람은 사업부 인사담당자, 선거관리위원 담당자, 후보자들이었다. 한 표 한 표 상대 후보와 개표 현황을 같이 지켜본다. 그 시간은 2일의 투표일보다도 더욱 길게 느껴졌다.

"두둥, 두둥" 개표결과가 나왔다. **상대후보보다 많은 득표를 하게 된 내가 노사협의회 위원으로 당선되었다.**

결과가 확정 순간 모든 시간이 멈춘 듯 기쁨, 환희, 긴장, 떨림, 호흡이 빨라지고 표정에서 기쁨을 감출 수 없었다. 하지만 바로 정신을 차릴 수밖에 없었다. 상대 후보였던 후배에게 "축하해요."라고 들으면서 서로 수고했다고 얘기를 나누면서 만감이 교차되었던 순간이었다. 그렇게 당선에 감사 인사를 사업부에 있는 전 사원들에 메일을 보내고 만나는 사람마다 뽑아주셔서 감사하다고 인사했던 감격의 순간이 떠오른다. 나에게는 어떤 자원이 있었을까?

두려움의 순간에서 피하지 않았던 자원이었던가?

마냥 기쁘기만 할 수 없지만 업무와 병행하는 협의회 위원은 책임감도 있어야 된다고 생각했다. 활동을 하면서 사업부 지역구의 사원들을 찾아가서 Needs를 듣고 해결을 위한 방안을 생각했다.

또한 팀에 요청하여 가장 부서의 Needs를 잘 전달해 줄 수 있는 사람이 누구인지 찾았다. 부서장에게 도움을 받고, 사원들을 연결해 주고, 추천받아 부서의 필요한 부분들 즉 요구사항을 자세하게 들을 수 있었다. 그에 따라 인사 부서와 다시 미팅을 하고 지원요청을 함으로써 프로세스가 완성되었다. 근로자와 사용자의 동등한 입장에서 미팅에 참여하는 것은 큰 의미가 있었고 사원일지라도 선출된 협의회 위원의 의견은 존중받았다.

문제는 내가 야간근무를 할 때 발생했는데, 내가 올린 안건을 협의하기 위해서는 어떻게 해야 할지 막막했다.

두 번 생각할 거 없었다. 잠귀가 어두운 나는 혹시라도 미팅시간을 놓칠까 걱정이 앞섰다. 퇴근 후 오전 10시에 잠시 잠을 자고, 알람을 2~3시간 후로 맞추며 3번씩 알람을 여러 번 울리게 하여 일어날 수 있게 했다. 햇빛이 강해서 눈이 아픈지 피곤해서 눈이 아픈지 구분이 되지 않았다. 오후 2시에 미팅하고 와서 다시 4시에서 6시까지 쉬다 출근했었다. 피곤하지 않았다면 거짓말이지만 활동하는 동안 등록 안건들이 진행되는 것을 볼 때마다 그런 일들이 즐겁고 이뤄진 일들의 성취감에 어디서도 없던 에너지가 나오는 듯했다. 적용된 팀에 가서 보면 너무 기쁘고, 사원들에게 만족했던 후기들도 들을 수 있었다. 나 혼자 힘으로 모두 진행할 수 있던 것은 아니었다. 동료분들의 많은 도움과 아이디어, 지원이 없었다면 힘들었을 것이다. 사례 몇 가지를 적어보면 이렇다.

제조1팀에 근무 현장이 더운 특정 부서에는 해마다 여름철에 냉장고와 음료수 무한 지원,

제조2팀은 공조 시스템 시설 투자,

제조3팀에 휴게실 개선 및 근무환경 인프라 개선

노사협의회 활동했을 때가 다시 돌이켜 생각하면 회사생활 중 가장 활발하게, 신나게, 힘든 줄 모르게 활동할 수 있었던 때인 것 같다.

나에게 집중했던 그 순간 나에게 필요한 자원은 도전과 두려움에 맞섰던 용기였던 것 같다.

그리고 누군가 했기에 나도 그 길을 따라 갈 수 있었던 것이다.

돌이켜 생각해보면 현재의 나를 만든 것은 20여 년 전 신념처럼 새겨온 그 도전과 두려움에 맞섰던 용기였음을 알게 하였다. 수많은 시간동안 회사생활에서 한 번도 해보지 않았던 새로운 일들을 해야만 했던 적은 무수히 많았다. 그럼에도 불구하고 할 수 있었던 것은, 바로 내가 갖고 있는 두려움에 맞섰던 용기가 내 자원이었던 것이라고 알아차리게 되었기 때문이다.

사람은 누구나 자기에게 필요한 모든 자원을 가지고 있다.
어느 누군가 할 수 있다는 것은 다른 어떤 사람도 할 수 있는 것이다.

제2장

탁월함의 원
(The circle of excellence)

탁월함의 원을 사용하면 우리는 자신에게 가장 적합한 최적의 수행을 위한 몸과 마음의 상태를 발견할 수 있다. 이는 나아가 코치, 상담가, 교사로서 타인의 내적 상태를 인식하고 관리하는 측면에서 도움이 되고 가치가 있는 다양한 단서들의 유형에 대한 인식 개발에 도움이 된다.

자신의 개인적인 수행과 성과에 있어서 중요한 것은 메타인지능력을 개발하는 것이다. 자신의 능력을 최대한 발휘하는 최고조의 상황에서의 생리상태와 마음상태를 정확히 알고 있고, 그 상태로 언제든 들어갈 수 있는 준비를 한다는 것은 엄청난 자원을 가지게 되는 것으로 무엇이든 마음먹은 대로 되게 하는 최적의 준비를 하는 것이다. 이 상태에서 우리는 두려움, 분노, 슬픔 등과 같은 불안한 에너지뿐만 아니라 자신의 힘, 지능 및 지혜 등 모든 자원을 사용할 수 있다.

'탁월함의 원'은 물리적으로 공간을 가상으로 만들어 움직이면서 활용하지만, 마음으로 상상훈련을 할 수도 있다.

- 변화와 성장을 위한 NLP의 원리1 p.50 -

사람들은 과거에 경험한 좋았던 느낌, 맛, 냄새, 촉감, 풍경 등을 나만의 특별함으로 기억한다.

이것이 곧 나의 자원이 될 수 있다. 살면서 어렵고 힘든 일이나 어떤 일을 새롭게 시작하거나 시도할 때 앞으로 전진할 수 있는 자원이 된다. N7이 찾은 자원은 다음과 같다.

구병주　　여름 그리스 디폴트 위기와 그 이후
김영주　　탁월함의 원과 강점 5개가 만나면 가능해지는 일
노진백　　나의 고난은 나를 성장시켜주는 원동력이다
설명찬　　초보 영업사원이 탈출 일기
이재영　　탁월함을 주는 우리집
조영자　　응급실이 응급한 날
최현정　　도전의 목표는 완주다 - 인천시청까지 완주하기

여름 그리스 디폴트 위기와 그 이후

-구병주-

2015년 4월 19일, 이스탄불을 거쳐 아테네로 가는 비행기에 몸을 실었다. 연착으로 예정된 시간보다 1시간 늦게 출발했다. 이스탄불에서 환승에 대한 불안함과 주재할 국가를 처음 방문하는 설렘으로 연신 와인만 들이켰다. 이스탄불 공항에 착륙해서 환승 게이트로 달려 갔지만, 아테네행 비행기는 이미 떠나고 없었다.

다음날인 월요일 첫 비행기로 도착한 아테네의 하늘은 구름 한 점 없이 파랬다. 눈부신 태양은 선글라스 너머의 눈마저 찡그리게 했다. 지중해 연안의 빨간 기와를 얹은 집들의 행렬, 거대한 올리브 나무숲, 오렌지 나무 가로수길을 따라 사무실에 도착했다. 짐도 풀지 못하고 현지 직원들과 어색한 상견례를 하고 업무를 시작했다.

6월엔 그리스와 IMF 간 구제 금융 협상이 결렬되어 외환위기설이 나왔고, 7월엔 디폴트 상황에 이르렀다. 독일 언론이 "유럽에서 가장 위험한 남자"라고 지칭했던 치프라스(Alexis Tsipras)가 총선에서 승리해 그리스를 이

*끄*는 총리가 되면서 예정된 수순이었을까?

외화 부족에 따라 은행들은 예금 지급 불능 상태(Bank Run)를 막기 위해 현금 인출과 해외 송금을 제한했다. 일주일에 40유로만 인출할 수 있어서 매일 아침 ATM기기 앞은 장사진이었다. 한 두시간 내에 현금이 바닥나서 내일을 기약하며 긴 줄에 있던 사람들은 허망하게 흩어졌다. 나도 그 사이에 끼어 있었다.

경제위기의 그림자는 비즈니스를 힘겹게 했다. 그리스 은행 계좌에 대한 베일인 '예금에 대해 20~30%까지 헤어컷' 루머도 돌았다. 그리스 회사 계좌에서 본사로의 송금이 막혔다. 창고 재고의 부실화를 우려해서 본사 재무팀에서 전화가 왔다.

"그리스 창고에 있는 제품은 거래선에 판매하지 마시고 헝가리 공장으로 Ship back 하세요."

나는 판매를 하지 않으면 여기에 있을 이유가 없으니 가능한 방법을 찾겠다고 응수했지만 막막했다.

거래선 중 해외 계좌로 송금이 가능한 업체를 찾아 설득하고, 해외 송금을 받고 제품 공급을 재개했다. 매일 밤 늦게까지 정부 및 채권단 동향, 송금 상황, 제품 공급 일정, 재고 이슈를 확인하고, 주말까지 대책을 마련했다. 가족들이 7월 그리스에 왔지만, 몸은 늘 회사에 묶여 있었다.

8월, 극적으로 IMF, 유로존의 구제 금융 협의로, 상황은 빠르게 정상화되었다. 현금 인출도 월 2000유로로 확대되고, 더 이상 은행 앞의 긴 행렬은 볼 수 없었다. 그리스 내수 시장의 투자 및 소비도 회복되었다.

경제위기로 포기했던 여름 휴가를 갈 수 있게 되었다. 사전 계획과 준비 없이 여행을 떠나야 했다. 그리스의 가장 큰 섬, 지중해의 정중앙에 위치한 크레타를 주저없이 여행지로 정했다.

1998년, 아내와 소개팅으로 처음 만났던 장소가 '크레타'라는 레스토랑으로, 그리스로 오기 전부터 첫 여행지로 가자고 약속한 섬이었다. 항공편은 만석이었고, 아테네에서 10시간을 이동하는 여객선의 지정 좌석 없는 3등석을 겨우 구했다. 식당칸에서 의자를 붙여 놓고 잠을 청했지만 뜬 눈으로 가족들과 차가운 에어컨 바람과 싸우며 처음 가는 지중해 섬의 기대감에 쉽사리 잠을 이룰 수가 없었다. 유럽에서 첫 휴가로 들뜬 마음에 갑판으로 들락날락 하며 까만 바다를 배경으로 사진을 찍었다. 달을 보며 뜨거운 밤바다의 눅눅한 바람을 온몸으로 느끼며 Alpha 맥주의 시원한 목넘김을 즐길 때 항구에 도착했다.

크레타 섬은 고대 그리스, 에게해 문명의 발상지로 세계사 교과서를 통해 처음 알게 된 섬이다. 테세우스가 미노타우로스를 물리치고 라비린토스(미궁)를 탈출한 기원전 2000년경에 지어진 크노소스궁으로 갔다. 루벤스의 그림 '이카루스의 추락'의 신화를 간직한 곳, 4천 년 전 인류가 어떻게 이런 거대한 석조 건물을 지었을까? 가장 번성했던 지중해 문명이었지만, 지금은 많은 부분이 무너져 있다. 지하 미궁의 흔적 및 잔해만 남아 찬란한 과거와 현재의 괴리감으로 어지러웠다.

정해진 일정 없이 바닷가 호텔에 도착했다. 먼바다의 수평선은 하늘과 바다의 그 경계도 불분명했다. 바다는 경제 위기의 흔적을 신속히 지웠고, 해변에는 늘 아무 일도 없었다. 산호 빛깔의 해변, 푸른 물결, 부드러운 바람과 라벤다 향기처럼 상큼한 공기, 아름답고 고요했다. 수영복으로 갈아입고 바닷가 파라솔 아래 누워 웨이터에게 맥주를 부탁하고, '그리스인 조르바' 책을 들었다.

"당신이 머리로만 이해하지 않는다면 행복해질 거예요. 당신에겐 부족한 게 없어요. 젊고, 돈 많고, 머리 좋고, 건강하고, 사람 좋고…… 뭐 하나 모자라는 게 없잖아요? 정말이지, 당신에겐 부족한 게 하나도 없어요. 하지만 당신에게는 딱 한 가지, 조금 전에도 말했 듯이 광기가 부족합니다. 그런데 보스, 그게 없으면……."

조르바의 충고처럼 광기를 가지면 행복해지고 자유를 얻을 수 있는 것일까?

두 딸들이 바다로 뛰어 들었고 나도 뒤따라 갔다. 비릿한 냄새가 없어서 강물일까? 잠깐 생각했지만 수영하면서 입에서 느껴지는 물이 너무 짜다. 바다 맞네!

아이들은 바다에서 개헤엄치며 물총 놀이를 하고 있다. 나는 아내와 하얀 모래사장을 걸었다. 파라솔 아래에 선글라스를 낀 가슴털이 수북한 그리스 아저씨는 맥주를 마시며 비스듬히 누워서 책을 읽고 있다. 그 옆에는 비키니 차림에 오일을 바르고 선탠을 즐기고 있는 아가씨도 누워 있다.

여름휴가를 다녀와서 검게 타지 않으면 휴가를 제대로 즐긴 게 아니라는 그리스 친구의 말이 떠올랐다. 아내의 등에 선탠 오일을 발라주고 내 몸에도 오일을 발랐다. 책을 펼치며 화이트 와인을 한 모금 들이켰다. 경제위기를 헤쳐 나오기 위해 지새웠던 날들이 머리에 스친다.

아! 선물과도 같은 휴식이다.

그전까지 휴가는 가족과 함께 계획된 미션을 달성하는 여행이었다. 아침 일찍 출발, 계획한 관광지, 볼거리를 정해진 시간에 본 뒤, 다음 목적지로 이동했던 예전의 여행이 잠깐 떠오른다. 배우고 경험하는 것에 온전한 의미를 부여해서 그에 맞는 여행지를 선정했었다. 가족들과 더 많이 보고, 경험하고 싶은 나의 욕심이었을 것이다.

지금 이곳은 그냥 자연의 흐름에 편안하게 나를 맡기면 되었다. 풍경을 벗삼아 힐링 하듯 쉬면 된다. 지금 이렇게 보내는 휴식이 나를 위로한다. 힘들었던 일상에서 탈출하는 마음으로 계획 없이 섬으로 왔다. 책 읽고 싶으면 읽고, 술 마시며, 낮잠의 여유를 즐기면 되니까

그래~ 가족과 함께 웃으며, 대화하며, 먹는 이 시간이 소중한 여행이고 휴가이다.

밀가루와 같은 고운 모래를 밟을 때 나는 뻑뻑한 소리, 발에서 느껴지는 뜨거운 부드러움, 파도소리, 가끔씩 불어오는 바람에 날리는 모래가 따끔하

게 몸에 닿는다.

뜨거운 태양이 내리 쬐며, 선글라스 없이는 버틸 수 없는 백사장. 지금도 그곳에서의 느낌이 생생하게 나의 뇌, 눈, 코, 입, 몸 구석구석에 새겨져 있다.

힘들고 지칠 때 나는 눈을 감고 마음속의 '탁월함의 원'에 들어가서 2015년 그리스 외환위기에 따른 사업 위기 극복을 위해 흘렸던 땀과, 경제 위기 해소된 이후 뒤늦은 8월 말 여름 휴가를 갔던 크레타 섬에서의 뜨거운 태양과 바람 아래에서 경험하고 느꼈던 해방의 순간을 고스란히 떠올린다.

몸과 마음을 정비해서 전쟁에 나가는 용사처럼 새로운 에너지를 얻는다.

나의 마음의 고향, 그곳으로 가족과 함께 다시 떠나야 한다!

탁월함의 원과 강점 5개가 만나면
가능해지는 일

-김영주-

코칭 내용을 공개할 수 있도록 허락해 주신 이 교수님(이 코치님) 감사합니다.

"이 교수님, 코칭기본스킬 교수 임용 축하 드립니다."

아주대학교 경영대학원 코칭 동아리 〈코칭아카〉 단톡방에 40여 개의 축하 댓글과 중용을 실천하는 멋쟁이 신사의 수식어는 교수님의 인자한 얼굴을 떠올리게 했다. 사람들마다 교수님을 만났던 시간은 달라도 느끼는 이미지가 비슷해 보였다.

"동문 코치님들의 축하를 받으니 교수 임용이 실감납니다. 감사합니다."

이 교수님은 아주MBA 63기로 대학원에서 코칭수업(코칭기본스킬, 비즈니스코칭, 핵심코칭, 코칭심리이론, NLP) 수업을 듣고, 한국코치협회 KPC와 ICF PCC 자격을 취득했다. 졸업 후에도 멘토코치로 활동하셨는데 코칭기본스킬 교수로 다시 돌아오셨다.

"교수님~ 정말 축하드려요~ 언제부터 교수 임용을 준비하신 거예요?"

교수님은 나와 진행했던 강점코칭을 활용했다고 말씀하셨다.

"내가 교수 임용되는 것에 영주 코치의 지분이 있어요. 학교에서 만나면 얘기해 줄게요."

아주대학교로 가는 외곽순환도로에 차들이 줄지어 있다. 자동차 앞 유리의 하늘은 지평선까지 온통 파랗다. 브레이크에서 발을 뗐다 밟았다 반복하는 꽉 막힌 도로인데도 강점을 활용한 교수 임용 이야기를 듣는다는 기대감에 콧노래가 흥얼거려진다. 전문 코치가 직업인 나에게 고객의 성공 스토리는 언제 들어도 짜릿하다. 반복해서 들어도 늘 새로운 무협소설처럼 흥미진진하다.

교수님은 나보다 먼저 도착했다. 온화한 얼굴과 카페 통유리창으로 들어온 햇살이 고즈넉한 절의 부처님을 연상시켰다. 말씀드리면 실례가 될까? 생각했다가,

"부처님의 인자한 모습과 점점 닮아가는 것 같아요."

불자로서 최고의 칭찬이라고 더 환하게 웃으셨다.

"내 강점 기억해요?"

교수님의 질문에 나는 머리를 절레절레 가로저었다.

"저는 고객의 개인정보를 코칭이 끝나면 즉기 잊어버리는 장치가 머릿속에 내장되어 있습니다."

나의 농담에 교수님은 '유머는 영주 코치의 강점'이라며 칭찬하셨다.

교수님은 6개월 전 진행했던 강점코칭 리포트를 꺼내셨다. 밑줄 친 글을 보니, 그때가 떠올랐다.

"이 코치님, 강점 5가지에 내용을 보니 어떤 생각이 떠오르세요?"

"나한테 이런 강점이 있어서, 그동안 일하기가 편했구나 하는 생각과 나한테 이런 강점도 있었나? 하는 의문이 들기도 하네요."

나는 밑줄 그은 부분을 활용해서 과거에 이뤄냈던 성과는 어떤 것이 있었는지 물었다.

"20년 전에 지금 근무하고 있는 회사 공무팀에서 근무할 때 발생한 사고가 떠오르네요. 새로 지은 건물인데 사장님 집무실 천정에서 동파로 배관이 터졌어요."

나는 놀란 눈을 하고 사장님 일하고 계셨었는지 물었다.

이 코치는 고개를 끄덕였다.

"일하던 중에 천정에서 물 폭탄을 맞았다고 생각해봐요. 누구라도 놀라고 화가 날 일이죠."

말씀 중에 입이 마르셨는지 단숨에 물 한 컵을 벌컥 들이키셨다.

"참으로 난감했어요, 처음에는 겨울철 시설물 관리소홀로 사고가 발생했다고 질책을 받았어요. 팀장인 저도 황당했지만 몇 개월 동안 새로 지은 건물 마무리 작업한다고 고생한 팀원들의 사기가 많이 꺾였죠. 사장님께 수고했다 칭찬 들을 타이밍이었는데, 상황이 엉망이 됐어요. 그런데 아무리 생각해 봐도 관리 소홀 문제는 아닌 것 같았어요. 뭔가 미심쩍었죠."

이 코치는 밑줄 그은 문장에서 무언가를 찾는듯 빠르게 손가락을 움직이셨다.

"여기 있네요. 복구테마. 저는 팀원들과 함께 겨울 밤을 꼬박 새면서 시간대 별로 사장님 집무실 천정 안의 온도를 측정했어요. 밤부터 새벽까지 데이터를 모아보니 건물 단열이 문제였어요. 우리 팀 잘못이 아닌거죠."

이 코치는 그 당시 문제를 확인하고 직원들과 환호했던 기억을 떠올리며 흐뭇해 했다.

"그 후에 설계사무소와 시공사가 단열보강공사를 하도록 조치했고, 업체 직원들이 어떻게 이런 생각을 했냐고 물으시는데 저도 어떻게 그 상황에서 온도를 측정할 생각을 했는지 모르겠더라구요."

나는 복구테마 마지막 글귀인 〈당신이 개입하지 않았더라면 일이 실패로 돌아갔을 것이라는 점을 당신은 직관적으로 압니다〉를 읽으며 엄지척을 했다.

이 코치는 함박웃음을 지으며 손사래를 쳤다.

"팀원들과 꼬박 밤을 새우면서 원인을 파악했던 노력의 결실이라고 생각했는데, 나의 강점 복구테마가 그 상황을 해결했다고 생각하니 지금 더 뿌듯하네요. 그때 새벽 4시에서 5시 사이의 몽롱함은 힘든 상황이 생길 때마다 떠오르는 장면이예요."

　　나는 노트 가운데 원을 그리고, 탁월함의 원이라고 적었다. 그리고 주변에 이 코치의 강점 5개 (연결성, 지적사고, 수집, 배움, 복구)를 적었다.

　　"코치님~ NLP 강의 중에 탁월함의 원 기억하세요?"

　　이 코치는 고객을 끄덕이며, 조금 전에 말한 동파 원인을 밝혀냈던 순간이라고 했다.

　　"코치님, 앞으로 프로젝트를 기획할 때, 탁월함의 원 에너지와 강점 5개를 어떻게 활용할지 연결해 보세요. 연결하면 연결할수록 더 많은 아이디어를 생각하실 수 있어요."

　　6개월 전 강점코칭이었는데, 교수님의 설명을 들으니 바로 어제 일처럼 느껴졌다.

　　"영주 코치가 가르쳐 준 것처럼 탁월함의 원과 강점코칭을 연결해서 답을 찾았어요. 내가 교수가 될 수 있을까? 만약 교수가 된다면 나는 어떤 준비가 되어 있는 걸까? 셀프 코칭을 여러 번 반복했는데, 결론은 강점에 답이 있었어요."

나는 결론을 빨리 듣고 싶은데, 교수님의 말씀 속도가 느려 애가 탔다.

"내 첫 번째 강점인 연결성이 탁월함의 원안에 에너지를 기억하게 하니까, 두 번째, 세 번째 강점으로 생각하는 건 도미노처럼 그냥 넘어갔어요. 지적 사고를 원우들에게 발휘하는 모습을 상상하고, 내가 가진 자료 수집과 배움 추구를 통해서 원우들은 보다 더 넓은 시야를 갖게 되는 코칭을 강의할 수 있겠구나 확신이 들어서 지원하게 됐죠."

나는 물개박수를 쳤다. 역시 강점은 내가 고민하고 활용할수록 더 크게 성장시켜 주는 도구임에 확신이 더해졌다.

"교수님~ 코칭기본스킬 한 학기 동안 강의할 때, 어떤 강점을 활용하고 싶으세요?"

교수님은 테이블 위에 탁월함의 원과 강점을 적었던 종이에 강점리포트를 확인하며 메모를 시작하셨다.

1. 연결성 테마: 사람들과 연결하고 좋은 관계를 구축하는 데 능숙한 점을 살려서 교수와 원우 간의 의사소통의 연결고리를 제공하겠다.
2. 지적사고 테마: 기존에 활용했던 5R 교육자료에 아이디어를 추가하고 싶다. 혼자만의 시간을 가지며 깊이 생각하기를 즐기고 강점을 활용해서 강의 콘텐츠를 업그레이드 시키고 싶다. 지적활동은 나의 삶의 일부니까~

3. 수집 테마: 명상과 코칭에 관련된 최신 정보를 꾸준히 유지하는 것에 능숙하다. 코칭의 문을 여는 라포형성에 어려움을 겪는 원우들에게 좋은 사례를 제공할 예정이다.

4. 배움 테마: 나는 배우는 과정에서 재미를 느끼기 때문에 더 나를 채우는 것에 의미를 두고 싶다. 내 배움의 정보를 원우들이 흥미를 느낀다면 공유해야지.

5. 복구 테마: 교수가 문제 해결 능력이 있는 것은 중요하다. 코칭 과정을 분석하고, 개선하는 데 도움을 줄 수 있다. 코칭대화 중에 탁월함과 부족함의 원인을 알아내고, 해결안을 원우들과 함께 찾는 일이 큰 기쁨이 될 것 같다.

교수님은 순식간에 노트 한바닥을 채웠다. 강점 5가지를 모두 활용하셨다. 2시간이 후다닥 지났다.

강점코칭을 진행하다 보면 거의 대부분의 사람들이 과거 현장상황에 맞춰서 해결했다고 생각한다. 하지만, 사람마다 가지고 있는 강점이 다르기 때문에 강점을 활용하는 과정과 결과가 각양각색이다. 나의 강점을 알고, 내가 과거에 강점을 어떻게 활용했는지 내 경험에서 확인하는 것이 중요하다. 강점코칭으로 나의 업적을 찾아보면, 앞으로의 프로젝트를 계획할 때 내 강점을 발휘할 수 있다.

"내가 이 프로젝트를 할 수 있을까?"

걱정하지 말고 용기 있게 나의 강점을 믿어 보자.

나의 고난은
나를 성장시켜주는 원동력이다

-노진백-

오늘은 코칭 강사FT 과정 최종 평가 테스트하는 날이다. 함께 배움을 나눈 코치들을 모시고 강의 평가를 볼 계획이다. 긴장이 되어 새벽 5시에 눈을 뜨게 되었다. 잠에서 깨어나기 위해 창문을 열었다. 차가운 바람이 들어오면서 잠에서 깨어났다. 여기저기 새 울음소리가 들렸다. 긴장된 마음을 안정시키기 위해 (탁월함의 원)명상을 하기로 하였다. 방 안 고요함 속에 눈을 감고 잡생각을 지우기로 했다. 명상 호흡에 집중하면서 몸과 마음에 집중하였다. 그런데 집중하고 있다고 생각하는 순간조차 생각에 집중하지 못하고 있다는 것을 느꼈다. 나의 내면에 불안감을 느꼈다. 나는 천천히 호흡을 하며 과거 나의 힘든 시기를 극복했던 순간을 떠올려 보기로 하였다. 마음이 안정되고 명상에 몰입감을 느꼈을 때 "시간이 멈춘 것 같았다.", "주변의 모든 것이 정지된 것 같았다." 들려오는 새 소리도 들리지 않았다. 호흡을 통해서 서서히 하나의 영상을 떠올리게 되었다. 마음의 평정을 찾고 "마음이 가는 곳에 에너지가 흐르는 순간을 몰입하였다." 서서히 나의 몸 주변 따뜻한 에너지 장 흐름을 느끼게 되었다.

1984년 중학교 2학년 서울은 아주 낯선 환경이었다. 1년 전만 해도 시골에서 동네 친구들과 즐거운 시간을 보내고 있었다. 중학교 1학년 봄, 갑작스럽게 부모님 두 분이 돌아가시고 서울 작은 누나 댁으로 급히 전학을 와야만 했다. 시골에서 나 홀로 생활하며 중학교에 등교해야만 하였기 때문이였다.

서울 전학은 나의 많은 것을 변화시켰다. 모든 것을 위축되게 만들었다. 새로운 환경에서 시골 친구들이 그리웠다. 나의 나약한 모습을 본 작은 누나는 나에게 멘탈의 중요성을 강조하시며 신문 배달을 하며 정신이 강해졌으면 좋겠다고 하였다. 체력을 키우기 위해 매일 형들과 가까운 야산에 등산하였다.

체력에 자신감을 갖고 더 나아가 조조 신문배달을 경험해 보았다. 작은 누나 댁에 경제적 도움이 되었으면 좋겠다는 생각과 또한 현 나의 상황을 잊고 싶다는 마음이 강하게 작용하였다.

아침 신문배달은 매일 새벽 4시 30분에 일어나는 것으로 시작되었다. 동네 골목에는 아직 어두운 새벽길을 밝혀주는 가로등 불빛이 빛나고 있고, 상봉동 시장 새벽장사를 위해 사장님이 나와 계셨다. 과일 가게 사장님에게 "안녕 하세요~" 인사를 했다.

사장님께서는 "어~ 학생 오늘도 신문 배달 가는 중이야?"

"네, 늦지 않도록 신문 배달 해야죠." 보급소에 늦지 않기 위해 달렸다. 숨이 차오르는 것을 느꼈지만 아침 공기를 마시며 달리는 기분은 상쾌했다. 보급소에는 나와 같이 조조 신문을 배달하는 여러 친구들이 있었다. 보급소 내에는 상봉동 지도가 크게 벽에 붙어 있었다. 소장님께서는 그곳에 배달

담당자 이름과 구역을 나눴다. 나는 상봉 2동 구역으로 60가구가 조금 넘는 곳에 신문을 배달 담당구역을 맡았다.

신문을 읽으면서 대중교통으로 출근하는 사람들이 많았다. 그중에 스포츠, 경제신문은 많이 사람들이 구독하는 인기 신문이었다.

신문을 배달하면서 만화 시리즈를 읽는 즐거움도 있었다. 신문에 시리즈로 연재되던 만화가 있었는데, 이 만화를 읽기 위해 구독하는 분들이 참 많았던 기억이 난다. 조조 신문은 날씨와 관계없이 월요일부터 토요일까지 매일 배달해야 되었다.

"조조 OO신문 배달이요~"

"오늘 기사는 롯데 자이언츠 최동원 투수의 호투로 한국 시리즈 우승 기사입니다."

좁은 골목을 뛰어다니며 집집마다 신문을 배달하는 생활은 쉽지 않았다. 하루는 앞으로 제대로 걸어갈 수 없을 정도로 심한 바람과 비가 많이 내리는 날이었다. 신문이 젖지 않도록 비닐 봉투에 60부가 넘는 신문을 넣는 작업은 오랜 시간이 걸렸었다. 보급소에서 지원해주는 우의를 입고 신문을 옆구리에 끈으로 고정했다.

보급소 밖 비바람에 상점 간판이 심하게 흔들리고 있었다. 신문을 두 팔로 고정하고 담당구역으로 뛰기 시작했다. 운동화는 빗물에 젖어갔다. 우의 모자는 바람에 도저히 쓸 수가 없었다. 신문을 젖지 않도록 준비 작업하는 과정에서 평소보다 배달 시간이 늦어지고 있었다. "신문이요~~" 목청을 높이며 대문 안쪽으로 신문을 던졌다. 그렇게 2시간이 넘도록 배달을 하고 보급소에 들어왔다. 운동화에서는 물이 흘러나왔다. 또한 옷은 빗물에 반쯤 젖었다. 보급소 소장님은 "상봉2동 구역 담당자", "네~", "김태우 사장님 댁

신문 배달 어떻게 했어~" 하고 나에게 물었다. 나는 소장님에게 설명했다. 비바람이 많이 내려 신문을 대문 사이에 끼워 놓고 왔다고 설명했다. 소장님의 언성이 높아졌다. 신문이 배달되지 않았다고 방금 보급소로 전화 연락이 왔다고 했다. 나는 다시 김태우 사장님 댁으로 뛰기 시작했다. 바람은 나의 몸에 저항을 일으켰다. 마음처럼 빠르게 달릴 수 없었다. 도착 후, 대문 벽에 있는 인터폰 스위치를 눌렀다. 스피커에서는 오늘 신문을 받아 출근하려고 했는데 늦어지고 있다는 불만이 쌓인 중저음의 목소리가 흘러나왔다.

나는 "아침에 신문배달 사고가 나서 죄송합니다." 고개 숙여 사과했다.

짜증이 올라왔다. 신문을 정상적으로 배달했다고 생각했기 때문이었다. 신문을 배달하고 중학교에 등교해야 되기 때문에 마음이 급해졌다. 누나 집에서 책가방을 챙겨 중학교로 등교하기 위해 또 달려야만 했다. 방과 후 다시 아침일이 마음이 걸려 김태우 사장님 댁으로 찾아갔다. 마침 사장님께서 퇴근 후 집에 계셨다. 사장님께서는 거실로 들어오게 했다. 나는 긴장이 되었다. 아침일 때문에 찾아 왔지만 무슨 말을 해야 할지 머뭇거리고 있었다. 그런 사장님께서는 "아침에 많이 놀랬지"라며 말을 건넸다. 나중에 퇴근 하고 집에 들어왔는데 신문이 화단 넘어 강아지 집 앞에 있었다고 했다. "물론 신문은 물에 젖어 볼 수 없을 정도로 훼손된 상태였고 말이야" 하며 상황을 말해 주셨다. '뭐야 그럼 나의 잘못이 아니잖아요' 하고 말하고 싶었지만 차마 말을 할 수 없었다. 사장님께서는 미안하다고 하면서 나에게 작은 선물을 주셨다. 사장님께서도 어릴 때 시골 고향을 떠나 서울 생활을 하셨다고 했다.

신문 배달과 영등포역에서 구두도 닦으면서 사업 기반을 다졌다고 하셨다. 나에게 지금은 좀 어렵지만 언젠가는 어린 나이에 신문배달 경험이 큰 도움이 될 것이라고 응원해 주셨다.

나의 자원을 영상화 하면서 잠시 잊고 있던 과거 자원을 깨닫게 되었다. 오늘 코칭 강사FT 발표에 자신감을 회복하면서 명상에서 눈을 뜨게 되었다. 오늘 코칭 강사FT 발표에 자신감을 갖게 되었다.

3개월 동안 배운 지식을 활용해서 강사FT 발표 주제를 "나의 존재 찾기" 주제로 선정하였다. "나의 존재 찾기" 주제로 선정한 이유는 신문배달을 통해 나 자신의 나약함을 극복하게 된 동기가 되었기 때문이었다.

강사FT 최종 발표 순서가 되었다. 앞에서 하시는 분들의 발표를 경청하면서 좀 위축이 되었다. 나의 순서가 되고 심장이 뛰기 시작하였다. 나는 잠시 눈을 감고 배에 힘을 주고 호흡에 마음을 진정시켰다.

사람들의 시선을 느끼면서 조금 긴장감에서 해방이 되는 것 같았다. 발표를 하는 순간에 온전히 몰입했다. 지금 이곳에 계신 분들은 나의 이야기를 경청하러 오신 분이야, 나를 평가하기 위해 계신 분들이 아니야 하면서 자신감을 찾아 갔다. 그렇게 30분 발표가 모두 끝나고 "오늘 나의 존재 찾기" 강의를 경청해주신 분들께 감사드립니다. 하면서 마무리했다. 여기저기 박수소리가 들렸다. 박수 소리를 들으면서 3개월 과정 속에서 많은 어려움이 있었지만 그 순간을 극복하고 서 있는 나 자신에게 기쁨을 느꼈다.

신문 배달 경험은 나의 삶에서 굴곡을 극복할 수 있은 원동력이 되었다. 살다 보면 많은 어려움을 겪게 된다. 매 순간 힘듦을 지혜롭게 대처할 수 있었던 것은 어린 시절 신문 배달을 경험하며 많은 것을 알게 되었기 때문이다. 누구나 자신만의 어려운 시기가 있을 것이다. 또한 자신만의 심볼 또는 힘이 되는 이미지가 있을 것이다. 나에게는 중학교 시절 겪은 많은 환경적 변화 속에서 신문 배달을 통해 성장을 했기에 지금도 그 순간이 나의 자원

을 사용할 수 있는 힘이 되어준다. 무엇이든 할 수 있다는 자신감을 갖으며
새로운 목표를 향해 도전하게 된다.

초보 영업사원의 탈출 일기

-설명찬-

2000년 대학을 졸업하고 반도체 설비업체에서 엔지니어로 일했다. 반도체 공장은 24시간 가동해야 하기 때문에 교대근무를 하면서 일을 하는 경우가 흔한 일이다.

2003년도 화창한 봄날이었다. 이번 달은 점심에 출근해서 밤 12시에 퇴근하는 스케줄이었다. 친구에게 연락이 왔다. 이번 주 토요일 대학 동기 모임을 하려고 하는데, 참석할 수 있는지 물어봤다. 나는 이번 주 토요일에 일하는 순번이기 때문에 참석을 할 수 없었다. 친구와 전화를 끊고 한숨을 내쉰다.

생각을 해보니 요즘 친구들과의 만남이 뜸해졌다. 대신에 회사의 같은 조원들과 일을 마치고 노는 횟수가 늘어만 갔다. 이러다가 예전의 친구들은 다 떨어져 나가고, 회사 동료들만 남을 것 같은 불안함이 감돌았다.

주말에 쉴 수 있는 방법은 없을까? 그때 머리를 스치는 말이 있었다.

"영업이라는 직종은 어떨까?"

사실 그 당시 난 영업이라는 직종에 대해서 관심이 가고 있었다. 좀 더 진취적으로, 매출성장을 위해서 고군분투하는 모습이 매력적이었다.

이렇게 난 지금 다니고 있는 직장에서 영업의 첫걸음을 시작했다.

엔지니어 생활과 영업은 확연하게 업무의 성격이 너무 달랐다. 엔지니어일 때 바라본 영업은 양복입고, 고객을 만나 응대하고, 폼나게 일하는 줄 알았다. 그런데 막상 영업으로 일해보니 생각했던 것처럼 멋있는 일만 있는 것이 아니었다.

한숨이 나오는 것이 한두 가지가 아니었다. 입사해보니, 우리 팀은 나 혼자였고, 매니저도 없었다. 사장에게 직접 보고를 해야 했다. 업무 인수라며 고객 명단이 있는 A4용지 6장을 받았고, 엔지니어와 함께 고객을 몇 명 만났다.

"오늘은 누구를 만나야 하나…. 걱정이다."

A4용지를 가지고 전화를 하면서 고객 한 명씩 만나갔다.

"안녕하세요. 저는 인테그리스에 다니는 설명찬이라고 합니다."

"한번 찾아 뵙고 인사드릴려구요?"

"누구세요… 바빠서 나중에 연락주세요…" 뚝…….

말도 마치기 전에 나중에 연락달라, 바쁘다며 뚝하고 끊기길 일수였다. 그러나 내 직업은 영업이기에 사무실에만 앉아 있을 수 없었다. 무작정 고객사로 향했고, 기다리면서 차 안에서 책을 읽곤했다.

그러던 어느 날이 었다.

"설명찬 씨, 이리로 와봐요…" 사장님 호출이었다.

"아니 당신 뭐하는 사람이야? 당신 영업이라는 사람이 재고관리도 제대로 못하고, 정신 있는 사람이야? 고객사에서 재고가 없다고, 나한테 연락이 왔잖아."

나는 사장님 방을 나와 재고 관리 시스템을 확인했다. 고객사 제품을 준비하기 위해 선발주를 진행했는데, 그것이 사라졌다.

"분명히 선주문을 냈는데 왜 이러지" 속으로 불안한 마음이 들었다. 귓가에서 "당신 뭐하는 사람이야…."라고 했던 사장의 목소리가 귓가를 때렸고, 심장은 꿍꽝거리면서 요동치고 있었다.

유관부서와 확인하니, 선발주를 내고 일정 기간동안 실제 발주서가 접수되지 않으면 선발주가 사라진다고 확인했다. 교육을 받을 때 그런 내용을 듣지 못했던 터라 아차 싶었다. 유관부서는 영업이 잘못했다고 사장에게 보고를 했고, 그래서 사장이 나를 호출했던 것이었다.

나는 다시금 상황을 사장에게 설명하였고, 긴급하게 재고 확보일을 확인했다. 그리고는 고객사에게 깊게 사과를 건네면서 마무리 지었다.

또 다시 고객을 만나는 일상의 일로 돌아갔다.

"새로운 영업사원인가 보네요." 고객이 퉁명스럽게 대답했다.

"그렇군요…. 그 동안 영업사원이 없고, 툭하면 담당자가 바뀌어서 업무가 안되고 있어요.", "누구를 만나야하는지도 모르겠구요."

"또 얼마나 갈지 모르겠네요. 아무튼 당신네 회사는 정말 이상하고, 대응이 너무 안돼요."

위와 같은 말은 고객을 만나면 항상 듣는 레파토리였다. 내가 입사하기 전에 6개월 이상 영업이 공백이었다. 그전에도 여러 명의 영업사원이 거쳐갔던 자리였다. 그래서 고객사의 불만은 극에 달했던 것이었다.

고객사 여기저기서 불만의 소리가 들려왔고, 이러한 불만의 소리는 회사 사장님 및 임원진도 알게 되었다. 어느 날 사장님이 방으로 불렀다.

"설 대리 그동안 업무하는 것 보니깐. 좀 걱정이네. 내가 마지막 기회를 줄게, 사표 내고 3개월을 지켜봅시다." 그리고 달라지는 것이 없으면 퇴사하는 것으로 합니다. 정말 청천벽력과 같은 소리였지만, 상당히 자존심도 상했다. 내 인생에서 이런 수모는 처음이었다.

"내가 문제인가…?"

엔지니어로서 일할 때는 일 잘한다고 얘기 많이 들었었는데, 영업이 나와 체질이 맞지 않는다는 생각이 들었다. 나는 이내 엔지니어로 다시 가려고 면접을 보기 시작했다.

하지만, 마음 깊은 곳에서 끓어오르는 목소리가 있었다.

"명찬아, 니가 지금까지 이런 대우를 받은 적이 있어? 넌 항상 잘했잖아, 항상 사람들이 너를 필요로 했잖아…. 지금 니가 이렇게 나가면 넌 여기서 낙오자로 기억이 될 거야?"라는 외침이 있었다. 나는 반드시 이곳에서 인정을 받으리라 다짐했다.

이런 "작은 시련에 굴복을 하면 이 험난한 세상에서 낙오자가 될 수밖에 없다. 나는 할 수 있다. 나는 최고다." 라고 되뇌이며, 머릿속에 각인을 시켰다.

또한 나는 듀스의 사자후라는 노래를 힘들 때마다 즐겨 들었다. "어려운 상황을 피하지 말고 당당하게 부딪히며 나가라"는 내용이다. 나는 힘들 때마다 이 가사를 기억하고, 내 머리에 각인시켰다.

영업 분기 미팅 발표를 하는 날이었다. 발표를 마친 나는 "절대 먼저 회사를 나가지 않겠습니다. 내가 사표를 냈을 때 회사가 나를 붙잡을 수 있도록, 성장하고 끝까지 버티겠습니다."라며 외치고 발표를 마무리 지었다. 그러고 난후, 마음가짐과 행동이 달라졌다. 유관부서에게 당했던 일들을 기억하며, 알아야 반박할 수 있고, 알아야 실수를 하지 않는다는 것을 새기고 또 새겼다.

고객과의 만남도 적극적인 응대로 변했다. 주요 고객과의 접근법은 의외로 간단했다. "안녕하세요? 부장님 오늘 뵐 수 있을까요? 기다리겠습니다. 문자주세요."

연락이 없다. 30분, 1시간, 2시간 시간이 흐른다. 나는 문자를 남긴다. "부장님, 기다리다가 돌아갑니다. 다음번에 다시 연락 드리겠습니다."

이렇게 두세 번씩 2시간 기다리면 다음번에는 미안해서라도 만나주었다. 이런 것들이 예전에는 짜증나는 일들이었지만, 마음을 바꾸니 그저 즐거웠다. 그냥 기다리다가 문자를 하고 몇 번 반복하면 만날 수 있었다.

나의 목표는 '고객 감동'이었다. 고객이 필요한 것들이면 무엇이든 도와주려고 했다. 업무적인 것이든 업무 외적인 것이든 가리지 않았다. 한번은 고객이 영어 시험을 봐야한다고 해서 영어 족보도 구해주고, 카페에서 영어도 가르쳐 주었던 일도 있었다. 이렇듯 나의 행동은 적극적으로 변하기 시작했다. 입사 3개월이 지났지만 사장은 나를 부르지 않았다. 아마 사표는 찢어 버린 것 같았다. 그렇게 1년이 지나고, 2년, 3년이 지났다. 힘들긴 했지만, 즐겁게 영업생활을 적응해갔다.

지금은 뭐하고 있냐고?

17년째 나는 처음 영업을 했던 회사에서 영업 이사로 근무하고 있다. 가끔 그때를 회상해보면, 내가 어떻게 그렇게 용기를 내고 외칠 수 있었는지 모르겠다. 내가 너무 절박했고, 꼭 해야겠다는 강한 의지, 할 수 있다는 결단이 그 어려웠던 시기를 극복할 수 있는 원동력이 되었던 것 같다. 이러한 경험은 지금도 내가 살아가는 데 많은 도움이 된다. 어려움에 직면했을 때 눈을 감고 그 시절을 회상해보고, 그때의 결단력을 떠올리면 할 수 있다고 다짐하게 된다. 또한 듀스의 사자후 노래를 들으면서, 힘든 상황을 피하지 않고 당당하게 맞서 헤쳐나가고 있다.

탁월함을 주는 우리집

-이재영-

[2003년] 나는 똘망똘망한 눈망울을 가진 두 아이의 아빠이고, 잔소리가 많지만 항상 내 걱정이 먼저인 사랑스런 와이프의 남편으로, 경제적으로 만족스럽지는 않지만 삶의 소소한 부분에서 행복함을 배우며 살고 있는 젊은 가장이다.

천안에서 첫 사회 생활을 시작하였다. 결혼하면서 신혼집을 장만하여 내 명의로 시작하고 싶었지만 대출 없이는 내집마련이 어려운 형편이었다. 와이프는 신혼 초반부터 대출을 지고 사는 것이 마음에 들지 않는다고 하여 전세집으로 신혼 살림을 시작하였다. 둘만 있을 때는 충분한 공간이었지만 연년생으로 아이들이 태어나고 보니 집이 작게 느껴졌다.

쥐꼬리만 한 월급에 생활비를 충당하면 해마다 오르는 전세금을 마련하기가 힘든 시절이었다. IT업계에 종사하고 있던 터라 IT버블이 꺼졌던 그 당시에 회사 상황은 말이 아닐 정도로 어려웠다. 급여가 6개월 정도 밀리면서 그 동안 와이프와 맞벌이 하며 조금식 모아둔 저축과 적금 보험들을 모두 해약해야 했다. 경제적으로 어려운 상황에서 엎친 데 덮친 격으로 해마다 전세금은 계속 올라가고 있었고, 1년에 천만원 이상 오르는 전세를 감당하기 어려워 친지에게 빌려서 충당할 정도였다. 아이를 둘 키우기 시작하면서 와이프는 그나마 다니던 학원 선생 자리도 그만두게 되었다. 혼자서 가정 경제를 감당해야 하기에 직장 생활은 더 절실하기만 했다. 어떡하든 직장 내에서 기술력을 쌓아 인정받고 살아 남아야만 했다. 한편으론 전세 계약 갱신할 때가 다가오면 어떻게 준비를 해야할지 전전긍긍했다.

[2005년] 어려운 회사 사정으로 인해 천안에 있었던 회사가 급작스럽게 안양으로 이전하게 되었다. 반도체 장비 관련 사업을 위주로 하던 대주주 회사에서 방위산업 분야에서 수익을 많이 안겨주지 못하고 있던 우리 사업부를 정리하게 되었고, 그에 따라 우리 사업부는 새로운 투자자를 찾게 되었다. 다행히 여러 어려운 난관이 있었지만 투자 의향이 있는 투자자를 만나게 되었다. 새로운 대주주의 회사가 안양에 있었던 터라 그곳으로 우리들도 올라와야만 했다.

회사의 급작스런 이전으로 거처를 마련하지 못한 대부분의 직원들은 천안에서 안양으로 장거리 출퇴근을 하는 어려움에 처하게 되었다. 회사 공용 차량과 개인 차량을 동원하여 출퇴근을 하였고 카풀 멤버를 결성해야 했다. 카풀 인원에 맞추어 출근과 퇴근을 하다보니 한 명이라도 야근을 하게 될 때면 그 인원을 제외하고 퇴근을 할지 아니면 나머지 인원들이 기다려서 늦더라도 같이 출발할지를 놓고 이러쿵저러쿵 의견이 분분한 일들이 부지기수였다. 출퇴근의 어려운 상황과 이사에 대한 부담으로 퇴사자가 하나 둘씩 늘어나고 있었다.

천안의 집값은 안양의 집값에 비하면 저렴한 상황이었던 터라 안양으로 무턱대고 이사를 오기에는 어려운 상황이었다. 그나마 출퇴근 비용을 회사에서 1년 정도를 지원해 주고 있었기에 8개월 가량을 천안과 안양 사이로의 장거리 출퇴근을 어렵게 버티고 있었다. 아마도 내가 안양 근교로 이사를 가장 늦게 한 사람이었을 것이다.

혼자서 출퇴근을 할 때는 가능하면 대중교통을 이용하였고, 급할 때면 자가용을 이용하여 출퇴근하였는데 오랜 장거리 출퇴근으로 피로가 쌓인 건지 자가용 이용 횟수가 많이 늘고 있었다. 장거리 출퇴근을 오랜 기간 유지한다는 것은 비용이 많이 든다는 것 이외에 여러가지 문제가 많이 발생하였다. 이런 생활을 버티다 못한 나는 그 사이 안양이나 수원 근처로 이사한 직원들에게 물어물어 전셋집 시세를 알아보기 시작하였다. 퇴근하는 길에 가격대가 저렴한 후보지를 찾아가 보고 물색을 해보았다. 와이프가 좋아할 만한 번듯한 아파트는 하늘의 별따기였다. 요즘말로 하면 넘사벽이라고하면 딱 맞을 듯하다. 좁은 골목을 굽이굽이 조심스레 지나 차 두대가 마주치면 서행 운전으로 조심해 지나야 하고, 갓길에 주차를 하면 교통에 방해가 되는 정도의 허름한 빌라, 여기가 내가 알아본 전셋집 후보였다. 이 집 또한 전세금이 충분하지 않아서 이사 고민을 심각하게 하고 있던 터였다. 그나마 천안의 집은 작지만 아파트라는 공간에 살고 있다가, 좁은 골목에 위치한 4층짜리 빌라로 이사를 오려다 보니 마음에 들 리가 없었다. 모자란 전세금을 직장 선배와 어머니에게 도움을 일부 받아 겨우겨우 수원의 빌라로 이사를 결정하고 입주하던 날이었다. 이삿짐을 차에서 내리지도 못하고 집주인과 부동산을 찾아 발을 동동구르며 이리저리 뛰어다녀야 했다. 그 허름한 빌라는 내부의 짐을 빼고 나니 가구 뒤에 숨어있던 속 살을 온전히 드러내고 있었다. 가구 뒷편의 벽지에는 시커멓다 못해 금방이라도 후두둑 떨어질 것 같은 곰팡이가 자리를 잡고 있었고 장농이 있었던 바닥은 홍수에 침수되었던 장판처럼 너덜너덜한 상황이었다. 구경하러 갔었을 때는 나름대로 꼼꼼하게 살핀다고 보았지만 이사 초보였던 내가 살펴 본 것에는 한계가 있었다. 이럴 줄은 정말 몰랐었다. 전세 자금이 모자라서 도배와 장판 비용을 아낀다고 이사 전에 그것을 안한 것이 이런 화를 부를 줄은 꿈에도 상상하지 못했다. 아니 정확히는 사회 경험 부족인 게 맞을 것이다. 와이프와 나는 집안의 모습을 보고는 망연자실해서 이대로 이사를 해야 하는 것인지, 어떻게 해야할지, 누군가에게 망치로 뒷통수를 가격당한 것처럼 아무런 생각도 할 수 없었다. 이사를 도와주겠다며 창원에서 올라온 동생들이 도착해서 그 상황을 보고 수건과 청소도구를 사왔다. 이삿짐센터 사람들도 더 기다리지 못하겠으니 어떻게 할지 결정을 하라고 계속 재촉했다.

할 수 없다는 생각이 들자 모든 것을 포기하고 이삿짐센터 분들에게 잠시만 더 기다려 달라고 부탁하고는 눈에 크게 보이는 곰팡이과 너덜너덜한 벽지는 뜯어내고 창틀이며 바닥을 정신없이 쓸고 닦고 하였다. 정신없이 이사짐을 대충대충 정리하고는 그렇게 수원에서의 빌라에서의 전세살이가 시작되었다.

[2007년] 수원에서의 빌라 생활은 집이 허름하다는 단점이 있는 반면에 빌라라는 구조에서 오는 특수한 생활 환경을 느낄 수 있었다. 앞집에 사는 분들은 너무 좋은 분들이라는 것이 빌라에서 있었던 행운 중의 하나였다. 아이 둘을 가진 부부였는데 마음씨 좋은 아주머니와 형님 같은 아저씨가 친절하게 잘 대해 주었고, 가끔 낚시를 다녀오면 생선회를 나누어 주기

도 하고, 시골을 다녀오면 가져온 음식을 나누어 주기도 했다. 앞집 부부가 베푼 인정은 당시 생활이 어려운 우리 살림에 많은 도움이 되었다. 앞집 아주머니는 친절하셔서 두 아이들을 돌봐줄 사람이 필요할 때면 흔쾌히 맡아 주시곤 했다.

반면 빌라에서의 주차는 전쟁이 따로 없었다. 매일 내가 주차하는 곳에 차를 대곤 하였는데 하필 다른 차가 먼저 주차되어 있어 옆에 다른 집이 자주 주차하는 곳에 차를 주차하였을 때였다. 밤 12시가 넘어 지하층에 사는 사람이 문을 쿵쾅 두드리며 차를 빼라고 고성을 지르고 윽박질을 해댔다. 빌라에서의 생활을 좋은 사람들과의 만남이라는 좋은 점도 있지만, 아파트 생활과는 또 다른 그 나름대로의 장점과 단점을 가지고 있다.

가정 경제를 위해서 아내도 다시 일을 시작하였다. 물론 아이들을 돌보는 부분에서는 앞집 아주머니 덕분에 도움이 많이 되었다. 그렇게 수원에서의 생활도 2년이 지나 전세 재계약의 시기가 왔다. 그런데 이번엔 전세금을 한꺼번에 5천만원을 넘게 올려달라고 했다. 나가라는 이야기로 들렸다. 전세금 상승을 대비하여 2년간 열심히 전세자금 상승분을 마련하였지만 두 아이를 키우는 생활을 하다 보면 자금 마련에 한계가 있었다. 전세를 그대로 유지할지 아니면 매매를 해야 할지 결단을 내려야 하는 시점이 온 것이다. 아내와 협의하여 우리로서는 상당한 무리가 따르는 대담한 결정을 하게 되었다. 아내가 그렇게도 싫어하던 대출을 받기로 결정하고 주변의 작은 아파트라도 사기로 결정한 것이다. 그나마 다행이었던 것은 당시 회사가 벤처로 성장하며 투자를 받았던 시점으로, 그동안 고생한 임직원들에게 주식을 일부 나누어 주었던 것이다. 얼마되지는 않았지만 이때 받은 주식을 처분하고, 대출을 한도까지 받고보니 겨우 주변 아파트를 살 수 있는 금액이 맞추어졌다.

부동산을 찾아가 여러 곳의 매물을 구경하다가 23평형의 작은 집을 구경했다. 채광이 좋았다. 우선 아파트단지는 아이들을 키우기에는 빌라보다는 걱정이 덜할 것 같았다. 빌라는 집 현관을 나오면 바로 찻길이었다. 더욱이 우리가 살았던 빌라는 1층이라서 애들이 현관 문이 열려있을 때 찻길로 나가기가 쉬웠다. 총 12층 건물에 6층에 자리했던 그 집은 남향이었다. 문을 열고 들어서자 거실이 나왔고 눈이 부셨다. 환했다. 이전에 살고 있던 빌라는 1층에 서향이었고 바로 앞에 다른 빌라 건물도 있었다. 낮에도 햇볕이 잘 들지 않았고 해 질 녘이면 금방 어두컴컴해졌다. 그래서인지 빨래도 잘 마르지 않았다. 그러니 곰팡이가 그렇게 피었을 수 밖에 없었을 것이다.

집 안 곳곳을 둘러보며 빌라 계약했을 때와 같은 실수를 반복하지 않기 위해 나름대로 꼼꼼하게 체크해 보았다. 그러나 마음속으로는 집에 들어서는 순간 이미 이 집이다. 그렇게 결정을 했었다.

집 구경을 마치고 부동산 사무실로 왔다. 사실 우리가 계획한 자금은 그 단지에서도 가장 저렴한 아파트를 구입할 수 있는 자금 정도였다. 아니나 다를까 부동산에서는 그 단지의 매물 중에서 최고가의 금액을 얘기해 주었다. 부동산 사장에게 여러가지 사정을 얘기하며 어려운 우리 사정을 설명해 보았다. 그래서인지 젊은 부부가 애처롭게 매달리자 집주인과 잠시 통화를 하고는 천만원 정도를 깎아주시겠다고 했다. 아직도 우리 예산으로는 많이 모자랐다. 부동산 사무실을 나와서 집으로 돌아오는 길 아내의 얼굴이 많이 어두웠다. 여기 말고 다른 집을 좀 더 알아보면 우리 금액에 맞는 곳이 있을 것 같다고 아내를 위로해 본다. 집에 돌아와 멍하니 앉아 있는데 낮에 구경갔던 아파트 거실에서의 햇살이 머릿속에서 사라지지가 않았다. 한 번

본 집 이지만 너무나 인상적이었고 방이 3개라 우리 부부가 안방을 쓰고 딸아이와, 막내아들에게 방 하나를 주면 좋겠다는 상상을 하니까 온몸에서 에너지가 솟아올랐다. 그 집은 절대 다른 사람에게 빼길 수 없다는 생각이 들었다. "우리 집이 되어야 하는 집이야 그 곳에서 꼭 살거야!" 마음을 다잡고 각오를 다졌다.

바로 부동산에 전화를 걸었다. "아저씨 그 집 우리가 살게요, 다른 사람에게 보여주지 마세요." 다음날 은행을 찾아갔다. 자주 거래하던 은행에서 마이너스 통장을 추가로 개설하러 간 것이다. 그 동안 와이프는 대출은 안된다는 철학으로 '마이너스통장' 하나 없이 살았다. 주 거래 은행이라는 곳에서 겨우겨우 대출받은 것이 900백만원이 한계였다. 내 신용이 이것뿐이라는 것에 많이 안타까웠다. 다른 방도를 찾기 위해 회사의 경영팀 팀장에게 도움을 요청했다. 회사 거래 은행에 내가 추가로 대출을 받을 수 있도록 협조를 요청했다. 그리고 은행에서 추가 2천만원 상당의 마이너스통장을 개설했다. 벤처기업에 다니는 직장인의 신용은 많이 낮다라는 것을 다시금 절실하게 느꼈다.

드디어 꿈에 그리던 새집에 이사를 하였다. 아내와 내 명의로 된 진짜 우리 집이다. 이제 때마다 전세금을 마련하는 문제로 전전긍긍하지 않아도 되고 이사 걱정도 하지 않아도 된다. 이번에는 도배며 장판이며 제일 좋은 것으로 쓰고 아이들 방은 예쁜 포인트 벽지를 써서 입주를 하였다. 아이들도 자기 방이 생기고 자기 책상과 침대가 생겨서 좋다고 신나했다. 더 좋은 것은 아내가 너무나 행복해했다. 그런 모습을 보니 자연스레 나도 입가에 웃음이 지어졌다. 집 하나 바뀌었을 뿐인데 우리 가정은 이전보다 행복함이 가득했다. 집 안이 밝고 아이들의 웃음소리가 계속되었다. 이 집에는 에너지가 생기는 집인 것 같다.

이 에너지와 함께 아내는 이제는 더 이상 집 걱정없이 평생 이 집에서 살자고 이야기했다. 한 가족의 가장으로 이 집에서 활력을 얻어 행복하게 가정을 꾸려 나갈 자신감이 샘솟는 듯했다. 무엇이든 해낼 것 같았다.

'탁월함의 원'이란 힘의 원천을 우리 모두가 가슴 깊은 곳에 한 두가지씩 가지고 있다. 대부분의 사람들은 이런 힘의 원천을 잘 알아채지 못한 채로 현실을 살아가기에 급급한 경우가 많다. 내가 우리 집을 통하여 '탁월함의 원'이 가진 힘을 느끼며 마음의 안정을 가지고 살고 있고, 내 속에서 그 힘을 끌어내도록 유도해 주는 절대적 힘을 가지는 중요한 부분이라고 나는 느끼고 알아채고 있는 것이 이것을 모르는 사람들과 다른 점인 것 같다. 이 글을 읽은 많은 사람들이 나에게 힘이 되었던 우리 집과 같은 '탁월함의 원'이 되어 주는 공간이나 그 힘을 느낄 수 있는 다른 매개체를 스스로 찾아내어서 자신에게도 '탁월함의 원'이란 힘이 있다는 사실을 알아차리며 살아가기를 소망해 본다. 나 또한 나에게 힘이 되어주는 우리 집이 주는 '탁월함의 원'이 주는 힘과 함께 내 삶을 슬기롭게 개척하며 세상 속으로 나아갈 것이다.

"덤벼라 세상아!"

응급실이 응급한 날

-조영자-

멀리서 들리던 앰뷸런스 소리가 점점 요란해졌다. 응급실 앞까지 도착했는데 사이렌 소리를 끄지 않는다는 것은 응급환자라는 신호. 응급실 자동문이 열렸다. 환자가 구급차에서 내리지 않는다. 어? 환자가 없다. 나는 환자를 찾으러 이리저리 뛰어다니다가 눈을 떴다. 꿈이었다.

하~ 알람 소리였다.

"12시네?"

오늘은 이브닝 근무라서 2시까지 출근이다. 눈을 뜨려고 온 힘을 눈꺼풀에 준다. 더 자고 싶다. 이불을 목까지 끌어당긴다. 30분 후로 알람을 다시 맞춘다. 눈 한번 감았을 뿐인데 알람이 다시 울린다. 1시간이나 지났다. 더 이상 머물렀다가는 지각이다. 나는 침대 위에서 애벌레처럼 기어 내려왔다. 병원 앞에서 자취 중이었던 나는 출근준비를 하고 있는 동안에도 앰뷸런스 사이렌 소리가 다섯 번째 울리며 지나가고 있다. 가슴이 두근거린다. 덜 말린 머리카락에 찬바람을 맞아 살얼음이 생겨 뻣뻣해졌다. 머리가 얼얼

하다. 온몸을 앞으로 움츠리고 가방을 꼭 끌어안은 채 횡단보도를 건너 병원에 도착했다. 1층 로비에서 커피를 주문했다. 따뜻한 아메리카노 한 모금이 위로가 되었다. 탈의실에 도착을 하니 출산을 2주 앞둔 1년 선배 성희샘이 도착해 있었다. 오늘따라 많이 부어 보였다. 1월의 추운 날씨를 견디기 위한 두꺼운 외투를 벗는 것도 힘겨워한다.

"선생님~ 오늘따라 많이 힘들어 보여요. 괜찮으세요?"

"응, 아직 시간이 남았는데 배가 좀 뭉치네. 조금이라도 근무 공백이 생기면 안 되니까… 힘내 봐야지"

커다란 배를 움켜 잡으며 의자에서 일어났다.

"출근하기 전부터 구급차가 엄청 들어 가더라고요, 제발 저녁만이라도 먹을 수 있으면 좋겠어요." "그러게, 우리 꼭 밥 먹고 일하자"

주문을 외우듯이 밖으로 나갔다. 응급실 모든 침상은 환자들로 가득 차 있었다. 구급차는 여전히 들어오고 있다. 환자, 보호자 모두 각자의 말들을 하고 있다.

"여기 침대 없어요? 나 구급차 타고 왔는데 침대 눕게 해줘."

"여기 진료 안 해줘요?"

"나 응급환자야. 의사 없어?"

"입원 언제 시켜줘요?"

"병실 배정받았는데 언제 올라가요?"

"우리 검사하기로 했는데 언제 하나요?"

"결과 설명 언제 해주나요?"

환자, 보호자들의 목소리가 웅성거리는 틈으로 의사의 목소리가 들려온다.

"여기 봉합 준비해 줘요!!"

"여기 수혈 준비해 줘요!!"

"검사 빨리 진행해 줘요!!"

"ooo환자 자리에 없어요. 어디 갔어요?"

"12번침상 ooo환자 수술 빨리 보내줘요!!"

"20번 침상 ooo환자 혈압이 떨어졌어요... 소생구역으로 옮겨주세요!!"

나를 제외한 모든 사람들이 저마다의 말들을 하고 있다. 그 공간에서 데이 근무자와 이브닝 근무자의 인수인계가 이루어지고 있었다. 상체를 앞으로 숙여 인계해 주는 말들을 하나라도 놓치지 않으려고 집중한다. 인계를 받고 라운딩을 하면서 환자 상태를 확인하기 시작했다.

갑자기 응급실 출입문이 열리면서 119구급대원이 들이닥쳤다.

"여기 환자 좀 봐주세요! 칼에 찔려서 출혈이 심해요!"

카트가 지나가는 바닥에 핏길이 생겼다. 나는 하던 것을 멈추고 카트에 누워있는 환자와 소생구역으로 함께 들어갔다. 응급실 침대로 옮기고 모니터를 연결했다.

"수원역에서 조직폭력배들 간에 패싸움이 났어요."

더 많은 환자들이 올 것 같다는 말을 남기고 119구급대원이 나갔다. 비상사태다. 다행히 이 환자는 칼로 인한 상처가 많지만 깊지 않다. 또 다시 사이렌 소리와 함께 하복부에 칼로 찔린 환자가 119구급차 카트를 타고 들어왔다. 이동 중에 뱃속에 있는 장들이 상처 사이로 흘러나와 두손으로 흐르지 않게 잡고 있었다. 환자는 20대 초반 젊은 남자로 얼굴은 창백하다 못해 입술색까지 새하얗게 변해 있었다. 힘없이 눈을 가늘게 뜨더니 무엇인가 말을 하고 싶어 했다. 환자 얼굴 가까이로 내 귀를 가져가기 위해 상체를 기울였다.

"말씀하세요~"

"저... Rh- A형이예요"

작고 떨리는 목소리로 겨우 말을 하더니 바로 의식을 잃었다. 모니터의 혈압과 맥박을 확인했다. 다행히 현재의 혈압은 유지되고 있었으나 맥박은 급행으로 빨라지고 있었다. 대량 출혈로 곧 쇼크에 빠질 것이다. 응급실 의료진들이 분주해졌다. 소독대야에 생리식염수를 붓고 소독된 거즈로 푹 적신 뒤 복부 밖으로 나온 장을 마르지 않게 감쌌다. 응급의학과 의사는 심장과 인접해 있는 큰 혈관을 확보하기 위해 환자 목 근처에서 중심정맥관 삽입 시도를 시작했다. 나는 그 시간도 못 기다리고 양쪽 팔에 큰 바늘로(18G vinca) 혈관을 확보하려고 고군분투하고 있었다. 확보된 혈관으로 수액을 신속하게 주입하였다. 전화벨이 울렸다. 진단검사의학과에서 Hemoglobin(Hb) 2g/dl(성인남자 정상 Hb:12~17g/dl)이라고 했다. 응급의학과 의사는 바로 혈액 10pint를 준비 요청했다.

"혈액형이 Rh- A형이래요"

의료진들의 눈빛은 잠시 초점을 잃었다. 혈액은행에서는 현재 2pint만 준비 가능하다고 했다. 곧 응급수술에 들어가야 하는데, Rh-A혈액을 더 구해야 했다. 결국 방송을 요청하기로 결정했다.

혈액이 도착하기 전까지 수액으로 유지를 해야만 했다. 분주하게 움직이는 몸과 다르게 내 마음속은 제발 그때까지 이겨내 주기를 간곡히 빌고 있었다. 방송 30분 후 다행히 중년의 남자분이 헌혈을 해주겠다고 찾아왔다. 그때는 추운 겨울 밤이었는데도 말이다. 즉시 혈액은행으로 안내를 했고 중년남자는 어떤 사고의 환자인지 궁금해했지만 난 침묵으로 대답했다. 혈액이 충분히 준비되지는 않았지만 응급수술을 지체할 수가 없었기에 바로 준비된 수술실로 이동했다.

이동한 빈자리 바닥에는 피와 함께 사용한 물건들이 널 부러져 있다. 언제 내원할지 모르는 응급환자를 위해 신속하게 자리 정리를 해야 했다. 정리를 마치고, 정수기의 시원한 물한잔으로 목을 축이고 배도 채우는데 갑자기 웅성거리며 큰소리가 났다. 사건 현장에 있었던 폭력배들이 찾아왔다. 그들은 욕설로 위협하며 응급실 중앙으로 성큼 들어왔다.

"아~ 씨~ oo환자 어디 있어?"

응급의학과 의사가 환자와의 관계를 질문했는데 갑자기 멱살을 잡더니 철썩 소리가 났다. 뺨 때리는 소리였다. 의사가 다시 대응을 하려고 하자 그 중 한 명이 의자를 집어 들고 던지려고 했다.

그 순간 만삭의 성희샘은 의자를 던지려고 하는 그들 사이로 들어가 막아보겠다고 양손을 들어 의자를 잡으려고 허공에 허우적거렸다. 나는 보안원을 불러 달라 외치며, 성희샘에게 달려갔다. 옆에 있던 폭력배 일행 한 명이 어디론가 전화를 걸었다.

"여기 A대학병원 응급실인데, 여기 안되겠다. 애들 여기로 풀어~"

등줄기에 땀이 흐르는 것을 느끼고 있는데 짧은 스포츠머리에 승마바지를 입은 다소 작은 키에 통통한 한 남자가 성큼 걸어왔다. 난동 부리던 그들이 하나같이 허리를 깊숙이 숙여 90도 인사를 했다.

"뭐지? 이번엔 두목인가? 큰일이다…"

그는 명함을 내밀었다. 형사였다. 남부경찰서 김oo 형사라고 소개했다.

"너희들 모두 보호자 대기실로 나가서 조용히 있어."

형사가 말하자 그들 모두 응급실 밖으로 사라졌다. 순간 안도의 한숨이 내쉬어졌다. 김형사는 수술 들어간 환자가 어떤 상태인지 질문하였다. 적막 같았던 주변 소리가 이제야 귀에 선명하게 들렸다. 응급실 진료 중이던 환자, 보호자들도 많이 놀란 모습으로 숨죽여 지켜보고 있었다. 수술 후 환자가 중환자실로 이동한다고 연락이 왔다. 김형사에게 전달하기 위해 보호자 대기실로 갔다. 난동을 부리던 일행이 형사를 둘러싸고 모두 고개를 숙이고 있었다.

"너희들 그러면 되겠어? 뭘 잘했다고 여기 와서 큰소리야?"

김형사가 혼을 내고 있었다. 믿기 어려운 광경이었다. 일행들이 나간 뒤 응급실은 잠시 조용함이 찾아왔다. 스테이션 끝에서 성희샘이 식은땀을 흘리며 얼굴을 찡그리고 있었다. 통증의 간격이 아주 짧고 강해졌다고 했다. 근무가 끝나려면 1시간은 더 있어야 했다. 바빠서 아픔조차 잊고 있다가 그동안 너무 진행이 된 듯했다. 산부인과 진료를 해보자고 권유했으나 나이트 근무자가 나올 때까지 있어 보겠다고 했다.

"고집 피우다가 뱃속의 아기를 응순(응급실에서 태어난 아기)이가 되게 하실 거예요?"

책임감도 중요하지만 뱃속에 아이를 생각하자며 성희샘에게 휠체어를 디밀었다. 분만실로 간 성희샘은 들어가서 10분도 안 되어 출산을 했다. 조금만 더 지체했다면 진짜 응순 이가 될 뻔했다. 태풍 같은 근무가 끝이 나고 배도 고프고 다리도 아팠지만 성희샘이 궁금해서 면회를 갔다. (퉁퉁 부은 얼굴로 너무도)곤히 잠들어 있어 뒤돌아 나왔다. (돌아가는 길에 신생아실 유리문 커튼이 걷어져 있었다.) 유리문 너머에 있는 아기들이 눈에 들어왔다. (나도 모르게 유리문에 붙어 있었다.) 연고가 발려져 있는 눈을 뜨지도 못한 채 하품을 아주 크게 하고 있었다. 나도 모르게 입꼬리가 올라갔다. 아기 얼굴을 보고 있는 동안 배고픔과 피곤함은 느낄 수 없었다. 기분마저 좋아졌다.

응급실이 응급한 날! 잠시의 시간도 허락하지 않는 응급실의 하루, 특별하지만 특별하지 않은 응급실의 하루였다. 등줄기에 땀이 나는 스트레스 가득한 상황에 중심을 잡고 이성적으로 행동하는 것이 무엇보다 중요하다. 급하게 돌아가는 막막하고 먹먹한 그 상황 속에서도 초지일관 나를 지켜주었던 한 장면은 신생아 얼굴이었다.

천사 같은 신생아는 나의 내면을 순수하고 안정된 감정으로 인도했으며 긍정적인 변화를 일으켜 주었다.

최근 2023학년도 들어서면서 신생아 중환자실로 부서이동을 하게 되었다. 새로운 업무에 긴장감으로 온몸에 힘이 들어가 있는 나날을 보내고 있었다. 여기는 대부분 미숙아로 중환아들이 대부분이다. 그럼에도 잘 이겨내고 잘 자라준 아가들을 보면 어른들보다 더 강하다는 것을 느낀다. 오늘도 배고픔에 입을 공중에 벌리며 젖병 꼭지를 찾고 있는 아가들을 위해 수유를 시작한다. 울음도 뚝하고 언제 그랬냐는 표정으로 젖병을 잘 빨아당긴다. 수유 동안 아가들과 눈 마주침을 하고 있으면 나에게 순수하고 안정된 감정을 갖게 해주면서 힐링이 되는 시간이 된다.

돌이켜보면 신생아의 순수함은 지난 응급실에서 나를 있게 한 힘이었고 지금까지 내가 늘 새로운 시작을 할 수 있는 또 하나의 긍정의 힘을 주는 자원이 되었다.

도전의 목표는 완주다
– 인천시청까지 완주하기

-최현정-

우리 부부에게 무모한 도전이었던 연애 중 그때 여름의 추억은 슬그머니 입꼬리를 올라가게 한다.

8월, 한여름의 뜨거운 낮 산책은 지금 생각하면 두 번 다시 할 수 없는 일이고, 두 번 다시 하고 싶지 않을 일이다.

적어도 같은 길은 걷는 것은…

결혼 전 그해 8월의 어느 날 남편에게 연락이 왔다.

"줄 게 있어 잠깐 만나자." 연락을 받고 나갔다. 남편은 걷기 도전을 위해 땀 배출이 잘되는 운동복 세트, 신발, 양말까지 꼼꼼하게 챙긴 배낭을 나에게 안겨 줬다.

'어쩜 이렇게 세심하게 잘 챙겨줬을까'. 약속도 했지만 그의 정성 때문에라도 꼭 나가야 했다.

아침 6시에 시청 앞에서 만났다.

수원시청 출발 → 의왕 → 안양 시청 → 시흥 → 인천 시청을 찍고 다시 전철 타고 수원으로 돌아오기였다. 스쳐지나 가듯 얘기했던 이 여름휴가 이벤트를 위해 본 계획이 있기 4일 전으로 거슬러 올라가 보겠다.

워밍업으로 명성교회에서 융건릉까지 10km를 먼저 걸었다. 일요일 오후 1시 8월 한낮의 뜨거운 햇빛이 강하게 내리쬐었다. 썬캡을 썼지만 걷기 시작한 지 30분도 채 되지 않았는데 썬캡 아래로 얼굴이 빨갛게 익었다.

더워서 갈증에 목이 메었고 입이 떨어지지 않았다. 걷기가 너무 힘들었다.

그늘을 찾고 싶었지만 큰 도로를 다 지날 때까지 가로수도 없었다.

차도 옆 한 사람쯤 다닐 수 있는 길이어서 차가 지나갈 때마다 먼지도 같이 몰려왔다. "왜 이걸 하고 있지?"라는 생각이 들었다. 그렇게 1시간을 걷고 쉬고, 잠시 들른 마트에서 생수와 아이스크림을 샀다. 바짝 마른 입에 시원한 생수를 한 모금 마셨다. 온 몸의 열기를 3도쯤 식혔을까?

빨갛게 익은 얼굴의 열과 입안의 열기가 조금 식었다. 아무 말 없이 물을 더 들이켰다. 그리고 마른 입안을 적시고 아이스크림을 한입 물었다. 눈이 번쩍 뜨이고, 머리끝까지 시원하고 상쾌한 기분이 올라온다. 커피향 가득한 달콤함이 피로를 잊게 했다. 지금 이 두 가지보다 내게 더 필요한 건 없을 것 같았다. 융건릉까지 10km 그리고 2시간이 걸렸다. 오랜 시간이 지났지만 그때의 뜨거운 여름이 생생하게 기억난다.

한낮의 더위와 2시간 걷기는 4일 후의 55km 걷기 도전을 어느 정도 가늠할 수 있게 했다.

그리고 다시 수원에서 인천을 향해 출발하기로 한 전날, 한 번도 도전해 보지 못했던 일이기 때문에 여러가지 생각이 들었다.

별 탈 없이 완주하기 위해서 전날부터 무리하지 않게 일정을 보냈다.

수원에서 출발할 때는, 피로감을 덜어내기 위해서 배낭에 필요한 물, 얼려놓은 수건, 사과, 화장지, 여유분 양말 1개 정도만 가볍게 챙겨졌다. 새벽 6시 남편과 만나 수원시청 앞에서 사진을 한 장 남기고 북수원에서부터 걸어서 30분쯤, 의왕으로 넘어가기 전 사과를 반 조각을 먹고 잠시 쉬며 등산 전 신발끈을 다시 매듯 일정을 계획했다.

의왕에서 안양 초입으로 넘어갈 때까지 가볍게 김밥으로 아침을 먹었다. 시간은 오전 8시. 이른 아침부터 서둘러 출발해서 그랬는지 출발한 지 4시간 이내 안양 중심으로 들어왔다.

안양 만안 구청을 도착하여 잠시 쉬는 동안, 오전 10시가 넘어서면서 찌는 듯한 더위가 올라왔다.

어느덧 안양 중심가에 도착한 우리는 12시에 점심을 먹고, 카페 들려서 빙수도 먹고 1시간의 여유를 갖고 충분히 쉬었다. 이쯤이면 충분히 걷지 않았을까 시계를 보니 5시간은 걸었다. 그만 걸어도 될 것 같아서 남편에게 이야기를 좀 했다. "그냥 전철 타자~ 이만큼도 잘 했어. 충분해.", "조금만 더 가면 곧 도착해 조금만 힘내자." 우리는 다시 걸었다.

12시가 넘어가니 4일 전 뜨겁게 내리쬐었던 햇빛이 다시 고개를 내밀었다. 다리가 점점 무거웠지만 그래도 걸었다.

안양 중심상가에서 육교를 지나 시내를 조금씩 벗어나면서 박달시장을 건너 시흥으로 가는 도로 위에 서니 한 발도 더 걷기 힘들 정도로 다리가 아파오기 시작했다.

강한 햇빛은 지독히 우리를 따라왔다.

그렇게 1시간쯤 걸었을까? 우리와 함께 걸었던 햇빛을 구름이 와서 덮어 버렸다.

구름 덕분에 조금은 덜 지치게 되었다.

너무 갈증이 나서 아이스크림이 생각났지만 주변엔 상가가 없었다. 시흥을 넘어가면서 수인산업도로를 통해 지나가고 있었는데 차들이 빠르게 지나가고 있어서 걸어 가는게 아찔했다.

혹시 사고가 나면 어쩌나 걱정도 들었지만, 그냥 앞만 보고 걸었다. 길을 걷다 보니 저수지도 있고 주유소도 보였다. 하지만 마트는 없었다. 너무 갈증 났지만 어쨌든 수인산업도로를 빠져나가야만 했다.

국도인 수인산업도로는 길 옆으로 조금의 여유가 있었는데 겨우 한 사람이 걸을 수 있을 만큼의 공간이었다.

도보로 가기 쉽지 않았으며, 그 좁은 공간을 앞뒤로 걸어가며 2시간쯤 걸었을까.

생각해보면 지금도 그 길이 가장 힘들고 지루했다. 결혼 후 수원에서 부천의 친정을 갈 때면 경인고속도로를 지나가게 되는데 우리가 걸었던 그 길이 보인다. 그때의 이야기는 빠질 수 없는 우리의 자원이 되었다.

그 이후로 나는 언제든지 시작한 일에 완주하기 위해 끈기를 갖고 포기하지 않는 귀한 근성을 얻었다.

그렇게 안양을 지나, 시흥을 지나, 인천에 진입했을 때 인천이라서 다 걸은 줄 알았다.

인천에 도착한 그 시간은 저녁 5시 30분이었다. 그러나, 최종 목적지는 인천이 아니라 인천시청이었다.

나는 여기서부터는 버스나 택시를 타고 가자고 했는데 남편은 걸어야 완주하는 거라 강조했다.

"아 이 남자, 진짜…" 속에서 욕이 치밀었지만, 오기였을까 끝까지 해보기로 한 그 시점부터 다시 마음을 먹었다.

인천에 진입했을 때 사람들에게 인천시청까지 가는 길을 물었는데 모두 인천시청으로 가는 버스를 안내해 주었다. 우리는 걸어가는 길이 필요했는데… 다시 거리의 이정표를 보고, 물어 물어 걸어갔다. 인천시청에 도착하니 분수대에서 물줄기가 화려하게 뿜어졌다. 환하고 눈부신 조명이 그 화려함을 더해 주었다. 눈물이 흘렀다. 시간은 저녁 8시 30분…. 인천 초입에서 인천시청까지 약 3시간 걸렸다. 너무 힘든 여정이었기에 그저 아무 말도 할 수 없었다. 목적지에 도착하니 종아리가 당기고 발목이 아리어 왔다. 한 발짝도 더 갈 수 없었다.

더위를 한방에 날려주는 분수대 물줄기를 바라보면서 갈증을 한 번에 날릴 수 있었다.

돌이켜 보면 힘들지만 가슴 벅차기도 하고….

이런 생각이 든다.

평생 함께 갈려면 이런 멋진 도전쯤 한번 해보는 것도 나쁘지 않다고 말이다.

언제 이렇게 한 번도 밟아보지 못했던 땅을 밟아 보겠나….

또 언제 이렇게 살아온 날을 돌아보면서 나의 자원을 찾아 보겠나….

IF NOT NOW , THEN WHEN !!!!!

서로 힘들 때 마다 이 이야기를 꺼내면 같이 극복하는 데 큰 도움이 된다.

끈기를 갖고 끝까지 해내려는 동력이 된다.

가끔은 美쳐 보는 것도 좋다.

나는 2022년 11월 7일부터 11월 25일까지 어학 intensive 과정에 입과 했는데 나의 한계를 느끼고 있었다.

매일 8시간의 수업과 6시간의 과제, 매일 아침 반복되는 test로 수면이 부족하고, 심리적 압박감으로 매일 포기하고 싶은 생각이 들끓었다. 그러나 난 그 시절 끈기와 인내로, 그 시간을 견디고 완주해냈다.

탁월함이 원을 통해 자원을 끌어 올릴 수 있는 시간을 만든다.

탁월함의 원으로 나의 자원을 되찾는다.

내 앞에 탁원함의 원을 그린다. 그리고 깊이 생각에 들어간다.

목적지에 도착했을 당시의 분수대에서 환하고 눈부시게 밝았던 조명을 보며, 더위를 한방에 날려줄 듯한 분수대는 물줄기를 바라보면서 갈증과 더위를 한방에 날린다.

기지개를 켜며 가슴 뚫린 듯한 시원함과 모든 것을 다 이룬 것 같은 가슴 벅차오르는 기분을 느낀다.

'인천시청까지 완주하기'의 기억은 끈기와 도전이 필요할 때, 내가 맡은 일을 꼭 해내고자 할 때, 내가 찾고 싶은 나의 자원이 되어 주었다.

인생은 정상에 오르는 것보다 완주하는 것이 중요하다
나도 한번 시작한 일은 끝까지 완주해 본다. 그렇게 태도를 바꾼다.

제3장

타임라인

물리적 시간인 '크로노스'와 특별한 의미가 부여된 시간인 '카이로스'다. 크로노스가 모두에게 동일하게 적용되는 객관적 시간이라면 카이로스는 사람들에게 각각 다른 의미로 적용되는 주관적 시간이다.

시간의 인식이라는 개념을 활용한 시간선으로 진행되는 NLP 기법은 개인사 전환, 재각인, 미래 페이싱, 전략적 계획 수립 등 많은 기법에서 응용되어 활용되고 있다.

과거, 현재, 미래의 시간 선 연습을 통해 과거의 자원을 활용 및 에너지가 되어, 현재의 나와 미래의 나의 목표를 마치 이미 이룬 것처럼 오감을 통해 몸으로 경험할 수 있게 한다.

- 변화와 성장을 위한 NLP의 원리1 p. 206 -

N7은 10년 후 나의 하루를 상상했다. 과거의 경험을 자원으로 현재 일상에 에너지원으로 활용해서 미래의 목표를 위해 전진하고 있다.

구병주   과거와 현재 그리고 미래의 나는 하나의 선으로 연결되어 있다
김영주   세상에 공짜는 없다
노진백   코칭은 미래 변화와 성장을 경험할 수 있다
설명찬   미래, 현재 그리고 과거
이재영   미래-과거-현재와의 소통을 통한 자기응원
조영자   10년 뒤 나는…
최현정   2032년 나는 무엇으로 불리고 싶은가?

과거와 현재 그리고 미래의 나는
하나의 선으로 연결되어 있다

-구병주-

아디다스 3D 스피드 팩토리 동탄점이 어제 오픈 되었다. 스캐닝 카메라로 발을 찍어 등록하니, 3D 프린터로 만든 아디다스 운동화가 새벽에 로봇 배송 되었다. 발의 굴곡 맞춤형으로 제작되어 안 신은 듯 편안하다. AR 글라스를 착용하고 2035년 5월 14일 6시 조깅을 나선다. 글라스가 안내하는 Route를 따라 달린다. "후방 추월 조심하세요! 속도를 올리세요! 현재 속도 10km/h, 목표 속도 12km/h" 뒤에서 추월하는 사람이 있다고 경고하고 목표 속도보다 늦다며 속도를 높이라고 알려준다. 목에 숨이 찰 만큼 달리는데 "심박수 경고, 분당 160회 초과했습니다."라는 경고를 듣고 속도를 줄였다. 오랜만에 땀을 흠뻑 빼고 나니 정신이 맑아진다.

오전 9시, 완전 자율 주행 택시를 타고 AJOU대학교로 간다. "완전자율주행" 법안이 2030년 국회를 통과했지만, 까다로운 도로 및 인프라 조건으로 현재까지 강남구, 서초구, 판교, 수원시, 화성시 5개 권역은 완전 자율주행 택시 허가를 받고 운행 중에 있다. 나는 월 30시간 50만원의 자율 주행 택시 구독 서비스를 이용한다. 주변에서도 소유보다 공유, 다양한 경험에 무게를 두면서 직접 차를 구매하는 수요가 감소하고 있다.

Driving Agent(AI)는 기분 좋은 목소리로 "안녕하세요, 목적지까지 안전하게 모시겠습니다."라고 안내한다. 내가 "9시 40분까지 도착하면 되니 안전운행 부탁해요."로 답하니, AI는 오늘 교통시황과 날씨에 대해 친절히 알려준다.

10시에는 글로벌 교환 학생 10명과 면담이 있다. 한국 기업과 연계된 협력 과제로 메타버스 마케팅 전공자 대상이다. 한국 출산율이 2018년 0.98명으로 내려간 이래로 출산율 및 인구 감소가 지속되고 있다. 대학들도 생존을 위해 글로벌 교환 학생을 정원의 50% 유치 목표로 뛰고 있다.

참석하는 학생들은 지난주까지 가상 아바타 기기를 통해 '메타 AJOU University'에서 만나서 Job coaching을 했고, 오늘은 감성적, 심리적 코칭을 대면으로 강의실에서 대면으로 진행한다.

10시에 강의가 시작되고 나는 환하게 웃으며 인사를 하고 수업을 시작한다. Big data와 AI로 "가족보다 더 나를 잘 안다"고 느끼는 사람들이 늘어나고 있다. 개인별로 진로 상담을 마무리 하고 오후 일정을 위해 향남으로 이동한다.

오후 1시, 강소기업 H-Tech 마케팅 & Sales 인력들과 사내식당에서 점심을 먹고, 글로벌 비즈니스 코칭을 한다. 휴머노이드 시장은 테슬라봇이 장악하고 있어서, H-Tech는 애완용 로봇을 유럽시장 런칭을 위해 제품 개발 마무리 단계에 있다. 유럽 시장에서 판매망 확보 및 마케팅 방안 수립이 비즈니스 코칭의 주제이다. 애완용 로봇은 반려 동물과 같이 인간의 공감을 얻는 영역으로 마케팅 커뮤니케이션이 중요하다.

마케팅 팀장은 "독일과 프랑스 간에 애완용 로봇에 대한 인식 차이로 동일한 메시지를 활용하기 어렵기에 국가별 다른 메시지를 전달했으면" 하는 입장이다.

나는 유럽은 단일 시장으로 "독일에서 판매를 하면 국경 없이 프랑스에서도 구매할 수 있기에, 커뮤니케이션 메시지가 다르면 향후 프랑스인 중에 독일 스토어에서 구매한 사람들은 헷갈리는 이슈가 예상된다."고 했다. 국가별 공통된 커뮤니케이션 메시지를 찾고, 단일화하기로 했다.

영업 팀장은 2030년이 지나면서 젊음과 나이듦에 대한 일반적인 정의가 사라지고, 50대 이상이 전체 인구의 50%로 예상되기에, 시니어 맞춤용 애완 로봇 판매에 집중하겠다고 한다.

시니어 시장 전략에 대해 공감이 간다. 재능기부를 하러 왔지만 오히려 내가 많이 배운다. 일방적인 가르침은 없고, 배움은 상호 연관성이란 것을 새삼 느낀다.

나는 영업팀장의 의견에 다음과 같이 말했다. "편리성과 경제성만 추구한 시니어 전용 제품에 대해서는 시니어들이 원하지 않을 수도 있을 수 있습니다. 디자인과 성능도 중요하게 생각하고 자신들이 늙었다고 생각하지 않기에 여기에 맞는 판매 전략을 준비하는 것도 좋을 것 같습니다."

예약된 차량이 5시 30분 회사 앞으로 왔다. 동탄으로 가는 차 안에서 AI비서를 통해 저녁 메뉴를 식당에 전송했고, 가족들과 식사 예약한 호수

공원 식당에 도착했다. 서빙Bot이 Greek Salad, Lamb chop을 테이블에 내려 놓고, 샴페인을 따른다. 샴페인 황금빛 버블을 보고 상큼한 시트러스 향을 음미하며, 가족들과 오늘 밤 출발하는 여행에 대해 얘기한다. 큰딸은 국제학교 친구들과 연락을 했고, 친구들이 아테네 공항에 마중 나오기로 약속했다고 한다. 큰딸 친구가 픽업을 해준다고 하니 아테네 공항의 택시 예약은 바로 취소했다.

인천공항으로 가는 도로 정체로 드론 택시로 인천공항으로 가기로 했다. 드론택시 안에서 AI 여행 가상 시뮬레이터를 통해 여행지의 호텔, 일정을 살펴보고 뜨거운 태양, 여유로운 해변을 먼저 즐긴다.

10년 후 나의 하루를 만나고 돌아왔다. 과거의 짜릿하고 열정적이었던 자원이 에너지가 되어, 미래의 나의 목표를 이미 이룬 것처럼 행동할 수 있게 한다. 사람은 누구나 상상을 한다. 상상은 목표가 탄생하는 출발점이다.

2015년 6월부터 8월까지 그리스 외환위기에 따른 사업 위기 극복을 위해 흘렸던 땀과, 경제위기 해소된 이후 뒤늦은 8월 말 여름 휴가를 갔던 크레타 섬에서의 뜨거운 태양과 바람 아래에서 자유와 행복함을 온몸에 각인된 오감을 끄집어낸다.

2023년 현재, 회사 업무, 박사 과정, 코칭, 글쓰기, 논문 준비로 쉼없이 주말을 보내며 지쳐가는 나에게 과거 기억은 자원으로 미래로의 상상은 위로와 에너지를 북돋아준다.

과거와 현재 그리고 미래의 나는 하나의 선으로 연결되어 있다.

미래의 내가, 현재의 나에게 말한다. "내 인생의 주인공은 너이고, 미래는 말하는 대로 글 쓴 대로 이루어 졌어, 지금처럼 늘 배우고 사랑하고 행복해라!"

내가 진짜 하고 싶은 것, 말하는 대로, 꿈꾸는 대로, 도전은 무한히 인생은 영원히….

세상에 공짜는 없다

-김영주-

코칭 내용을 미래 상황으로 각색해서 공개할 수 있도록 허락해 주신 이 대표님 감사합니다.

2032년 7월 3일 토요일 오전 6시 집

눈이 번쩍 떠졌다. 나는 침대에서 용수철이 튀어 오르듯 한번에 일어났다.

"하이~ 애니"

방을 나와 냉장고 앞에 서면 매일 아침 내가 마시기 좋아하는 65도씨 따뜻한 물을 〈말하는 스마트 냉장고 애니〉가 준비해 준다.

"고마워. 애니."

"오늘 날씨는 최저기온 26도, 최고기온 32도입니다. 오늘 스케줄은 2개이며, 첫 번째 스케줄은 오전 11시 Sun System 이 대표님 프리미엄 코칭이 있고, 코칭 주제는 〈목표달성 후 우울증〉입니다. 두 번째 스케줄은 저녁 5시 대학로 예술극장에서 구르는 천둥과 N7의 2번째 공저를 기념하는 공연이 있습니다."

나는 목표달성 후 우울증 코칭 이슈를 다루는 것이 탁월하다고 알려져 있다. 단순히 목표가 사라져서 오는 우울증이 아님을 10년 전에 혹독하게 앓아 봤기 때문이다. 세상에 공짜가 없다.

2023년 4월 17일 월요일
한국코치협회 KSC 코칭 자격을 전국에서 77번째로 합격했다. 환호성을 지르고 기쁨을 만끽하고 난 후에, 말로 표현할 수 없는 공허함이 몰려왔다. 축하 전화를 한 사람들에게 나도 인정하기 힘든 낯선 감정을 얘기하면 돌아오는 대답은 비슷했다.

"오늘 같이 좋은 날은 그냥 즐겨."

"다른 사람이 부러워하는 일을 해내고 왜 우울해? 너무 겸손하지 않아도 돼!"

제발! 제발! 충고는 그만해!

조언을 듣고 싶은 것이 아니라고!!

아무도 내 감정을 몰라줬다. 어쩌면 모르는 것이 당연했다. 나조차도 가슴이 뻥 뚫린 것 같은 공허함을 받아들이기 힘들었다. 매서운 바람이 몰아치는 허허벌판에 나 혼자 서 있는 기분. 고통스러웠다. 어떡하지? 어떡하지? 몸에 꽉 끼는 옷을 입은 것처럼 숨이 막혔다. 이 상황을 벗어나고 싶었다.

멘토코치님은 이해할까? 코치가 고객을 이해해야 하는 것은 아니니까 내가 느끼고 있는 낯선 감정을 인정은 해주겠지 단순하게 생각하고 코칭을 신청했다. 코칭 대화 중에 어느 누구에게도 말할 수 없었던 솔직한 내 심정을 말할 수 있었다. 코치님은 〈목표달성후 우울증〉을 설명했고, 지금 내가 겪고 있는 증상 그대로였다.

코치님은 지금 내 상황과 감정을 있는 그대로 적어보라 했다.

나는 대한민국에서 77번째로 KSC 자격증을 취득했다.

합격자 명단을 봤을 때 벅찬 기쁨에 소리를 질렀다.

주변 사람들에게 축하 전화와 문자를 받는 동안 얼굴에 웃음이 가득했다.

발표가 오후 1시였는데 오후 6시부터 자꾸 공허한 감정이 들었다.

'이게 뭐지?' 싶어서 외면했다.

밤 9시가 되자 목에 이물질이 낀 것처럼 갑갑했다.

입 밖으로 뱉을 수도 없고, 배 속으로 삼킬 수도 없는 고통이었다.

목이 조여오는 듯했다.

입을 벌려 숨을 몰아 쉬었다.

축하전화를 한 사람에게 얘기했더니 공감을 못해줬다.

내 감정을 인정하기가 힘들었다.

감기몸살처럼 온몸이 쑤시고 아팠다.

KSC 합격자 발표 후부터 나의 상황과 감정을 적어보니 나를 짓누르고 있던 커다란 돌덩이가 조금 가벼워진 느낌이 들었다. 나는 멘토코칭을 통해 누구나 목표달성 후 우울증을 겪을 수 있고, 독감처럼 혹독하게 앓을 수 있다는 것을 알게 됐다.

내가 느끼는 감정 그대로를 인정하고 아프구나, 힘들구나, 공허하구나 나에게 말해주는 것이 중요함을 깨달았다.

나는 힘든 일이 있을 때 뜨거운 카페라떼를 마시는 습관이 있었다. 호호

불면서 먹는 동안에는 다른 생각 없이 오직 입안의 카페라떼 맛에만 집중할 수 있었기 때문이다. 하루에 3잔을 먹어도 목의 먹먹함이 가라앉지 않았는데, 코치님과 말을 하고 글로 쓴 후에 마시는 카페라떼는 목구멍을 지나 배 속으로 흐를 때 내 감정도 가라앉는 듯했다. 코치님은 답답한 마음이 들 때마다 위와 같은 방법으로 계속 적어보라고 했다.

코치님은 내 마음을 솔직하게 얘기했을 때, 충고하지 않고, 조언하지 않고 내 감정 있는 그대로 들어준 유일한 사람이었다.

2032년 7월 3일 토요일

"스케줄 2개에 관련된 어떤 옷을 먼저 선택하시겠습니까?"

애니가 말했다. 나는 공연에서 입을 옷을 먼저 선택했다. 애니가 화면으로 보여주는 것 중에 통풍이 잘되는 매쉬 소재, 티셔츠는 화이트, 바지는 스카이블루로 선택하고 오케이 버튼을 눌렀다.

"오늘은 20분 동안 뛰어야 해."

"키네틱 운동화 보여드릴까요?"

발바닥 전체에 배터리를 저장할 수 있는 모델을 선택하고, 운동화는 티셔츠와 바지 색상을 고려해서 스카이 블루와 화이트가 파도처럼 그려진 디자인을 선택했다.

내가 대표로 있는 나찾기연구소에는 2가지 코칭 시스템이 있다. 사람과 사람이 만나는 전통 방식인 프리미엄코칭과 스마트폰을 활용한 AI코칭이다. 10년 전 Chat gpt 이후로 인공지능 기술이 도입되면서 AI코치가 등장했다. AI코칭은 과거 코칭 세션 내용을 분석해서 고객의 요구사항을 빠르게 파악한다. 여러가지 해결 방법을 제안하고, 고객이 스스로 선택하기 때문에 문제해결코칭으로 적합하다. 프리미엄코칭은 코치와 고객이 대면하면서 질문을 통해 심리적인 요구를 대화로 풀어간다. 내 마음이 어떤지, 정말 무엇을 하고 싶은지 자신도 알 수 없을 때, 내 감정을 알아차리는 것이 중요하기 때문에 코치와 함께 내 심장을 공감하고 내 머릿속에 있는 것을 정리하는 코칭이다.

"애니~ 오늘은 AI코칭 몇 명 접속 중이야?"

"2032년 7월 3일 토요일 아침 8시, 현재 AI코칭 접속 인원수는 102명입니다."

토요일 아침에도 평일과 접속 인원수가 비슷하다. 나의 마음을 챙기는 것은 날씨를 궁금해 하는 것처럼 일상이 됐다.

AI코칭 고객수가 늘어날수록 프리미엄코칭 문의가 늘고 있다. AI의 목소리와 억양이 인간과 비슷해도 사람과 사람이 마주앉아 눈을 바라보는 코칭 대화는 더 특별해졌다.

2022년 6월 11일 토요일 오전 10시 아주대학교 다산관 511호 NLP 강의실.

"여러분은 스스로 자부심을 느끼며 살아가나요?"

교수님은 상대방에게 칭찬해 주듯이 나에게도 믿음의 언어가 필요하다고 했다. 코치가 고객을 절대적으로 믿어주듯이 내가 나를 신뢰하는 정도를 생각해 오늘 성찰 과제 제출할 때 써 보라고 하셨다. 그리고 10년 후 일기를 그림으로 그려 보라고 하셨다.

"저는 10년 후에 대학로 소극장에서 〈나는 나를 사랑한다, 나는 할 수 있다〉 내가 나를 사랑하는 것을 귀로 듣고 몸으로 느낄 수 있도록 무조건

뛰는 공연을 할 거예요. 여러분 중에 저랑 공연 같이 할 사람은 카톡 주세요. 우리 10년 후에 소극장에서 만나서 뛰어 봅시다."

현정이가 교수님께 톡을 보내라고 N7에게 손짓한다. 옆에 앉아 수업 듣고 있던 영자가 귓속말로 10년 동안 우리 계속 만날 것인지 물었다.

"그냥 10년 후에 소극장에서 만나."

나의 정색하는 표정에 영자는 눈을 흘기며 지금부터 끝이라며 자리를 옮기라고 했다. 키득거리는 우리에게 교수님은 10년 후 모습을 발표하라고 하셨다. 나는 교수님과 N7이 함께 소극장에서 공연하는 모습과 내가 운영하는 나찾기연구소의 10년 후 상황을 과제로 제출했다.

2032년 7월 3일 토요일 오전 11시 나찾기연구소

코칭 테이블의 시작버튼을 누르면 AI 코칭도우미의 안내가 시작된다. 나는 이 대표와 마주 앉았다.

"지금부터 김영주 코치와 이 대표의 대화는 한국코치협회 윤리규정에 의해서 코칭대화 중에 알게 된 사항에 대해서는 철저하게 비밀이 보장됨을 알려 드립니다. 지금부터 안전한 대화를 위해서 녹음됨을 알려드립니다. 동의하십니까?"

코치와 고객의 동의가 이루어진 후에 코칭은 시작됐다.

코치: Sun System은 어떤 회사인가요?

고객: 태양광 발전 시스템의 센서 기술을 개발하는 회사예요. 태양광 발전 분야에서는 저희가 업계 최초였어요. 2년 후에는 인공지능과 빅데이터 기술을 활용하여, 지금의 센서 분석하는 것을 자가진단

시스템을 성공시킬거예요. 정부의 신재생에너지 계획에 따라 100
억을 지원 받았습니다.

코치: 태양광 센서 자가진단 시스템을 성공과 정부지원금 100억을 승
인 받았을 때 대표님 기분이 어떠셨어요?

고객: 세상을 다 얻은 기분이었어요 인공지능 데이터 분석 전문가 임원
들과 모니터를 보면서 회의 중이었는데, 정부지원금 승인 알림을
보고 환호성을 질렀습니다. 1년 동안 준비한 프로젝트였는데 최
근 몇 개월 동안은 포기하고 싶을 만큼 고통스러웠어요. 임원들이
돌아가면서 슬럼프가 올 정도로 긴 시간이었죠. 결과를 기다리는
동안 어떤 날은 기대감이 들었다가 어떤 날은 불안한 마음이 들기
도 했어요. 그 때 승인 소식은 만루홈런을 친 타자의 기분이었습
니다.

코치: 말씀하시는 동안에도 그때의 흥분이 느껴지네요. 축하드립니다.

고객: 감사합니다. 그렇게 만족스러운 결과를 얻었는데, 지금 저는 무기
력하고 허탈합니다. 잠을 자고 싶어도 10분 간격으로 깨고, 사람
들을 만나기가 싫습니다.

코치: 목표를 달성했다는 것은 좋은 일입니다. 시간이 지나서 극도의 불
안감이 찾아 오는 경우를 〈목표달성 후 우울증〉이라고 합니다. 목
표를 성공시켰을 때, 뇌 내부에서 도파민이 분비돼요. 그 도파민
이 사라진 후에 오직 목표만을 향해 달려가다가 방향성을 잃었을
때, 새로운 목표가 없는 빈곤감, 목표 달성 후에 주변 사람들의 기대
와 압박 스트레스가 불안의 원인이라고 알려져 있습니다. 제 얘기
들어보니 어떠세요?

고객: 주변 사람들의 기대와 압박은 아니에요. 저에게 축하한다는 말 외에 향후 계획에 대한 얘기를 한 사람은 없어요. 오히려, 지원금을 받았으니 다음 프로젝트를 시작하자 할까봐 제 눈치를 보고 있겠죠. (웃음) 사실 태양광 발전 센서 자가진단 시스템을 상용화해야 하는 더 큰 목표가 남아 있어요. 그런데 도전할 의욕이 없습니다. 동기부여를 했던 많은 순간들이 기억나지 않고 하고 싶지 않아요. 주변에 변한 것은 없는데 제 스스로 소외감이 느껴지고, 점점 무기력해지는 제가 낯설어요. 혼자 감당하기 어려운 감정에 빠져 있죠.

코치: 지금 어떤 부분이 혼자 감당하기 어려우신 걸까요?

고객: 직원들이 제가 우울증을 겪고 있다는 것을 알게 될까 불안합니다. 지금부터 실무에서 해야할 일이 더 많아질 텐데 제 상태가 직원들에게 부정적 영향을 미칠 수 있잖아요. 어느 누구에게도 말하고 싶지 않습니다. 최대한 숨기고 싶어요.

코치: 대표님보다 직위가 더 높은 회장님이 있다고 가정해 볼게요. 회장님께서 목표달성 후 우울증에 괴로움을 대표님께 말씀하셨다면, 대표님 뭐라고 하시겠어요?

고객: 음.. 안타까울 것 같아요. 그리고 저를 믿고 회장님의 어려움을 솔직하게 말씀하신 부분에 감사할 것 같고, 제가 도울 것이 있는지 여쭤볼 것 같아요.

코치: 회장님의 모습이 불안하다고 느껴지세요?

고객: 아뇨, 오히려 회장님의 모습이 인간적으로 느껴지네요. 본인의 어려운 상황을 솔직하게 말씀하신 용기가 존경스럽고. 혹시라도 직원들한테 같은 일이 생긴다면 누구라도 솔직하게 자신의 마음을

털어 놓을 수 있는 조직 문화가 될 수도 있겠어요.

코치: 대표님 직원들은 어떤가요?

고객: 저희 직원들도 마찬가지일 것 같아요. 평상시에는 저를 완벽한 사람으로 생각했을거예요. 제 스트레스와 우울함을 전했을 때 저를 더 인간적으로 느낄 것 같네요.

코치: 대표님을 비난하는 직원은 단 한 명도 없을까요?

고객: 있겠죠. 그렇지만 프로젝트를 성공시키기 위해 함께 동고동락했던 직원들은 누구보다도 제가 앞만 보고 달린 것을 알기 때문에 이번 기회에 쉬라고 얘기할 것 같아요. 넘어진 김에 쉬었다 가라는 얘기도 할 것 같고….

코치: 또 어떤 생각이 떠오르세요?

고객: 앞으로 더 많은 성과를 낼 조직이기에 이번 일을 계기로 프로젝트가 끝난 후에 직원들 스스로가 본인의 상태를 점검하는 휴식의 시간을 갖는 것도 좋겠네요.

지금 저와 같은 우울증은 어떻게 극복할 수 있나요?

코치: 가장 먼저, 프로젝트에 빠져 있을 때 챙기지 못했던 건강한 식습관과 운동, 충분한 수면의 생활습관이 중요해요. 그 다음에 새로운 도전을 찾거나, 취미나 관심사를 찾아 보는 것도 좋아요. 하지만, 노력을 하는데도 우울증이 지속되면 정신과 전문의의 도움을 받으셔야 합니다. 좋아하는 사람들을 만나서 즐거운 시간을 보내거나 명상도 도움이 되죠. 들어 보시니 어떠세요?

고객: 잠을 개운하게 잤던 기억이 없어요. 프로젝트 진행할 때도, 지금도 자다깨다 하는 것이 습관이 된 것 같아요. 코치님을 만나러 오

기 전까지는 아무것도 하기 싫어지는 제가 왜 이러는지 자책을 많이 했어요. 정부지원금 승인이 나기 전까지만 해도 우리가 아니면 누가 해? 자신만만했었는데 갑자기 자신감이 하루아침에 곤두박질 치니까 미래까지 불안해지는 경험을 해보네요.

코치: 지금은 어떠세요?

고객: 마음이 편안합니다. 아무도 이해 못할 거라는 생각만 했는데, 코치님께 제 마음을 솔직하게 말할 수 있어서 속 시원했고, 직원들과 저는 같은 편이라는 든든함도 얻었습니다.

Sun System 이 대표는 코칭대화를 시작했을 때보다 숨을 몰아쉬는 한숨의 횟수가 점점 줄어들었다. 나찾기연구소에 들어올 때 굽은 어깨가 당당하게 펴졌다. 월요일 임원회의 때 말씀하실 것을 구상하시며, 코칭을 접할 수 있는 것에 감사함을 표현하셨다.

인공지능, 자율주행차, 로봇 기술 등은 발전에 가속도를 내면서 우리의 삶을 더욱 편리하게 만들어 주고 있다. 그러나 사람의 가슴앓이는 내가 나를 만나주지 않으면 해결되지 않는다. 오히려, 과학과 기술 발전 속도에 마음챙김과 행복함을 느끼는 갭이 커지고 있다.

나와 나, 나와 타인의 이해, 정서적 감정의 인간적인 상호작용이 더 필요해졌다. AI의 발달은 사람에게 많은 혜택을 줄 수 있지만, 사람의 마음을 이해하고 치유하는 데에는 한계가 있다.

"그럼 어떻게 해야 할까요?" 물으신다면,

"나찾기연구소 김영주 코치에게 오세요."라고 말씀드리고 싶다.

코칭은 미래 변화와 성장을
경험할 수 있다

-노진백-

아주대 MBA 석사과정은 군을 전역하기 전, 무엇인가 해보고 싶다는 생각에 입학하게 되었다. 그 과정 중에 코칭을 접하고, 전과 후를 생각해 보면 나의 일상이 긍정적으로 달라졌다는 것을 확실히 느낄수 있었다.

2020년 3월 1학기 수업은 코로나-19 상황으로 만남 없이 오직 줌 수업으로 진행되었다. "이렇게" 그냥 줌으로만 듣다가 석사 졸업하는 것이 아닌가 내심 걱정도 되었다.

그해 4월 설명찬 원우에게 카톡 문자 메시지가 왔다. 오늘 저녁 아주대 MBA OB 모임을 동탄에서 하기로 했다며 참석 유무를 물어왔다. 퇴근하고 약속장소까지 가는 시간 "오늘 어떤 만남이 될까" 기대하면서 운전대를 잡았다. 약속 장소 중국집에 많은 원우들이 자리에 앉아서 식사와 간단한 술을 함께 하면서 대화를 하고 있었다. 그곳에서 나는 김영주코치와 코칭을 알게 되었다. 다음 날 오후 1시간의 전화 코칭을 받은 후, 한 가지 결심을 하게 되었고, 2학기 기본 코칭 과정을 수강신청을 한 후 코칭을 배우게 되었다. 첫 수업은 박천경 교수님 수업이었다.

자격증을 취득하기 위해서는 총 50시간 실습을 통해 자격이 주어진다고 했다. 처음 코칭 실습 연습을 할 때였다. 상대방의 이야기에 경청을 해야 하는데 나는 다음 질문을 어떤 질문을 해야 될까 하고 이미 다음 질문을 생각하고 있었다. 퇴근 후 밤 8시 이후로 줌을 통해 실습을 함께 한 원우들과 교감을 갖게 되면서 만남이 즐거워졌다. 무엇보다 나의 언어가 조금 달라진 것을 느꼈다. 평상시 같으면 상대방의 이야기를 끝까지 경청하지 않고 중간에 끊고 내가 하고 싶은 말을 했을 것이다. 하지만 지금은 상대방의 이야기를 경청하기 위해 대화에 집중한다. 말이 중간에 끊기지 않고, 자기 자신이 하고 싶은 말을 온전히 할 수 있는 대화가 시작되었다.

하루는 카페에서 아내와 커피 마시면서 코칭 연습을 하기로 했다. 처음에는 좀 낯설게 느껴졌다. 아내의 이야기에 경청하고, 공감만 해줬다. 중간에 질문은 아주 짧게 했다. 코칭이 모두 끝나고 아내는 내게 확실히 많이 달라졌다며 이야기를 경청해주니깐 기분이 좋았다며 앞으로 열심히 응원하겠다고 했다.

우선 KAC 코칭 자격증을 취득하기 위해 코칭 실습을 해야했다. 실습 일환으로 군 간부와 병사들에게 코칭을 하기로 했다. 첫 번째 나의 코치 대화는 신병으로 전입 온 김승주 일병이었다.

"안녕, 만나서 반가워."

"필승! 김승주 일병 신고합니다."

온몸이 긴장된 모습이었다. 김일병이 긴장된 상태로 코칭이 진행되지 않을 것 같아 우선 분위기를 바꾸기로 했다. 김일병을 자리에 앉게 한 후 가장 좋아하는 음악이 무엇인지 물었다.

음…….

"저는 락 음악이면 모두 좋아합니다".

"그래" 나는 대답했다. 그리고 음악을 찾아 잠시 함께 들었다.

김일병도 긴장이 완화된 것 같다. 지금부터 코칭 중 알게 된 모든 대화는 비밀보장의 원칙으로 진행된다고 충분하게 설명했다.

코치: 오늘 코칭 대화가 진행되는 동안 제가 호칭을 어떻게 불러 드릴까요?

승주 일병: 승주 일병이라고 불러주세요.

코치: 군대 들어 오기 전에 어떤 기분으로 입대를 하게 되었나요?

승주 일병: 군대 입대하기 전에는 알바를 하며 돈을 벌겠다는 일념으로 열심히 일했습니다. 시간이 흘러 군대입대 하기 전에는 초조한 마음이 아주 커졌습니다.

코치: 그렇군요. 그럼 지금 기분은 어떤가요?

승주 일병: 입대 전에 느꼈던 초조함과 불안함은 많이 줄어들었지만 아직도 현저히 존재하고 있습니다.

코치: 이곳 군에서 하고 싶은 것이 있다면 무엇인가요?

승주 일병: 자기 개발을 위해 노력을 하고 있지만 아직 해야 할 게 많다고 생각되기에 더 노력해야겠다고 지금도 생각하고 있습니다.

코치: 그럼 지금 자기개발을 위해 노력으로 10년 후 지금 어떤 모습이 되어 있을까요?

승주 일병: 이 역경과 고난을 이겨내고 많은 자격증과 능력을 구비한 채로 직장에서 인정받는 삶을 살아가고 있을 것 같습니다.

코치: 지금 가장 생각나는 사람이 누구입니까?

승주 일병: 아버지가 생각납니다.

코치: 아버지가 생각나는 이유를 좀 구체적으로 말해 줄 수 있나요?

승주 일병: 아버지는 늘 집에서 혼자 식사를 합니다. 엄마와 저는 친구 같은 사이라 많은 대화를 하지만 어느날부터 아버지와 대화 하는 것이 줄어들었습니다. 아버지께서 경상도 분이라 평상 시 말이 없지만 나 자신도 아버지와 대화를 하려 하지 않았 습니다.

코치: 그렇군요 그럼 아버지와 대화를 하지 않은 이유가 무엇인가요?

승주 일병: 아버지는 용달차량을 이용해서 배달을 하기 때문에 아침 일 찍 출근해서 밤 늦은 시간에 들어오십니다. 그렇기 때문에 더 욱 함께할 시간이 없어서 그런 것 같습니다.

코치: 그렇군요. 그럼 눈을 감고 지금 아버님을 떠올려 보세요. 아침 일 찍 배달을 하기 위해 매일 같이 안전운전에 신경을 써야 되고 또 한 배달사고가 나지 않게 많은 고민과 걱정을 하고 있는 아버님을 떠올려 본다면 어떤 느낌이 드나요?

승주 일병: (눈을 감고 한참 말이 없다.) 음……. 아버지가 외롭다는 생각이 드 네요!

승주 일병 눈에 눈물이 흘러내렸다.
나는 침묵으로 앉아 있었다. 그리고 김승주 일병에게 다음 질문을 했다.

코치: 지금 아버지가 곁에 있다고 하면 어떤 말을 해주고 싶나요?

승주 일병: 아버지 그동안 키워줘 감사하고 사랑합니다.

나는 코칭 대화가 모두 끝나고 김승주 일병에게 전화기를 줬다. 잠시 아버지와 통화를 할 수 있는 시간을 주기 위해 나는 자리에서 나왔다. 김승주 일병은 지금까지 많은 상담을 받아보았지만 오늘처럼 자기 자신의 이야기를 많이 해본 적이 처음이라고 했다. 앞으로 남은 군생활을 어떤 목표를 세우고 나아가야 할지 알게 된 소중한 시간이 돼서 기쁘다고 했다.

이 글을 쓰고 있는 지금 김일병은 상병이 되었다. 정보처리 산업기사 자격증도 취득하고, 독서도 하고 수학공부도 하고 있다. 또한 체력을 키우기 위해 헬스 운동 또한 지속적으로 하고 있다.

나는 군에서도 코칭을 통한 충분한 자기개발을 통해 군 전역 후 자신의 미래를 개척할 수 있다는 것을 깨닫게 되었다. 지금까지 내가 코칭을 접하게 된 미래 나의 코칭에 대한 열정과 실전을 그려 보았다. 그렇다면 가까운 나의 미래에 코칭과 함께하는 나의 삶은 어떤 모습일까, 상상만 해도 설레면서도 긴장감이 느껴진다.

2027년, 나는 33년 근무했던 군에서 "사람은 누구나 변화와 성장을 경험할 수 있다."는 주제로 강의가 계획되어 있다. 부대 안은 친숙한 곳이지만 긴장된다. 강단은 무엇보다 친숙한 곳이지만 오늘은 다른 느낌이다. 이곳은 내가 강의하는 장소이기 때문이다. 사람들이 많이 모여있다. 나는 흥분된 기분을 4444 호흡과 탁월함의 원을 이용해서 마음을 다스린다.

지난 밤 강의 자료를 만들며 이곳에 앉아 있는 간부와 병사들에게 어떤 강의를 할까 고민했다. 가장 자신있고 공감이 갈 만한 얘기는 역시 "나의 스토리"에 코칭을 접목시키는 것이 좋은 것 같다는 생각이 들었다. 강의가 시작되고 나는 군에서 자기개발을 활용해 변화와 성장을 했던 경험담을 담담히 펼쳐나간다. 그리고는 코칭을 통해 자신의 존재가치가 변화가 됨을 느꼈고 그 변화의 힘으로 삶의 성장을 이룩하게 되었음을, 그리고 그것은 지금 여러분들도 얼마든지 경험하고 이뤄낼 수 있는 존재들임을 상기시킨다. 강의가 마무리 인사로 끝이 나고 우뢰와 같은 박수가 쏟아진다. 이렇게 열렬한 박수라니….

청중이 보내는 에너지에 나도 모르게 뜨거운 눈물이 흘렀다.

강의가 끝나고 오늘 N7 만남 장소 네비게이션을 목적지로 설정했다. 차량 블루투스에 김영주 코치 전화 연결이 왔다. 김코치는 나에게 물어본다.

"오늘 강의 어땠어? 잘 끝났어?"

목적지까지 가는 동안 나는 생각한다. 과거 나 자신에게 말해주고 싶다. 자신을 믿고 두려움을 극복한다면 언젠가는 지금 강의 연단에 있는 나의 모습을 보게 될 것이라고. 힘내라고 말해주고 싶다.

10년 후 나는 꿈을 이루게 될 것이다.

이글에 나오는 김승주 일병의 동의를 얻어 글을 쓸 수 있었다.

전역 후에도 자신의 이야기가 글로 남는다면 자신의 군 생활이 큰 의미가 될 것이라고 했다.

미래, 현재 그리고 과거

-설명찬-

2032년 8월, 우리 부부는 인천공항에 도착해서 짐을 찾으러 향했다.

"자기야, 이제 짐 찾았으니, 차로 이동해야겠네. 아참, 우리 모닝커피 한 잔 사가지고 차로 갈까?"

"그래요. 커피 뭐 마실 거에요?"

"응, 나는 에스프레소 더블샷을 먹을게"

"아침부터 무슨 커피를 진하게 마셔요?"

잠 좀 깨면서 운전하려고, 에스프레소 향이 진하게 올라왔고 주차장으로 이동했다.

"여보 우리 이번 이탈리아에서 주희 오랜만에 보니 너무 좋았지?"

"근데 다시 떨어지게 되어 너무 아쉬웠어요."

"그래 주희가 이탈리아 토리노 공대에 입학한 게 엊그제 같은데, 졸업하고 박사과정 중이잖아. 그래도 언젠가는 다시 함께 살 수 있지 않을까?

"자기도 참… 주희가 이탈리아에서 정착하고 살면 어떻게 하려고 해요."

"그래… 그럼 그때는 우리가 은퇴하고, 이탈리아로 가야지….."

이렇게 딸 얘기를 하면서 우리 부부는 인천공항을 빠져나와 인천대교를 건너고 있다. 창문을 여니 바다의 짠내음이 코끝을 자극한다. 그리고 에스프레소의 쓴맛이 입안을 휘감아 돌아간다. 옆에서 와이프는 피곤한지 눈을 지긋이 감고 편하게 앉아 있다. 잠을 자고 있는 것 같지는 않다.

아내는 눈을 감고 무슨 생각을 하고 있을까? 갑자기 궁금했다. 물어볼까 하는 생각이 들다가, 오랜 비행 때문에 힘들 것이라는 생각이 들어 입술을 다문다. 집으로 도착해서는 짐 정리할 겨를도 없이 샤워를 하고 옷을 갈아입는다.

"여보 나 회사를 나가봐야 되거든, 한참을 비웠더니 급하게 처리해야 할 업무들이 많아서."

"알았어요. 무리하지 말고 잘 다녀오세요."

나는 다시 집을 나와 운전대를 잡았다. 직장생활 32년째이다. 현재의 회사에서 한국 대표이사로 취임한 지는 이제 3년이 지났다. 처음 대표이사로 취임했을 때 직원이 1,000명이었는데, 지금은 2,000명이 넘는 회사로 성장시켰다. 반도체가 주요 매출처였는데, 바이오 시장도 개척했다. 그래서 회사가 급격히 성장할 수 있었다. 회사의 성장과 더불어 한국 대표이사로서의 뿌듯함이 더욱더 성장의 원동력이 되고 있다.

나는 다시 2022년 엄연한 현실로 돌아온다. 현재 영업담당 이사를 맡고 있다.

"이사님, 도대체 어떻게 된 겁니까? 이사님이 내일까지 제품 꼭 납품해 주신다고 약속해서 그렇게 보고했습니다. 그런데 오늘 납품이 일주일 지연됐다고 실무자에게 다시 보고 받았어요. 도대체 어떻게 된 일인가요? 이렇게 해서 설 이사님 믿고 일할 수 있겠어요?"

"박 부장님, 죄송합니다. 제가 사전에 연락을 드렸어야 하는데, 못 드렸네요. 제품은 선적이 되었는데, 물류가 시간이 걸리면서 일정이 지연되었습니다. 물류상황 다시 확인하여 하루라도 빨리 납품할 수 있도록 하겠습니다. 그리고 내일 제가 상황 연락 드리도록 하겠습니다. 박부장님 죄송합니다." 연신 죄송하다며 전화기를 내려놓는데 또다시 벨이 울렸다

"설 이사님, 저희가 납품한 제품에서 불량이 나서 고객사에서 품질이슈로 클레임을 걸겠다고 난리입니다."

"무슨 내용인데, 자세히 얘기해봐."

"고객사 제품에 이슈가 나서 분석을 해보니 우리 신제품을 교체한 후 최종제품에서 불량이 났다고 합니다."

"우리 제품과의 상관성이 있는 게 아니고 변경점이 생겼다는 거잖아."

"네, 그렇습니다."

"엔지니어팀과 일정 논의하고 고객사 미팅 잡아줘요."

현재의 삶에 분주함이 가득하고, 여기저기서 납품과 품질이슈로 인해 불려 다니고 있는 게 나의 현주소이다.

현재의 상황이 팍팍해 더욱더 눈을 감고 과거 신혼여행 몰디브의 평온함을 생각해본다. 에메랄드 몰디브의 바다에 풍덩 빠져본다. 고요한 바다 속에서 나만 홀로 있는 평안함을 느낀다. 점점 깊은 바닷가에 나를 맡긴다. 이러한 편안함을 얼마만에 느껴보는 건가? 나는 눈을 지긋이 더 감고, 그때의 적막하고 고요함에 흠뻑 취해간다.

나는 눈을 감고 10년 후의 대표이사가 된 모습을 다시 상상해 본다. 2천 명의 직원이 있는 회사의 대표이사, 나의 결정 하나가 많은 사람에게 큰

영향을 미치는 중책이다. 대표이사로서의 책임감과 함께 성장해야 하는 직원들의 얼굴을 떠올리니 결연한 마음이 든다.

10년 후의 모습을 상상해 보니 몸에 전율이 느껴진다. 내 피부에서 성취의 에너지가 방출되는 느낌이다. 눈을 좀 더 감으며 그 느낌에 흠뻑 취해 본다.

그리고는 10년 후의 내가 현재 2022년도의 나를 바라보면서 한마디 해본다.

"명찬아, 너는 충분히 잘 하고 있어. 너는 네가 바라는 모든 것을 이룰 수 있을 거야. 지금의 어려운 일들이 큰 성취를 위한 과정이라고 생각해. 지금은 힘들겠지만, 참고 견디면 나중에는 이 순간들을 웃으면서 얘기할 수 있을 거야.

눈을 뜨고 다시 현실로 돌아온다. 할 수 있다는 자신감이 온몸으로 퍼져나가는 느낌이다. 나에게 무한의 가능성이 있고, 지금은 그 가능성을 성장시키기 위한 하나의 과정이라 생각한다. 10년 후의 모습을 가슴에 새기고 오늘도 한걸음 전진한다.

미래-과거-현재와의 소통을 통한
자기응원

-이재영-

누구나 살면서 한 번쯤은 자신의 미래를 그려 볼 것이다. 나도 예외는 아니지만 책을 쓰게 되면서 10년 후의 나의 모습을 자의반 타의반으로 그려보게 되었다.

현재 다니는 회사의 사장은 일선에서 물러나서 1년에 한 두번 정도 점검하러 회사에 오고, 나는 부사장을 역임하면서 회사 전반의 책임경영을 하고 있다. 회사 상황은 2017~2023년 사이 열심히 개발하고 수주했던 사업들이 본 궤도에 올라 엄청난 성장세를 타고 매출액은 상승 곡선을 그리고 있다. 주변 회사들이 모두 부러워하고 입사하고 싶은 회사로 이름이 오르내릴 정도로 성장했다.

나의 회사 생활에는 많은 변화가 있었다. MBA과정 중 NLP 수업에서 배운 인간 성장과 변화의 과정과 다양한 도구 활용을 통하여 직원들과 소통을 원활하게 하고 있어 직원들 사이에서 항상 함께 하고 싶은 사랑받는 리더 중 한 명으로 인식되어 있다. 직장 내의 볼링 동아리 활동은 아직도 꾸준하게 참여하고 있고, 동아리 활동을 통해서 직원들과의 교류를 보다 친밀하게 하고 있다. 요즘은 새롭게 골프 동아리도 만들어 직원들과의 교류 활동 범위를 확장하려고 한다. 볼링동아리를 처음 시작할 때에는 다들 100점도 못치던 친구들도 많았는데 이제는 제법 자세도 프로 수준은 아니지만 어디 가서 못친다 소리 들을 수준은 아닐 정도로 성장했다. 현주도 이제 훅 스타일로 자세를 바꾸었고 벌써 에버러지가 200점대에 달하고 있다.

한 달에 한 번씩 볼링 게임을 하면서 서로에게 하이파이브를 해주며 손뼉을 마주치고 파이팅을 외쳐준다. 이런 과정 속에서 스트레스를 해소하고, 게임을 마치고 가볍게 맥주 한 잔을 즐기면서 직원들과 함께 어울리고 있는 나의 모습이 행복해 보인다. 이제 유진이도 고참 직원이 되었고, 자녀들은 이제 대학교를 진학한다고 한다.

현주와 유진, 저 친구들과 처음으로 만났던 시절이 생각난다. 그때는 정말 회사가 힘든 시절이었다. 안양 명학역에서 멀지 않은 위치에 있는 한전 1차 협력회사의 공장 일부를 임대하여 월세를 살고 있었고, 전체 직원의 인원 수도 그리 많지 않아 서로서로 누구인지 다 알고 지내던 때였다. 업무를 마칠 때면 명학역 근처 식당가에 직원들이 삼삼오오 모여 그날 하루 쌓인 스트레스를 저마다의 방식으로 풀곤 했었다. 명학역 뒤쪽 밧데리 골목은 항상 직원들이 많이 포진해 있어서 이곳을 지날 때면 요주의가 필요하다. 저녁을 먹고 골목을 지날 때면 이 근처에서 퇴근 후 회포를 풀고 있던 직원들에게 발각되기가 일쑤였기 때문이다.

'이 부장님~~~' 유진이의 하이톤의 날카로운 목소리가 골목의 시끄러운 소음 속에서도 정확하게 들린다. 목청이 참 좋은 친구다. 이 친구들은 술을 마시면서 항상 바깥에 누군가 지나가는지 매의 눈으로 예리하게 관찰하는가보다. 그대로 유진이에게 손목을 잡혀 끌려가면 여직원들이 벌써 막걸리집에서 1차를 하고 있었다. 나와 같이 갔던 친구도 함께 붙잡혀 술자리는 2차전으로 연장된다. 벌써 20년이나 지난 시절의 이야기가 되었고 그때 시절을 회상해 보면 힘들었던 일들도 많았지만, 서로를 의지하고 친밀감을 다지면서 스스럼 없이 지낼 수 있었던 시절이었다. 요즘도 회식을 할 때면 그 당시를 함께 하였던 직원들과 어려웠던 당시를 회상해 보며 같이 옛 기억에 젖기도 한다. 그리고 현재의 상황을 대비하며 만족감과 성취감을 같이 공유할 수 있음에 감사해 한다.

　우리 가족은 현재 5년 전에 살았던 20평형대 아파트에서 벗어나, 40평형대 아파트로 이사했다. 회사에서는 차로 3분도 안 걸리게 많이 가까운 점이 조금 문제이긴 하지만 평소 회사 다니면서 자주 둘러보고, 이 정도 여건이 조성된 집이면 괜찮은 위치라고 생각했던 터라 만족하며 살고 있다.

　집 앞으로는 이제 막 개통되어 운행이 시작된 지상전철 트램이 다니고 있다. 우리나라에서 트램이 지상으로 일반차들과 혼합하여 차로 중복으로 운영되는 곳은 흔치 않은데 화성시의 2동탄 지역은 도시 개발 계획 시점부터 도로계획에 반영되어서 그런지 교통 흐름에 방해없이 잘 운영되고 있다. 트램이 운영되는 2동탄은 충분하게 지역적 특색을 잘 살린 도시라고 생각된다. 이사도 하였고 차는 예전에 그토록 꿈꾸던 차박이 가능한 SUV차량을 타고 다닌지도 7년이 넘어가고 있다. 그런데 나이가 들어서인지 이제는 야외 차박보다는 숙소를 잡아서 여행을 다니는 횟수가 늘고 있다. 무엇보다 차박을 끔찍이도 싫어하는 아내의 항의가 거세다. 그 좋은 펜션과 호텔은 어디다 두고 힘들게 차에서 그러고 다니느냐면서 투정을 부리기 일쑤다. 아내의 성화도 성화지만 나 역시 조금씩 장거리 운전이 힘들어지기 시작하고 차박하는 것도 점점 귀찮아지는 것도 있다. 그래서 이 다음 나의 애마로는 세단으로 바꾸어 볼 생각이다. 요즘은 모든 차량이 전기차가 주류를 이루고 있으니 전기차 중에서 괜찮은 기종을 선택할 계획이다.

요즘 우리 부부는 남한산성에서 자주 산책을 하고 있다. 시간이 날 때마다 아내와 숲속을 자주 거닐고 두런두런 이야기를 나눈다. 큰 의미가 있는 것은 아니지만 그냥 담소를 나누며 같이 있는 것이 행복하다. 남한산성에 오면 우리는 산채비빔밥과 손두부전골의 메뉴를 고르느라 애를 먹는다. 결국 메뉴는 와이프가 선택하지만 나도 가끔을 의견을 제시해 본다. 내가 먹고 싶은 메뉴가 선택되는 경우는 손에 꼽을 정도다. 자주 들르는 카페에서 와이프는 따뜻한 커피 한 잔을, 나는 쌍화차를 한 잔을 시켜서 바깥 풍경이 잘 보이는 창가 자리를 잡는다. 둘은 옆으로 나란히 앉는다. 이렇게 옆으로 나란히 앉아서 비오는 풍경 보기, 낙엽 떨어지는 풍경 보기, 눈 내리는 풍경 보기를 하며 손을 꼭 잡고 있다. 잡은 손으로 와이프의 온기가 따뜻하게 느껴진다.

지금 잡은 손은 오늘이 있기까지 결혼 초반에 신랑의 급여 수준은 박봉에다 매일같이 하는 야근으로 연년생의 아이 둘을 혼자 키우며 고생이 많았던 아내의 손이었다. 어려운 시절을 나와 함께 해 준 감사함을 무엇으로 보상할 수 있을까?

아내의 손을 잡고 지긋이 눈을 감아 본다. 눈은 감았지만 나에게 탁월함의 힘이 되어주었던 내 소중했던 20평 아파트에 첫 입주하던 날이 그곳에서의 눈부셨던 햇살이 떠오른다. 오늘의 나를 있게 해 준 나의 아내와 어려울 때마다 힘이 되어 준 작은 나의 집, 이 모든 것들이 있었기에 아내의 손을 잡고 예전을 회상하면서 지금의 행복함을 만끽하고 있을 것이다. 지난 10년간 지난 일들을 회상하니 입가에 잔잔하게 미소가 일어난다.

10년 뒤 나는…

-조영자-

10년 뒤의 나를 상상해 보았는가? 우리들은 과거는 잘 돌아본다. 반성도 잘한다. 미래의 내가 궁금하다. 내가 어떤 상태로 살고 싶고 되고 싶은지… 나의 미래를 상상해 보는 것은 나의 현재를 재정비하게 만든다. [타임라인] 활동을 해보면 알 수 있다.

2019년 말부터 코로나 팬데믹 상황 동안 모든 만남에 사회적 거리를 유지해야 했었다. 내가 다니고 있는 병원조직은 나라에서 내린 행정명령보다 항상 상위의 정책으로 지켜야 했다. 그렇게 이겨내고 있었다. 따르릉~~ 코로나 상황이 진전되어 가고 있는 어느날 동생에게 전화가 왔다.

"언니야~ 이번 아빠 생신 때 대구 내려올 수 있나?"

거의 2년 넘게 친정식구들을 만나지 못했다. 이번 아빠 생신 때는 가족 여행으로 가자는 의견이 나왔다고 하였다. 먼저 병원 다니는 나를 위해 참석 가능한지 확인하고 진행하겠다고 하였다. 고마웠다. 매년 대식구가 항상 함께 했었는데 너무 긴 시간 동안 만나지 못하였다. 이런 갈증에 이번엔 흔쾌히 오케이라고 말했다. 우리는 스스로 독수리 오남매라고 칭한다. 맏이가 오빠, 언니 그리고 나, 내 밑으로 여동생 둘이 있다. 어버이날, 친정아버지의 생신 등을 기념하기 위해 독수리 오남매는 가족여행을 가는 것으로 최종 결정했다. 코로나 상황을 의식한 오픈 되어 즐길 수 있는 캠핑(글램핑, 카라반)으로 여행 컨셉을 정했다.

2022년 5월 어느 날, 우리는 안동에 위치한 임하호 글램핑장으로 모이기로 했다. 계절의 여왕인 5월을 자랑이라도 하는 듯 녹색이 유난히 더 진했다. 정말 화창한 날이었다.

"이 느낌은 얼마만인가?"

척척 싸던 여행가방도 뭐가 필요한지 감각이 굳어 있었다. 우리 가족 역시 한 차를 타고 장거리 여행 가는 것이 낯설었다. 수원에서 출발해서 달리는 차창 밖으로 지나가는 풍경을 보면서 5월의 날씨가 이랬구나 감탄을 했다. 내려가는 동안 이번 여행을 뜻깊게 보내고 싶다는 생각이 들었다. 이제까지 여행에서는 항상 아이들끼리 모여 놀고, 어른들은 캔맥주를 기울였고 함께 무언가를 한 적은 없었다. 아이들 놀이에는 자연 속에서도 손에 핸드폰을 놓지 않았고, 함께 맛난 거 먹고, 그저 같이 모여 이야기하는 것이 좋았다. 오래간만에 갖게 된 이번 가족여행은 모두 함께 하는 이벤트가 있었으면 좋겠다는 생각을 하던 중 번뜩 아이디어가 떠올랐다. 지난 경영대학원 NLP(Neuro Linguistic Programming) 수업에서 'Timeline' 미래의 나의 목표를 이룬 것처럼 느껴보고 현재 자원을 활용할 수 있도록 하는 것으로 '10년 후 나의 하루'라는 미래일기를 써보는 경험을 했었다. 10년 뒤 이루어질지는 모르지만 되고 싶은 상황을 적어 보았다. 그리고 생각했다. 그렇게 되려면 지금 내가 어떻게 해야 하는지 자원을 찾기도 했었다. 공유해보고 싶었다. 난 바로 카카오 단톡방을 열었다. 이번 여행에 참석하는 조카들을 초대했다. 초등학생 3학년부터 고2까지 있었다.

[이번 여행 미션]

1. 오늘 하루 정말 재미있게 즐기기

2. 준비한 음식 맛있게 많이 많이 먹기

3. 재미있고 예쁜 풍경과 장면들 사진 찍어 보기

4. 10년 뒤 오늘을 상상하며 미래일기 쓰기(그림도 가능)

이 중에 4번째 미션을 저녁 먹고 8pm경 이야기 나누기

이렇게 글을 올렸다.

초3인 지유는 그저 좋다고 '오케이' 했다. 동글동글한 볼살을 실룩거리며 웃고 있는 막둥이의 얼굴이 상상되었다.

"고모 저는 그런 거 못하는데... ㅎㅎ"

고2 조카가 올린 답글로 할 수 있다고 해보자고 답해 주었다.

"엄마~ 지금이 불행한데 어떻게 10년 뒤를 생각해?" 뒷자리에 앉아 있던 첫째 딸이 말했다.

"초등학생들이야 뭐든 즐거워~ 그래서 이런 것도 잘 쓸 수 있을 꺼야. 난 하기 싫어!"

중2 둘째 딸이 말했다.

순간 나는 앞유리창 한 점만 바라보았다. '아이들이 말하는 의미가 무엇일까?', '지금 너무 행복하지 않다는 것인가?' 마음이 복잡했다.

"휴게소 잠깐 내려 쉬었다가 갈까?"

운전하고 있던 남편이 말했다. 도착한 휴게소는 사람이 거의 없었다. 한쪽으로 산책로 따라 걸을 수 있게 되어 있었다.

"애들아~ 우리 저기서 좀 쉬었다가 갈까?"

우리는 산책로 쪽으로 걸어 갔다. 남편은 중간에 자리를 피해 주는 듯 우리 셋만의 시간을 보내게 해 주었다.

"엄마가 단톡 방에 올린 미션을 읽고 말한 것에 대해 자세하게 말해 줄 수 있어?"

"내가 어떻게 될 줄 모르는데 10년 뒤 나의 이야기를 쓴다는 것이 부담스러워"

"초등학생인 동생들은 모든 것이 재미있고 즐거워서 잘 적을 것 같은데 난 안 쓰고 싶어."

"애들아~ 엄마가 쓴 10년 뒤 나의 하루도 있는데 읽어 줄까? 들어 볼래?"

엄마가 그런 걸 썼다고? 의심하는 눈빛으로 쳐다보았다. 나는 그 눈빛에 고개를 끄덕여 주었다.

지난 수업 축제(숙제)로 제출한 '10년 뒤 나의 하루'를 읽어 주기 시작했다.

2032년 5월 8일 오전 7시, 날씨 무지 화창

아침 모닝콜이 울렸다. 오늘은 런던에서 플로리스트 공부하고 있는 첫째 딸, 미국에서 유학 중인 둘째 딸과 ZOOM에서 만나기로 했다. 신랑은 새벽 운동 갔다가 들어와 샤워하고 커피 두 잔을 가지고 내 옆에 앉았다. 애들과 접속하는 순간 너무 반갑고 보고 싶다. 같이 있을 땐 그렇게 뿍딱뿍딱했었는데… 오늘 어버이날이라고 둘이 준비한 영상과 메시지를 보고 있으니 나도 모르게 눈물이 나오려 했다. 언제 이렇게 커서 하고자 하는 일을 찾아내고 도전하는 모습이 대견하다. 10년 전 NLP공부를 하면서 가족들에게 성취를 위한 변화전략으로 미래일기를 써보게 하고 거기에 에너지를 모아 실행할 수 있게 서포트 해준 게 큰 성과였던 것 같다. 아이들이 변화하는 것을 보고 NLP의 위력을 다시 한번 느낀 오늘이다. 아이들과 그렇게 감사한 시간을 아쉽게 뒤로 하고 온라인 만남을 끝냈다. 샐러드와 빵으로 간단한 아침을 먹으며 이야기 나누는 이런 평온함이 너무 좋다. 얼마 전 나의 간호사로의 여정은 33년을 마지막으로 마침표를 찍었기에 이런 아침 루틴이 되어 행복한 여유를 보내고 있다. 신랑이랑 10년 전에 평택에 사뒀던 땅이 개발에 들어가면서 꽤 많은 보상을 받게 되었다. 보상받은 자금으로 시부모님이 물려주신 공기 좋은 청정지역인 청양에 있는 집터와 주변 땅을 이용해 집을 지을 예정이다. 가끔 가서 힐링도 하고, 집 옆으로 게스트하우스도 조성하여 지인들이 자주 찾아와 며칠 지내며 화합하고 소통하는 곳으로 만들려고 한다. 그래서 오늘 건설업 관계자를 만나 설계도를 볼 예정인데, 너무 기대되고 설레인다. 저녁엔 NLP동기 영주언니 생일이라 다 같이 서울 조선호텔 아리아뷔페에서 모이기로 했다. 게스트하우스가 완공되면 2034년 5월에는 MBA 67기 NLP동기들과 이성엽 교수님을 모시고 1박2일 Workshop을 하자고 제안해 볼 생각이다. 요즘 난 또 다시 바빠지기 시작했다. 예전 직장에서 '코칭을 접목한 조직관리'라는 주제로 파트장 대상으로 한 강의와 함께 지속적인 관리를 맡아 달라는 제안이 들어와서 바쁠 것 같다. 남편은 약속시간이 늦어질 것 같다고 서두르자고 한다. 얼른 준비하고 나가야겠다.

"이렇게 쓰면 되는 거였어?"

"그래~ 정답은 없어. 뭐든 하고 싶고 되고 싶은 것 모두 가능해"

"글 쓴 내용처럼 이루어지지 않아도 되는 거야. 부담 없이 했으면 좋겠어."

이야기를 듣고 난 후 아이들의 표정이 편안해졌다. 마침 산책로가 끝난 지점이라서 돌아와 다시 출발했다. 우리 수원팀이 가장 늦게 도착했다. 우리 차가 도착하는 것을 보고 조카들이 뛰어나와서 방방 뛰며 반겨 주었다. 오랜만에 대식구들의 저녁 준비를 함께 시작했다. 한참 준비 중에 아이들이 보이지 않았다. 밖에서 놀고 있을 거라고 생각했다.

"옆 글램핑에 갔더니 애들이 모여서 미션 준비하고 있어~"

남편이 놀란 듯 와서 말해 주었다.

사실 '10년 후 하루' 미션에 참여하겠다고 하는 조카들 위주로만 진행할 생각이었다. 강제로 시킬 수는 없었다. 도화지를 하나씩 들고 엎드리거나 구석에 앉아서 하거나 각각의 자세로 편한 장소에서 몰입하고 있었다. 그 모습들이 너무 예뻐 보였다. 어른들에게 제안을 했다. 오늘 미션을 발표하고 나면 상금을 주면 어떻겠냐고 물었다. 모두 찬성하였다. 봉투에 같은 금액과 메시지를 적어 준비를 했다. 동생들과 제부들도 적극 도와주었다. 바비큐로 온 가족이 맛있는 저녁을 먹었다.

여기 저기서 사진 찍는 소리가 들렸다. 웃음소리가 끊이지 않았다. 모두 함께 하는 저녁을 맛있는 음식과 함께 각자 어떻게 지내왔는지 이야기 나누면서 즐겁게 보내고 있었다. 저녁 8시에 이르자 막둥이 지유가 찾아왔다.

"이모~ 우리 발표할 건데 어른들은 언제 모여 있을 거야?"

"아쿠~"

하던 것을 멈추고 어른들은 한 곳에 타원형으로 앉아 모였다. 나는 오늘 미션에 대해 전체 식구들에게 다시 설명과 함께 나의 '10년 후 하루'를 먼저 읽어 주며 시작했다. 스스로 발표 순서를 정했다고 했다. 나이순으로 시작했다. 처음에는 이런 상황이 낯설어 앞에 나와 쭈뼛쭈뼛 온몸을 비틀고 있었다. 우린 응원의 박수를 쳐주었다. '10년 후 나의 하루' 제목의 그림을 보여 주었다. 작은 목소리로 이야기를 시작해 나갔다. 재미있게 쓰려고 했던 장난스러운 조카의 모습은 사라지고 결국 본인이 하고 싶었으나 하지 못하고 있었던 일, 정말 되고 싶었던 일들이 그림에 그대로 녹아 있었다(비행기 조종사가 되어 비행을 하고 있다는 그림).

"아~ 저 그림이 저런 내용이 포함되어 있는 거였구나?"

기특하기도 하고 놀라웠다. 조카들의 발표 내용에 우린 모두 어른들도 돌아가며 듣고 느낀 것에 대해 말들을 건넸다. 평소 말수가 적고 표현을 잘 하시지 않는 아버지도 함박웃음을 지으며 감동했다고 연신 표현해 주셨다. '이런 것이 행복이구나'라고 느꼈다는 엄마, 그리고 아이들이 하고 싶은 것이 무엇이었고 무슨 생각을 하고 있는지를 알게 되는 시간이어서 모두가 하나같이 감동에 충만했다. 안동 글램핑장의 추억은 훈훈하고 가슴 저리고 찌릿했다. 또한, 본인의 미래를 한 번쯤 생각해본 것에 지금부터 어떻게 실행하고 행동해야 하는지를 알게 되었다는 말에 나도 모르게 뭉클해졌다. 나는 '무엇이든 상상하고 목표를 정해라. 그래서 상상하고 목표한 일을 향해 움직이면 꼭 이루어진다'라고 힘주어 말해 주었다. 우리 식구 모두가 집중하여 경청해주었고 잠시 정적이 흘렀다. 우리 모두는 오늘을 계기로 작은 변화가 생기고 그것은 곧 성장을 도울 것이라 믿었을 것이다. 평소 여행과 다르게 잠시 동안이라도 술과 폰 없이 마음껏 박수치고 호탕한 웃음들이 많았다. 그리고 울컥도 해보았다. 우리 가족 모두가 이런 행복한 시간을 만들어줘서 감사했다. 내 스스로 칭찬했던 시간이었다. 오늘 느낀 감정들이 가족들에게 삶의 큰 자원이 되었으면 한다. 함께 생활하고 있는 가족이지만 소통이 잘 되고 있다고 착각하며 살고 있지 않았나 하는 것도 느꼈다. 나조차도 오늘 울 딸들 내용에 여러 번 놀랐으니 말이다. 저런 생각을 하고 있었구나 기특하기도 했다. 나 역시 또 불통 엄마임을 인정하고 반성을 하는 계기가 되었으며 10년 후 내 모습을 향해 변화할 준비를 다시 해본다.

2032년 나는 무엇으로
불리고 싶은가?

-최현정-

2022년 11월 나는 내가 가고자 하는 방향을 바라보고 눈을 지그시 감았다.

2032년 5월 9일 알람 소리에 눈을 뜨자마자 손목에 스마트폰과 아이컨택을 했다.

스마트폰은 내 수면의 질과 오늘의 컨디션까지 체크해준다.

또한 오늘의 식단까지 체크하면서 샐러드와 곡물우유, 사과 반쪽을 권한다. 더불어 부족한 영양 정보를 체크하며 비타민과 유산균을 권한다.

하지만 아침은 배달음식을 미리 예약해 두었다. 정해진 시간에 미리 선택해 둔 음식이 집 앞에 도착한다. 물론 배달 기사의 이동 위치 및 이동하고 있는 배달 기사의 얼굴도 미리 볼 수 있다.

스마트 폰은 오늘 일정을 체크해 주며 스케줄에 미리 저장해 둔 컨셉에 맞게 나의 옷장에 있는 옷들을 3가지를 선택하여 스타일 된 아바타가 옷을 입고 홀로그램으로 미리 보여준다. 그중에 1순위로 블랙 원피스에 자켓이

맘에 들지만 2순위까지 네이비에 비즈가 있는 원피스에 같은 기본 스타일의 화이트 자켓도 선택하여 준비했다. 오늘 일정에 맞게 컨셉으로 갈아 입어야 한다.

코칭 교수인 나는 오전엔 학교 수업이 예정되어 있고 오후엔 미래창조과학부에 패널로 간담회와 학술대회 간사로 참여하는 일정이다.

나는 5년 전 박사학위를 받고 회사에서부터 지속성장을 통해 내가 다니고 있는 국내 IT대기업에 코칭센터 자문 및 코치로 활동 중이다. 학교와 회사를 병행하며 일을 하고 있지만, 나의 주업은 아주대 Coaching학과 교수의 활동이다. 오전 8시 30분까지 학교로 가야 하기 때문에 나는 분주하다.

이동수단은 무인 택시를 이용하고 있다. 이동 중인 무인 택시에게 물어본다.

"얼마나 더 가야 하나요?"

"이제 5분이면 됩니다." 밝게 기분 좋은 목소리로 대답해 준다.

교수실에 도착해 차를 한잔 마시다가 창을 통해 캠퍼스를 보니 10년 전 MBA 경영대학원 석사과정에서 공부하던 때가 생각난다. 시간을 쪼개어 살았던 그 시절 회사업무, 학업, 코칭, 책 쓰기, 어학등급 향상 등 잠시 추억해 본다.

추억을 잠시 미루고, 어제 마무리가 안 되었던 수업 교안을 다시 기획하고 있다.

현재 난 한국코칭학회 학술대회 간사로 활동 중이며, 금일 오후 3시에 강남센터 학술대회에 참여할 예정이다.

또한 나에게 변화와 성장에 영향을 주신 이성엽 교수님께서는 현재 교육부 산하에 코칭문화원 원장으로 취임하셨고, 글로벌 코칭을 연계한 국내 확산을 위한 중책을 맡고 있으면서 Opinion Leader로 최현정, 조영자, 노진백, 김영주, 설명찬, 구병주, 이재영 7명을 정기적 코칭문화 전문위원으로 임명하여 함께 활동 중이다.

저녁 7시에는 5월 10일부터 4박 5일 동안 이성엽 교수님의 한국의 [Date of Destiny] '운명과의 데이트' 워크샵 진행이 있다. 7명의 wonder 7 멤버는 공동기획자로서 참여를 위해 이동할 예정이며, 광진구 쉐라톤 워커힐에서 진행된다.

다시 눈을 뜨니 나는 2022년에 서있다.

나는 2032년에 무엇으로 불려지고 싶은가? 나는 무슨 일을 하고 싶은가?

내가 되고 싶은 것은 무엇인가의 질문에 스스로 미션과 비전을 갖고 미래를 생생하게 그려보았다. 그렇다면 나는 그 미래를 위해 어떻게 도전할 것인가?

내게 힘을 줄 수 있는 나만의 자원을 찾고 싶어졌다.

나는 다시금 나의 과거에 가장 치열했던 열정의 순간을 다시 떠올려 본다.

7년 전 2015년, 글로벌 IT대기업에 다니고 있는 나는 조직문화 변화 추진자 업무를 담당하고 있었다.

당시 그룹은 수백 명의 조직으로 구성되어 있었으며 나는 그룹 조직문화 변화 추진자로 무거운 업무를 맡고 있었다.

조직문화 변화 추진자로 활동하면서 조직문화 발표를 준비할 때 일이다.

일년 동안 조직문화 활동이 경영에 긍정 영향을 바탕으로 부서원 협력을 통한 시너지를 보여주는 조직문화 대회였다. 많은 열정과 정성으로 일년 동안 이뤄낸 성과를 아낌없이 쏟아낸 나에게는 무엇보다도 너무 중요한 대회였다.

당시 나는 조직문화 변화추진자 및 여성 직원관리, 팀 봉사 리더의 활동으로 회사생활 중 가장 다양한 활동들을 열정 가득하게 활동하였던 시기였다.

많이 배우기도 했고 좌절도 많았고 그러나 또 인간관계를 넓혀 가고, 그럼으로써 나의 부족함도 많이 알게 되었던 시기였다.

조직문화 활동 사례 발표의 장은 한 해 동안 활동했던 보고를 통해 대회에 참여하는 일이다. 경험이 없던 나는 팀장님에게 대회 준비를 위해 집중할 수 있는 팀 생성 요청을 드렸다.

팀이 꾸려지고 자료수집, 내용 정리, 컨셉 결정, 회의, 토론을 진행하였다. 다가오고 있는 자료 제출 일로 두통과 가슴압박이 밀려왔다. 어렵게 작성한 자료는 다시 리뷰할 때마다 수 차례의 컨셉이 변경되었고 다시 리뷰하기를 15번을, 자료 수정의 버전은 최종까지 수십 번이 진행되었다.

함께 하는 팀 내의 갈등도 점점 고조되어 끝까지 함께 하지 못한 직원도 있었다. 늦은 밤까지 작성하는 날도, 퇴근하고 잠 못자고 마음을 졸이는 날도 여러 날이었다.

끝까지 완성해야 한다는 책임감으로 무겁고 힘든 시간이 이어졌다.

그러나 돌이켜 보면 그 중압감이야말로 나에겐 큰 자원이었다. 좋은 것과 싫은 것을 구분하지 않고 항상 최선을 다하는 생각을 갖게 해주었고 그런 후에 반드시 빛나는 결과의 성취감을 선물로 안겨준다는 것을 확신하게 되었다.

타임라인을 통하여 얻는 통찰과 미래의 성취를 미리 감동받은 나에게 주는 메시지는

"Keep going, Don't settle!!"

"다가오지 않은 미래를 미리 두려워하지 말고 지금처럼 계속 도전하자."

스티브 잡스의 스탠퍼드 대학 졸업연설 중 유명한 말이 생각난다.

과거 열정에 찼던 경험을 떠올리면 무엇인가 이루고자 하는 호기심으로 나를 향한 응원과 나도 놀랄 에너지가 솟구쳤음을 생생하게 느낀다.

그 에너지를 현재로 보내고 다시 미래의 내가 바라는 10년 뒤의 모습을 상상하면서 내가 바라고 원하는 모든 것을 이루었다는 생각에 그저 가슴 벅차고 그때도 지금처럼 많은 걸 하려고 하는 욕심 있는 나였음을 확인한다.

2032년의 내가 2022년의 나에게 하고 싶은 말은

"현정아, 2032년은 지금까지 네가 해오던 대로, 계획한 대로 계속하면 생각한 그 자리에 와 있어. 미리 걱정하지 말고 그렇다고 안주도 하지 말고 완주할 수 있도록 계속해. 잘 할 수 있어 파이팅!"

내게 던져준 메시지는 내 마음에 파도가 되어 밀려든다.

무엇이든 말하는 대로, 생각나는 대로 제한 없이, 제약 없이, 원대하게 10년 뒤의 내 모습을 상상해 보는 현재의 나는 미래의 내가 너무도 기대되고 지금은 그저 행복해지는 시간이다. 2022년 12월 나는 박사과정에 합격하였다. 첫 번째 목표를 이루기 위해 이젠 실행이다.

NLP수업에서 과거-현재-미래의 내 모습을 그려 보지 않았더라면 나는 미래의 목표를 위해 실행단계에 들어서지 못했을 것이다. 그래서 감사하다.

출처: 유튜브 채널 '밝은 면(Bright Side Korea)', 2030년 스마트폰의 모습은 이렇습니다.

NLP 신념

<NLP_신념(Belief)> 신념은 감옥이다-니체

신념은 세상이나 자기 자신 그리고 살아가는 모든 일에 확실히 그렇다고 믿거나 혹은 '이래야 한다, 그렇지 않으면 안 된다'고 믿는 믿음이다. 그 사람의 신념은 그를 이끄는 원칙(Guiding principle)으로 작용하여 생각, 감정 그리고 행동을 지배한다. 긍정적인 신념을 통해 긍정적인 결과를 낳기도 하지만, 부정적인 신념을 통해 자신의 삶의 걸림돌이 되지만 잘 모른 채 힘들게 자신을 지탱하고 있다. 신념은 개선될 수 있다. 제동을 거는 신념, 목적 달성을 방해하며 문제 일으키는 신념은 제거할 수 있어야 한다. 신념이 바뀌면 능력이 바뀌고 행동이 바뀐다.

- 변화와 성장을 위한 NLP의 원리1 p.163 -

사람들에게 일어나는 사건에 있어서 행복 또는 불행은 해석에 달려 있는데, 신념이 그 기능을 한다고 한다. 가족, 사회, 경험 등을 통해 얻어진 신념이 나에게 어떤 영향을 미치고 있는지 스스로 알게 한다. 도움이 되는 신념은 강화하고, 도움이 되지 않는 신념은 감히 버릴 수 있는, 신념체계를 완전히 바꿀 수 있도록 돕는 것을 NLP에서는 리프레임(RE-frame)이라고 명명한다.

구병주	911 이후 미국의 변화
김영주	아버지
노진백	공부에 대한 신념을 찾아서
설명찬	자녀 지원에 대한 나의 변화
이재영	골초가 금연을 성공한 경험담
조영자	나의 간호사에 대한 신념의 변화 - 그날 이후부터…
최현정	나의 성장의 태도 변화

911 이후 미국의 변화

-구병주-

2001년 9월 11일 10시, 뉴욕 JFK로 출발하는 대한항공 KE0081편을 탔다. 신입 사원 배치 10개월 만에 미국으로 출장을 가게 되었고, 설레는 마음으로 인천 공항에 일찍 도착했다. 뉴욕 JFK 공항에서 환승, 마이애미까지 가는 티켓을 발권 받았다. 드넓은 공항 면세점에서 주재원과 현지 동료에게 줄 선물을 고르며 시간 가는 줄 몰랐다. 마지막 탑승 안내를 듣고 뛰어서 Gate에 도착했다.

"뉴욕은 영화와 같이 멋지겠지, 마이애미는 눈부신 햇살과 끝없는 해변에 요트들이 떠 있겠지" 이런 상상과 주재원 및 현지 동료와 협의할 산적한 안건을 고민하니 피곤함이 몰려왔다.

JFK 공항에는 10시 20분에 도착 예정이었으나 기장의 다급한 목소리에 잠에서 깼다.

"비상 사태가 발생해서 미네소타주 미니에 폴리스 공항에 착륙하겠습니다. 이해 부탁드립니다!"를 여러 번 반복했다. 기내 전등이 눈부시게 켜졌고, 졸린 눈을 가늘게 뜨고 시계를 보니 9월 11일 9시 30분이었다.

"무슨 일이지?"

미니에 폴리스 공항에 비상착륙 후 활주로 구석에 비행기가 멈추었다. 승객들은 자리에서 대기하라고 한다. 창밖으로 경찰차와 항공 요원들이 보이고 비행기 외부와 짐을 내려서 점검했다. 승객들이 술렁였다. 미국인들은 가족 및 친구들로부터 받은 메신저로 맨하튼에서 말도 안되는 일이 벌어졌다고 했다. 어떤 미국인은 월드트레이드센터가 무너졌다고 얘기했다.

2시간 정도 대기 후, 도착 게이트로 이동해서 승객들 모두 내릴 수 있었다. TV가 있는 휴게실에 전부 모였다. 세계무역센터(WTC)로 테러범들이 납치한 비행기가 부딪치는 장면을 TV로 봤다. 재난 영화의 한 장면을 CNN에서 'Breaking News'로 보도하고 있었다.

일순간 말문이 막혔다. 어떻게 이런 일이!!!

110층의 쌍둥이 빌딩이 불타고 무너져 내리고 있었다. 비행기 4대에 탑승한 승객과 빌딩에 있던 수천 명이 생명을 잃었다. 지금까지 어떤 영화에서도 보여주지 못한 폭력과 비극의 스펙터클이었다.

대한항공 직원이 나와서

"오늘부터 미국 내 모든 공항이 폐쇄되었고, 언제 재개될지 모르겠습니다. 미니에 폴리스 호텔을 준비했고, 호텔에 가실 분들은 30분 뒤 버스로 이동하겠습니다."

옆에 한국 분이 있어 인사를 했다. 미국 필라델피아에서 경제학 교수로 계신다고 한다.

교수님은 연신 "큰일이네! 안 그래도 미국이 보수화되고 있는데 앞으로는 보수 및 애국 정책으로 갈 거 같네요!"라는 말을 중얼거렸다. 이 사건이 앞으로 어떤 파장을 미칠지 정확히는 모르겠으나 희미하게 그럴 것 같다는 생각이 들었다.

"저도 그럴 것 같습니다."로 동의했다.

"교수님도 호텔로 가실 건지요?"

그는 공항 폐쇄는 이례적이어서 미국인 성향상 쉽게 재개되지 않을 거라며, 렌트를 해서 필라델피아까지 15시간을 운전해서 가겠다고 했다. 같이 가고 싶으면 태워 주겠다고 제안했다.

1,800km를 차로 이동하고, 마이애미까지는 그만큼을 더 가야 할 텐데…… 일순간 고민했지만,

"전 목적지가 마이애미여서 공항이 정상 운영되면 비행기로 이동하겠습니다."라고 대답했다.

대한항공에서 준비한 버스를 타고 예정에 없던 '미니애폴리스' 호텔에 짐을 풀었다.

막막했고, 어떻게 해야 될지 모르는 낯설고 긴 밤이었다.

한국 출근 시간까지 기다렸다가, 사무실에 전화를 했다. 한국에서도 911 상황은 알고 있었고, 몸조심하라고 오히려 위로해 주었다.

"내일 아침 일찍 공항에 가서 비행기가 운항하면 마이애미로 가서 계획했던 업무를 잘 보겠습니다."로 호기롭게 말을 하고 전화를 끊었다.

9월 12일 아침, 진눈깨비가 휘날리는 도로를 따라 미니에 폴리스 공항에 갔다. 티켓 부스에 사람들이 긴 줄을 이루었다. 나도 그 사이에 서 있었다. 1시간이 지나도 줄어 들지 않았다. 공항 담당자가 나와 "오늘 공항은

폐쇄이고, 모든 항공편 운항이 취소되었습니다."라고 했다.

저녁에 한국 사무실로 다시 전화를 했다.

"공항은 폐쇄되었고 오늘도 미니에 폴리스에서 보내고, 내일 아침에 다시 공항에 가서 비행편을 확인하겠다" 하고 전화를 끊었다.

다음날도, 그 다음날도 화요일 하루와 똑같았다. 아침에 공항에 가서 항공기 운항 취소 소식을 듣고, 미니에 폴리스 주변을 돌며, 저녁엔 한국에 전화를 거는 쳇바퀴 도는 상황이었다.

금요일 아침, 큰 기대 없이 공항에 갔는데 공항 폐쇄가 해제되었고, 운 좋게도 마이애미로 가는 12시 비행기를 예약할 수 있었다. 호텔로 급히 돌아와 짐을 싸고 공항으로 되돌아 갔다. 마이애미 비행편에 탑승했는데 2시간이 지나도 이륙을 하지 않았다. 불안감이 다시 엄습했다.

"공항이 다시 폐쇄된 것인가?"

아무런 설명 없이 한참을 기다린 후에 엔진 문제로 대체 비행기로 옮겨 탔다.

"휴! 다행이다."

마이애미 공항에 도착하니 금요일 저녁이었다. 주재원에게 전화를 걸었다.

"월요일 아침 8시에 사무실에서 보시죠."라고 한다.

공항 밖은 뜨거운 열기와 높은 습기가 그대로 남아 있었다. 9월의 마이애미는 오후 7시에도 30도 한여름이었다. 미니에 폴리스는 초겨울 날씨였는데……. 경찰관들도 반바지에 반팔 차림으로 사이클을 타고 돌아다니고 있었다.

마이애미로 출장 오면 꼭 가보고 싶었던 곳, 헤밍웨이가 「노인과 바다」를 집필했던 키 웨스트로 향했다. 7개의 섬을 연륙교를 연결한 미국의 최남

단인 곳, 그곳에서 쿠바를 바라보았다.

"공산권 국가가 이렇게 가까이 있다니……"

파주 도라산 전망대에서 북한과 북한주민이 바로 지척에 보이듯 쿠바도 미국과 지척에 있다는 상황에 묘한 동질감을 느꼈다.

월요일 마이애미 사무실에 방문했다. 전화와 메일만 주고받았던 현지 동료들과 반갑게 인사를 했다. 날카로운 인상으로 상상했던 Javier를 직접 만나니 푸근한 아저씨였다. 푸에르토리코가 고향이라고 했다. 푸에르토리코에서 어떻게 미국에 취업했냐고 물었다.

푸에르토리코는 미국 자치령으로 미국 시민권자이고 화폐도 US달러를 사용하고 있다고 했다.

다른 나라인 줄 알았는데, 괌과 같은 미국의 자치령이었다.

이렇게 현지 동료들과 인사를 하고 있는데, 본사에서 긴급 타전이 왔다.

"미국에 있는 모든 직원은 한국으로 즉시 복귀하세요."

오후에 뉴욕을 거쳐 한국으로 가는 비행편을 구했다. 미국으로 올 때와는 달리 한국으로 무사히 돌아왔다.

미국 첫 출장으로 겪은 911사태는 미국인에게도 충격이었지만, 나에게도 큰 충격이었다.

"왜 그들은 미국을 미워하는가"

미국에서도 분노와 증오의 감정이 높아져 애국자를 자칭하는 사람이 늘어났다. 조지 부시 대통령의 미국은 보수화 되어 갔다. 미국은 자신들이 당한 테러를 국제적인 문제로 '테러와의 전쟁'으로 선포하였고, 모든 국가들이 그에 따르게 하였다.

911사태 이전까지, 미국은 베를린 장벽, 소련 및 동유럽의 해체로 경쟁

상대가 없는 미국 중심의 1극 체제였다. 동경의 대상인 아메리칸 드림, 번영과 자유 민주주의의 유일한 제국으로 마음에 새겨져 있었다. 세계의 경찰 국가로 평화를 유지하고, 우리 나라의 혈맹이었다.

군 시절 소대장, 교육 장교, 보좌관을 했던 부대가 미8군사령부 예하 부대였다. 미군과 같이 작전 수행을 하며 땀을 흘린 전우였고 형제였다. 한국에 주둔하고 있는 미2사단의 구호는 한때 나의 생활 신조였다.

"Second to None" 2등은 없다.

1등이 목표라는 말보다 더 치열한 승리의 갈구로, 나도 본받고 싶었다.

그래서일까? 미국은 본인들에게 도전을 걸어온 모든 국가들을 철저하게 파괴시키면서 제국을 지켜 왔다.

2005년 미국 달라스 출장에서 세계 1위 통신사업자(AT&T)와의 미팅을 잊지 못한다. 거래선 참석자 중 가장 높은 직급의 인물은 Mr. Mike(Sr. Director)이다. 회의 동안 자기 회사 동료들 쪽으로 방향을 틀어서 다리를 꼬고 의자에 거의 누워있는 자세로, 나와 우리 회사 직원들의 설명을 듣지 않고, 자기 부하 직원들만 쳐다본다. 회의가 끝나기도 전에 일어나서 별다른 인사도 없이 자리를 박차고 나갔다.

이 경험으로 미국 남부 백인에 대한 편견을 가지게 되었다. 미국 정부도 압도적인 힘을 대의를 위해 사용하는 것을 주저하지 말라는 네오콘(신보수주의자)에 의해 무력 제국화의 길을 걷고 있었다.

2009년 최초의 흑인 대통령 버락 오바마(Barack Obama)가 당선되었다. 대통령 선거에서 슬로건으로 걸었던 "Yes, We can!"은 나도 다시 꿈을 꿀 수 있게 만들었다.

미국이 다시 자유로운 아메리칸 드림의 나라로 재탄생할 거 같았다. 인종화합, 오바마 케어로 미국은 다시 변한 것 같았다. 이즈음, 달라스 출장에서 Mr. Mike와 다시 미팅을 했고, 같이 식사를 했다.

그때 그 사람이 맞나 싶을 정도로 너무나 친절하게 우리를 대해 주었다. 다니고 있는 회사가 글로벌 회사로 완전히 탈바꿈했고, 우리와의 협력이 반드시 필요해서인지, 개인 심경 변화인지, 정확한 이유는 모르지만…….

2017년 트럼프(Donald Trump) 대통령이 취임하고, 미국은 아메리카 퍼스트, 인종 간의 갈등을 방조하고, 불법 체류자 추방 및 멕시코 국경에 장벽을 설치, 중국과의 경제 마찰로 자국 우선 주의를 내세우더니 머지 않아 미국의 어두운 면, 민낯이 드러났다.

2019년 주한미군의 연간 방위비 한국 측 분담금을 기존의 5배 이상인 50억달러(약 6조원)로 올리라며 한국 정부를 압박했다. 친구가 주한미군 군무원으로 근무하고 있었는데, 미국 정부 방침으로 3개월 무급 휴직 후 협상이 완료되면서 복귀를 했었다.

2022년 바이든(Joe Biden)의 신냉전 기조에 따라 한국도 중대한 선택의 기로에 놓여있다. 미국에 대한 나의 성향도 교육, 환경, 경험에 따라 바뀌었다.

언제부터인지 한국에서 미국이라는 존재는 진보와 보수, 좌와 우를 가르는 기준이 되었다. 미국이 우리의 혈맹인 것은 부인할 수 없는 사실이다.

신념의 굴레에서 벗어나, 어떠한 편견도 없고, 아무런 신념도 없는 궁극의 상태로 정진하고 수행해야 하듯, 미국에 대해서도 중도를 지키는 용미로 나의 신념은 흘러 간다.

아버지

-김영주-

아버지와 나는 용인공원묘지에 도착했다. 27BL 4F3 묘지터가 잘 보이는 공터에 주차했다. 흑색종암으로 하반신 마비가 된 아버지는 자동차 앞자리에 앉아 계시고, 나는 비탈길을 깎아 만든 묘지의 4번째 블록까지 뛰어올라갔다. 목까지 숨이 찼지만 큰 숨을 길게 들여 마시고 아버지를 향해 양손을 흔들었다.

며칠 전 아버지는 당신의 묘지 터를 보고싶다고 하셨다. 그날부터 아버지와 이곳에 함께 있는 모습을 떠올리며 울지 않겠다 다짐했는데 생각보다 더 어려웠다.

"벚꽃잎 사이로 내려오는 우리 딸 천사 같았어."

바람 부는 대로 분홍색 꽃잎이 흩날렸다.

"내가………"

막내딸의 어리광으로 장난치고 싶었는데 목이 메였다.

"어릴 때부터 잘 뛰더니 저 높은 데를 잘도 갔다 오네."

"내가… 아버지… 닮아서… 운동 신경이… 좋…아…요…"

아버지께서 내 눈물을 보실까봐 얼굴 근처로 날아오는 벚꽃을 손으로 휘휘 저었다. 어릴 때는 무섭게만 말씀하셨는데 암 판정 이후에는 칭찬이 느셨다.

아버지 말이 법이였던 초등학교 5학년 때 가을운동회가 떠오른다. 구름 한 점 없는 쪽빛 하늘에는 만국기가 펄럭였다. 1학년 학생들의 꼭두각시 공연을 시작으로 박 터뜨리기, 줄다리기 행사는 가족들의 열정적인 응원으로 오전 행사는 뜨겁게 마무리됐다. 점심시간이다. 나는 교문으로 달려갔다.

"저 점심 먹으러 나갔다 와야 해요. 아버지께 가서 점심 먹고 와야 해요."

"담임선생님 허락 없이 못 나가."

교문을 지키고 있던 주번이 어이없다는 듯 나를 위아래로 쳐다본다.

"그럼 어떡해요? 저 오후에 백군 계주 스타트 선수라서 점심 먹어야 해요."

"담임선생님 허락 없이 못 나간다고!"

작년까지는 2살 많은 오빠와 학교를 같이 다녔기 때문에 문제가 없었는데, 오빠가 중학생이 된 지금은 내가 해결해야 한다. 운동장을 둘러봤다.

'저 많은 사람들 중에 담임 선생님을 어떻게 찾으라는 거야?'

운동장은 돗자리로 가득했고, 엄마들이 싸온 찬합의 음식들이 돗자리 위에 펼쳐졌다. 나는 사람들을 밟을까봐 돗자리 사이사이를 까치발로 다녔다. 운동장 끝까지 가로 질러와서야 반장과 부반장 가족들 사이에 계신 선생님을 찾았다.

"선생님, 저 아버지가 자장면 사준다고 해서 밖에 가야 하는데 주번이 선생님 허락이 있어야 한대요."

"자장면? 엄마 나도 자장면 사줘."

선생님 대답 대신 반장의 말이 먼저 튀어 나왔다.

"우리도 자장면 먹으면 안돼? 나 김밥 싫어."

부반장이 조르듯 말하자 선생님이 다급하게 일어나 나를 앞장 세웠다.

"영주야, 자장면 먹는다고 친구들한테 자랑하면 어떡해? 어머니들은 새벽부터 김밥 싸시느라 힘드셨을 텐데. 친구들도 먹고 싶다고 하잖아. 어머니들 입장이 어떻겠어?"

'저는 엄마랑 있는 친구들이 더 부러워요.' 말하고 싶었지만, 선생님은 묻지 않으셨다.

교문이 열렸다. 나는 성격 급한 아버지께 혼나지 않으려고 학교 맞은편에 있는 아버지 회사까지 단숨에 뛰어갔다. 예상대로 아버지는 공장 입구에 나와 계셨다. 왜 이제 오냐고 아버지께서 호통을 치는 동안 100m를 14초에 뛰는 나의 발은 자재창고를 지나 사무실로 뛰어 들어갔다.

"운동회라고 자장면 사주는 아버지가 어디 있어? 너는 복 받은 줄 알아라."

아버지는 간자장 소스를 면 그릇에 부어 주셨다. 나는 자장면 그릇에 얼굴을 파묻고 면만 몇 젓가락 먹다가 계주 선수로 뛰어야 해서 많이 먹으면 배 아프다는 핑계를 대고 다시 운동장으로 돌아왔다.

계주를 알리는 신호 총이 울렸다. 나는 청군 선수보다 빨랐다. 응원하는 백군 앞을 지나갈 때의 함성은 내 몸을 하늘로 띄워서 더 빨리 달리도록 미는 듯 했다. 2번째 선수가 도움닫기를 하며 나를 기다린다. 나는 앞으로 나가라는 손 동작을 했다. 내 몫보다 1/3을 더 뛰고 바톤을 넘겨줬다. 너무 잘 뛰었다는 친구들이 응원에도 가슴 한 켠에 엄마가 보면 좋았을 텐데 하는 아쉬움이 남았다.

아버지는 새벽 4시에 일어나서 등산을 하고, 아령과 역기를 수시로 들던 근육질 체격이셨다. 6개월 전 발가락에서 시작된 흑생종암으로 두 번째 발가락을 절단했다. 아버지는 없는 발가락이 저리다고 해서 발가락 대신 발바닥 뼈를 눌러 드렸다. 비록 주말에만 아버지 곁에서 간호하는 것이 전부였지만, 그래도 무언가 해드릴 수 있는 것이 다행이었다. 아버지의 암투병이 아버지와 내가 가까워지는 기회가 됐다.

나는 4월 벚꽃 바람이 불면 용인공원묘지에 간다.

"아버지 나 왔어요. 아버지 좋아하는 시야시 이빠이 된 소주랑 간자장 사왔어요."

나는 간자장 소스와 면을 쓱쓱 비벼 놓고 소주잔을 채웠다.

"자장 묻은 건 내 젓가락, 아버지 젓가락은 새것으로 잘라서 드릴게요."

아버지가 들으시는 것처럼 나는 내 행동을 읽어드렸다.

"아버지, 얼마 전에 아버지랑 비슷한 고객을 만났어요. 유통회사 대표인데, 친구들과 거래처 사람들한테는 매너가 좋은데 직원들과 가족들한테는 고집스럽고, 내 말이 무조건 법인 것처럼 밀고 나간다는 거예요."

나는 아버지께 잔을 올리고, 내 잔에도 소주를 따랐다.

"아버지, 원 샷."

목으로 넘어가는 소주 길에 진저리가 쳐졌다.

"아버지, 나 어릴 때 골목에서 놀다가 집으로 들어가는 아버지 뒷모습을 보면 전봇대에 숨었다가 동네 한바퀴를 더 돌고 집으로 갔어요. 아버지를 보기만 해도 공포스러웠거든요. 40대가된 지금은 아버지가 쓴 소주를 매일 드셨던 이유를 조금 알 것 같아요. 내가 코치가 되어서 40~50대 사업하는 대표님과 임원들을 코칭해 보니까 아버지 생각이 났어요. 내가 코칭이 필요한 이유를 말할 때 읽어주는 글귀, 아버지한테도 들려 줄게요."

나는 핸드폰을 꺼내 실리콘밸리의 위대한 코치 빌 캠벨의 말을 읽었다.

성공한 사람들이 실제 가장 많은 외로움을 느낀다. 그들은 주변 동료와 상호 의존적인 관계를 맺지만 동시에 독립적이고 단절된 느낌을 받는다. 뚜렷한 자아와 높은 자신감은 자신들을 성공으로 이끌었지만 동시에 불안감과 불확실성이 있다. 주변에는 진정한 우정의 친구가 부족하다. 그들도 역시 인간이기에 정서적 지지가 필요하다.

출처: 에릭 슈미트, 조너선 로젠버그 외 '빌 캠벨, 실리콘밸리의 위대한 코치'

"아버지도 많이 외로웠죠?"

나는 아버지 머리맡에 서서 손바닥으로 묘를 쓰다듬었다.

"아버지, 그동안 고생 많았어요. 아버지가 열심히 일해준 덕분에 가족 모두 잘 먹고 잘 살았어요. 우리 다음 생에 만날 수 있으면 아버지와 딸로 다시 만나요. 아버지도 아버지가 처음이라 미숙했던 것처럼 나도 아버지 딸이 처음이라 아버지와 잘 지내는 방법을 몰랐어요. 내가 아버지 말 들어주는 친구 같은 딸이 되어 줄게요. 그러니 우리 꼭 다시 만나요."

아버지를 생각하는 신념이 나이에 따라 변했다.

어릴 때 아버지는 감정 없는 커다란 바위 같았는데 40대인 지금은 아버지의 감정을 여쭤보고 싶다.

"아버지, 어떨 때 힘들어요?"

"아버지, 외롭다고 느낄 때가 언제예요?"

"아버지는 무서울 때 어떻게 해요?"

공부에 대한 신념을 찾아서

-노진백-

50세에 즐거운 마음으로 공부를 하면서 참 많은 것을 느끼게 되었다. 어릴 적엔 공부에 대한 두려움과 마음에 난 상처 때문에 공부는 늘 부담이 되었다. 초등학교 입학 전 형들에게 한글부터 더하기, 빼기까지 배우면서 무조건 암기위주로 공부를 했었다.

"이렇게 쉬운 문제를 틀리면 어떻게 해 집중해서 풀어보라고!"

답답하다며 핀잔을 늘어 놓았다. 초등학교, 중학교 내내 시험점수를 잘 받지 못했다. 더더욱 공부에 취미가 없었다. 학업을 빨리 끝내고 싶다는 마음만 가득 찬 학창시절을 보냈다. 고등학교 3학년이 되면서 공부도 하기 싫었고 취업으로 경제적 해방을 하고 싶은 마음이 가득했다. 무엇보다도 가정을 이룬 형님집에서 빨리 독립하고 싶은 마음이 더 절실했던 것 같다. 전자회사에 취직해서 기숙사 생활을 시작하면서 자유를 얻은 것 같아 기분이 좋았다. 힘은 들었지만 공부에서 해방되는 느낌이 있어서 더 편했다.

첫 봉급도 받고, 동료들과 함께 직장인으로서 즐기는 문화에 젖어 나름 잘 지내고 있었다. 그런데 어느 주말 저녁 직장 형님들과 이야기를 하다가 얼마 전 대학 졸업 후 바로 입사한 관리자가 있었는데 월급 차이가 많이 난다는 것을 듣게 되었다. 기술적인 능력을 높게 인정받고 일하고 있는 나로서는 이해가 되지 않았다. 월급 차이의 결론이 고졸과 대졸이였다는 것을 알게 되면서 현실을 깨닫게 되었다. 순간 누가 내 머리를 망치로 내려치는 것 같았다. 뭔가 모를 짜증도 밀려오고, 야근 잔업을 해야 한다는 소식까지 전해 들으면서 머리 끝까지 화가 났지만 묵묵히 현장 일에 집중하려 노력했다. 속에서 치밀어 오는 분노를 누르고 있었는데, 갑자기 손 위로 묵직한 압통이 느껴졌고, 순간 피를 보면서 정신을 잃었었다. 정신을 차렸을 땐 응급실 침대 위에 누워 있었다. 오른 검지 손가락에 붕대가 감겨져 있었고 피가 스며 나오는 것을 보고 심각성을 깨달았다. 그것도 잠시, 담당의사가 다가와서 뼈를 지나 인대까지 거의 절단된 상태로 응급수술해야 한다고, 수술 후에도 완전 회복은 어려울 수 있다는 설명을 했다. 수술 후 병실에 누워 있는데, 현재 나의 처지가 서럽게 느껴져 나도 모르게 눈에서 눈물이 흘렀지만 소리조차 내지 못 한 채 얼굴까지 이불을 푹 덮어 버렸다. 옆 병상 보호자인 아주머니께서 속상한 나의 마음을 알아차리고는 여러 가지 챙겨 주셨다. 기계에 다리가 딸려 들어가서 형체를 알아볼 수 없이 절단된 환자의 보호자였는데도 아들 같다며 잘 챙겨 주셨다. 공부할 학생이 무슨 사연으로 공장에서 일을 하게 되었는지 궁금해 하면서, 학생이 공부를 해야 한다며 안타깝다 하셨다. 입원기간 동안 손가락이 원래대로 돌아오지 않을 수 있다는 불안감과 함께 불안전한 미래가 나를 더 우울하게 만들었다. 공부를 하지 않은 걸 후회했다.

결국 미래 삶의 방향을 바꿀 수 있는 것은 현재로서는 공부밖에 없다는 것을 깨닫게 되었다. 퇴원하는 길에 회사로 가서 일을 그만두겠다고 말을 하고 나왔다. 다시 형님 댁으로 가는 동안 발걸음이 무거웠다. 다음날 형들에게 대학에 진학하고 싶다고 말했다.

"대학에 진학하기 위해서는 성적이 나와야 되는데, 괜찮겠어?"

"도전해보고 싶어!"

형은 한참을 침묵하듯 생각하다가 입을 열었다.

"그래 일단 대학을 합격하고 등록금은 추후 고민하자!"

이때부터 작은형은 독서실과 교육방송 등록까지 아낌없이 지원해 주었다.

"막내야 자신감을 가져, 그럼 잘될 거야."

내가 할 수 있는 것은 공부에 푹 빠져 열심히 하는 것뿐이었다. 가끔 어려운 문제는 작은형의 도움을 받아가며 최선을 다해 몰입했다. 원서 접수기간이 되면서 담임 선생님을 찾아갔다.

"대학을 가겠다고? 입시가 얼마 남지 않았는데? 가능하겠어?"

나는 굳은 의지를 밝혔고 지원서를 꼭 써줄 것을 부탁드렸다. 담임 선생님은 바로 써주지 않았고, 난 일주일 동안 계속 찾아가 대학 진학에 대한 간절한 의지를 보여 주었다. 마침내 담임은 대학 입학 원서를 써 주셨다. 비록 그 어떤 응원의 말도 들을 수 없었지만, 그래도 무사히 원서를 접수할 수 있었기에 가슴이 뛰면서 행복했다. 서류 접수 후 대학 캠퍼스를 돌아다녀 보았고 그때 그 기분은 벌써 합격한 것 같이 더 기뻤다. 대학 합격할 줄 예상하지 못했는데 합격소식을 듣게 되었다. 합격이라니 현실이 아닌 것 같았다. 믿기지 않았다. 합격의 기쁨도 잠시였다. 등록금에 대한 고민에 빠졌다. 그 당시 큰형은 넉넉하지 않은 생활비였는데도 공부를 시작한다는 마음에 등록금을 지원해 주었다. 대학 입학 후, 전공 공부와 아르바이트를 병행하며 학업을 이어 갔었다. 2학기가 되면서 또다시 시련이 찾아왔다. 아르바이트만으로는 학비가 많이 부족했다. 배움도 경제적 환경이 되어야 공부할 수 있다는 현실을 또다시 직면하게 되었다. 휴학 후, 지원입대를 하면 좋겠다는 형님의 권유가 있었다. 무엇보다 넉넉하지 않은 형님과 형수님, 그리고 조카와 협소한 공간에서의 생활은 늘 불편함이 있었다. 고민 후 지원입대를 선택하였다.

1990년 2학기 휴학 접수 후 집으로 오는 버스 창밖 대학 친구들이 스쳐 지나갔다. 친구들과 다시 학생시절을 보내게 될지 기약이 없다. 그렇게 4년 의무 복무 지원입대를 하였다. 군생활을 지속하면서 이곳 생활도 나쁘지 않다는 것을 느끼게 되었다. 가장 원했던 안정적인 직장 생활에 갈증이 있었기 때문이었다. 안정을 선택하니 대학 복학 꿈을 접어야 했었다. 그러나 마음속 깊은 공간에는 배움에 갈증이 남아 있었다.

2002년 군에서도 희망자 중 선발하여 대학에 진학할 수 있는 길이 열렸다. 못다 한 꿈은 간직하고 살았는데 이제 그 꿈을 다시 실현할 수 있다고 생각하니 기뻤다. 무엇보다 가족의 도움 없이 내 스스로 학비를 해결할 수 있다는 것에 더욱 기뻤다. 어느덧 군 "은퇴" 3년을 앞두고 대학원MBA 진학 코칭을 배우고 한국코치협회에서 인증하는KPC(한국프로코치) 자격증에 합격하게 되었다. 30년 전 지원 입대를 하면서 어려움을 극복한 경험을 바탕으로 군에 도움이 되고 싶었다. 전입 후배, 사병들이 스스로 미래 목표와 꿈을 찾을 수 있도록 끊임없이 질문하고, 경청하고, 공감하며 지지해 주었다.

"군에 입대를 하면서 자신이 가지고 있는 변화가 생겼다면 무엇일까?"

설렘, 두려움, 걱정과 불안감을 갖고 입대를 하고, 군이라는 새로운 환경에 적응하게 된다는 것이었다. 또한 한번도 겪어보지 못한 환경 속에서 심리적 압박감도 느끼게 된다고 했다. 군에서도 원하는 부대를 배속 받기 위해 성적 경쟁을 한다는 것을 처음 알게 되었다고 했다.

"그렇구나, 너의 군생활은 어떤 목표로 계획하고 있을까?

불안했던 감정을 긍정적인 마인드로 갖고 맡은 업무를 다하고, 동료들과 협업을 하면서 성장하고 싶다고 했다. 또한 미래의 꿈을 위해 독서도 많이 하고 싶고, 영어회화에 자신감이 생겼으면 좋겠다고도 했다.

"그래, 그럼 전역 후 어떤 모습으로 살고 있을 것 같아?"

"어릴 적 오랜 건축물 중에 프랑스 파리 에펠탑 앞에서 인증 사진을 찍고 꿈에 도전하고 싶습니다."

"그렇구나, 새로운 도전의 꿈은 무엇일까?"

"성적에 맞는 대학이 아니라 공부하고 싶은 대학에 새로이 진학하고 싶습니다."

그렇다 병사들과 코칭 대화를 진행하면서 알게 되었다. 목표와 실천 계획을 스스로 찾을 수 있도록 도와준다면 군생활의 두려움을 극복하고 적응력이 높아진다는 것을 알 수 있는 코칭 시간이 되었다. 현재 나의 신념의 변화는 배움을 통해 모르고 있던 미지의 세상을 갈 수 있는 희망이 되었다.

자녀 지원에 대한 나의 변화

-설명찬-

중학생일 때, 나는 아무런 걱정거리가 없었다. 부모님께서는 내가 먹고 싶은 것, 하고 싶은 것들은 모두 들어주셨다. 중학교 2학년 때로 기억하고 있다. 아버지는 다니시던 회사에서 정년퇴직을 하시게 되었다. 나는 우리 집이 경제적으로 그래도 넉넉했던 것으로 기억하고 있었다. 하지만 내가 몰랐던 많은 것들이 있던 것 같다. 아버지는 퇴직하시고, 사업을 하신다고 분주하게 다니셨다. 내 기억으로는 동업자라는 사람이 우리 집으로 와서 저녁을 먹었던 장면이 어렴풋이 생각난다. 나중에 안 일이었지만, 그 동업자라는 사람과 일이 틀어져 돈만 날리셨다고 한다.

우리 가족은 부모님과 5남매다. 우리 남매들은 모두 대학을 졸업했는데, 내가 대학 다니던 시절, 형과 누나까지 우리 집에 대학생이 3명이었다. 아버지는 3명의 등록금을 마련하시려고 외식 한번 하지 않고 열심히 일하셨다. 그리고 형, 누나도 학비에 보탬이 되고자 각종 아르바이트를 하며 학비를 모았다. 형은 과외를 했고, 음대에 다녔던 누나는 아이들 레슨을 하면서 학비를 마련했다. 나는 그런 형, 누나의 틈에서 자랐고, 돈을 절약하는 습관이 몸에 배었다. 나 역시 대학을 다니면서 많은 아르바이트를 했다. 방학 때면 어떤 아르바이트를 할까 굉장히 숙고했다. "젊을 때는 고생을 해봐야 한다."는 생각이 당연했다. 그래서 아르바이트를 고를 때도 다양하고, 힘든 것들을 선호했다. 대학을 가서 처음으로 했던 아르바이트는 접시닦이였다.

서울 서소문에 있는 30년이 넘은 한식당에서 설거지를 했다. 한식당이기 때문에 점심을 차리면 식기가 기본 10개 이상 나왔다. 서울 서소문 앞이라 점심시간에 밀려오는 직장인들을 감당해야 했다. 2시간에 대략 2천 개가 넘는 그릇이 설거지 통으로 쏟아졌다. 한여름에 뜨거운 물로 설거지를 하기 때문에 음식 냄새와 뜨거운 열기가 얼굴을 감싸는 게 너무 힘들었다.

처음 일주일 정도 했을 때는 뜨거운 열기와 쏟아져 나오는 접시 때문에 현기증이 나서 쓰러질 뻔도 했다. 한 2주가 지나니 적응이 되어서 그릇 2천 개를 닦았다.

군대를 다녀와서는 공사판에서 막노동을 했다. 시급도 좋고 바로 돈을 받을 수 있어서 좋았다. 새벽 5시경이면 인력 사무소에 출근해서 대기한다. 막노동을 업으로 하는 분들이 먼저 일을 잡는다. 그리고 학생들은 그다음 순으로 일을 잡을 수 있다. 일할 곳이 결정되면 인력사무소에 주민등록증을 맡기고 현장으로 이동한다. 공사장일이라는 것은 정말 육체적으로 고된 일이었다. 오전일을 하고 새참을 먹고 다시 일을 시작 했다. 오후에 잠시 휴식 시간을 가졌다. 공사장일은 해가 떨어지면 마무리된다. 일을 마치면 인력사무소에 다시가서 수수료 5천원을 내고, 주민등록증을 받고 집으로 돌아갔다.

첫날 일을 마치고 집에 돌아가는데 팔다리가 천근이 되는 것처럼 쑤시고 너무 아팠다. 온몸이 멍들고 여기저기에 파스를 붙였다. 보통 매일 일을 못하고 일주일에 2, 3번 일했다. 한 번은 인력사무소에 갔다.

"너 곰방할래?"

"네, 하겠습니다."

나는 곰방이라는 일이라는 것이 무엇인지도 몰랐다. 다른 막노동보다 돈을 더 준다고 해서, 무작정 따라 나섰다. 막노동 용어로 '야리끼리'라는 말이 있다. 시간과 상관없이 주어진 일만 끝내면 집에 가는 것이다. 곰방이란 등짐을 지는 일이었다. 나는 1층에 있는 벽돌을 4층으로 전부 옮기면 퇴근하는 것이다. 어림잡아 1층에 벽돌이 천 개 넘게 있는 듯했다. 처음에는 '별거 아니네' 그랬는데, 통을 어깨에 메고, 통 안으로 벽돌이 하나, 둘씩 들어왔다. 어깨에 느껴지는 무게감에 다리가 휘청거렸다. 수십 킬로그램의 벽돌을 지고 계단 하나, 둘씩을 오르는데, 무게중심을 잃으면 계단 아래로 떨어질 수도 있었다. 처음 하는 일이라 생각보다 시간이 많이 걸렸다. 그래도 오후 3시경에 일을 마쳤고, 곰방은 일당도 괜찮았다. 7만원을 받은 나는, 신나서 집으로 돌아왔다. 어깨가 너무 아파서 보니 피멍이 들어 있었다. 안티프라민 연고를 바르고 나는 곯아떨어졌다. 이외에도 나는 텔레마케팅 채권추심, 대학생 방범대원 등 다양한 아르바이트를 통해 많은 작업경험을 했다. 나는 젊을 때 고생을 해봐야 나중에 어떠한 상황에서도 적응할 수 있다고 생각을 했다. 나중에 결혼을 해서 자식을 낳아도, 좀 고생을 하게 키워야겠다는 생각을 했었다. 대학을 졸업하고, 현재 직장생활 22년차이다. 직장생활을 하면서 결혼도 했고, 예쁜 딸도 한 명 두었다. 가끔 대학시절이 나를 떠올려 보면, 그동안에 많은 변화들이 있었다. 사회도 너무 많이 변했다. 그리고 내 생각도 많이 변했다. 그중에 가장 큰 변화 하나가 자식에 대한 생각이다. 나는 젊었을 때 어느 정도 고생을 해야 한다는 생각을 했었다. 사회에 적응하기 위해서는 어느 정도의 훈련이 필요하다고 믿고 있었다. 하지만 최근 들어서 나의 그런 생각들이 서서히 변하기 시작했다. TV를 보면 대학생들이 공부를 하는 것이 아니라 생활을 하기 위해 각종 아르바이트를 하고, 매 끼니는 삼각김밥으로 때우는 것을 봤다. 미래를 위해 공부하는 것이 아니라, 그냥 하루하루 버티는 삶을 살아가는 것 같았다. 참 안타까운 일이다.

우리 나라의 미래를 책임질 젊은이들이 꿈을 펼칠 수 있는 공정한 기회가 주어져야 한다고 생각한다. 하지만 현실은 냉정하기만 하다. 돈에 치여서 꿈을 잃어버리면 안 되는데, 참으로 안타까운 일이다. 반면에 부모님의 지원을 받는 친구들이 공부에 집중하고, 더 많은 경험을 하면서 스펙을 쌓아 간다. 그리고 그러한 다양한 경험을 통해서 더 밝은 미래가 보장되는 경우가 부지기수다.

"젊어서 고생은 사서도 한다."는 말이 있다. 어느 날 문득 "이것이 젊은이들에게 도움이 될까?" 라는 질문을 해보았다. 나는 그렇다고 선뜻 대답할 수 없었다. '좋은 환경에서 잘 자라고 공부할 수 있는 것이 더 좋을 건 아닐까?'하는 의문이 들었다. 대학에 진학하여 아르바이트보다는 공부에 집중하고 다양한 경험을 하는 것이 미래에 도움이 될 것이라 생각했다. 그래서 내가 할 수 있는 능력 안에서 자녀의 미래를 위해 매월 별도로 적금하고, 적극적으로 지원하려고 결심했다. 초등학생 때 바이올린을 배우고 싶어서, 시작하여 지금까지 6년이 넘게 하고 있다. 현재는 청소년 오케스트라 단원으로 활동하면서 연주하고 있다.

몇 년 전부터는 외국 대학에 관심을 갖고 준비하고 있다. 부모로서 이를 구체화할 수 있도록 지원을 하고 있다. 유학을 갈 수도 있고, 다른 길을 선택할 수도 있을 것이다. 하지만, 그러한 경험을 통해 새로운 것을 배우고 더 성장할 수 있는 기회가 된다고 생각한다. 하지만, 이러한 것들은 부모의 강요가 아니라 본인의 선택이라는 것이 중요하다.

　이렇듯이 하고 싶은 것을 본인이 주도적으로 알아보고 결정하면, 부모로서 같이 논의하고 지원해주는 것이다. 선택에 대해서는 최선을 다하고 책임을 질 수 있는 그런 사람으로 성장할 수 있도록 지원할 것이다.

골초가 금연을 성공한 경험담

-이재영-

아침 기상 나팔소리에 눈이 번쩍 띄었다. 침상 위에서 동기생들이 모포 담요를 개느라 분주하게 움직이고 있었다. 나도 서둘러 모포를 개고 옷을 부리나케 챙겨 입었다. 군화 끈을 제대로 묶었는지도 모르게 정신없이 군화를 챙겨 신고 침상마루에 각을 잡고 앉았다. 복도 끝에서 조교의 발자국 소리가 들렸다. 곧이어 번호 '번호, 하나, 둘, 셋 ~~~~, 서른둘 번호 끝' 내무반 인원은 32명. 여기는 철원에 위치한 사단 직할 소속의 신병교육대대이다.

신교대에 입소한 지 이제 2주차가 되었다. 아직도 군대에 온 것인지, 꿈을 꾸고 있는 것인지 헷갈릴 때가 있다. 아침을 먹자마자 훈련 시작 나팔소리가 울린다. '전원 연병장으로 집합' 조교의 목소리가 우렁차다. 이 소리에 맞추어 누구라도 먼저 할 것 없이 연병장으로 달리기 시작한다. 늦으면 선착순을 돌게 될지도 몰랐다. 무조건 달려야 했다. 내 뒤로도 많은 인원들이 쫓아오고 있었다. 몸무게가 많이 나가는 동기들이 있어 그나마 다행이었다. PT체조와 원산폭격을 했다. 마지막 반복 구호는 생략이다. 이 간단한 주문이 그렇게나 어려운 것인지 주문을 준수하지 못하고 같은 실수를 벌써 몇 차례나 하고 있었다. 어떤 멍청한 동기 녀석이 또 마지막 구호를 우렁차게 외치고 있었다. 7월의 뙤약볕에서 연병장을 구르다보니 온몸이 흙투성이다. 한여름이지만 포복 자세를 할 때면 팔꿈치 보호를 위해 팔 소매를 올려 입을 수가 없었다. 옆 동기들을 곁눈질로 살짝 돌아보았다. 흘러내린 땀과 흙먼지가 뒤섞여서 거지도 저런 상거지는 없을 것이다. 나도 별반 차이가 없을 것이다. 하늘이 노랗게 보인다. 머리도 어지럽다. 여기서 아픈 척하고 쓰러져서 의무실로 갈까? 아님 얼차레를 받을까? 이런 저런 요령을 피울 궁리를 한다.

'5분간 휴식'

기다리던 단꿀 같은 휴식 시간이다.

'담배 일발 장전'

조교의 목소리가 다시 울려 퍼진다. 담배를 피우는 친구들은 담배를 피게 해준다. 나는 담배를 피우지 않았다. 잠시 후 조교가 담배를 피우는 동기들은 옆으로 위치 시켜 계속 담배를 피우게 하고는 비흡연자는 계속 훈련을 지시한다. 그리고는 팔벌려 높이뛰기 20회를 시킨다. 당연히 마지막 구호는 생략이다. 이번에도 어떤 훌륭한 동기 녀석이 마지막 구호를 소리 높여 외친다. 정말 미칠 것 같다. 그 사이에도 담배 피는 녀석들은 웃어가면서 계속 담배를 피고 있다. 어떤 녀석은 벌써 2개비째를 피면서 보란 듯이 미소를 지으며 우리를 향해 담배 연기를 내뿜고 있었다.

"이건 아니잖아" 하는 생각이 들었다. 흡연자와 비흡연자를 구분하여 차별하는 행위는 정말 부당하다. 억울한 생각마저 든다. 다시 아침 기상 나팔소리가 울린다. 여느 때와 같이 모포를 개고 번개와 같이 복장을 착용하고 침상 끝에 각을 잡고 앉았다. 오늘은 휴식 시간에 동기에게 담배를 빌려서라도 꿀맛 같은 휴식 시간을 쟁취 해야겠다고 결심했다. 드디어 훈련 시간 사이에 휴식 시간이 되었다.

'담배 일발 장전!'

조교의 외침으로 휴식 시간의 시작을 알렸다. 재빠르게 담배를 피는 동기녀석에게 다가가 담배 한 개비를 빌렸다. 그러고는 담배에 불을 붙이고 담배를 피우는 척하며 입에 담배를 물고 있었다. 휴식시간을 온전하게 쟁취한 것이다. 옆에서 담배를 피우지 않는 동기들은 팔벌려 뛰기를 하고 있다. 담배를 피우던 내 입가에 살며시 미소가 돌았다. 이렇게 나의 흡연은 시작되었다.

이 시절의 담배에 대한 나의 신념은 휴식 같은 동료였다.

학교를 졸업하고 연구원으로 개발업무를 수행하면서 밤샘 근무를 하는 것이 일상이 되었다. 저녁 시간 이후로는 피로감을 극복하기 위해 자판기 커피 한 잔과 담배 한 모금은 당연한 절차였다. 그러는 사이 흡연 습관은 늘어서 하루 2갑 이상을 피우는 것이 일상이 되었다. 잠시라도 담배 없는 삶은 상상하기도 어려운 골초로 살아가게 된 것이다. 군대에서 시작되었던 흡연습관은 내 삶에서 그대로 유지되고 있었고, 두 아이의 아빠가 된 이후에는 아이들을 생각해서 잠시 동안의 금연 기간을 가져 보기도 하였다. 하지만 또다시 반복된 회사 생활 속에서의 고된 업무와 사람들과의 관계 속에서 발생되는 스트레스를 핑계로 흡연은 계속되었다.

금연의 시작은 내 계획하에 이루어진 것은 아니었다. 2014년 9월 회사가 동탄으로 신규 사옥을 신축하여 이전하게 되었다. 동탄 사옥으로의 이전 이후 새해를 맞이하면서 직원들에 대한 격려와 복지 증대를 위하여 회사 차원의 금연 캠페인을 실시하게 되었다. 금연 캠페인에 나는 관심이 많지 않았다. '내가 금연을 할 수 있겠어?' 하는 의구심과 '해봐야 또 작심삼일이야!' 하는 생각에 관심을 두지 않고 있었다. 그러던 중에 금연을 신청하였던 직원 한 명이 내 방을 찾아와 도움을 청하였다. 이번 금연캠페인에 최소 인원수가 10명으로 제한되어 있다는 것이다. 현재까지 9명이 신청한 상황으로 추가 인원의 모집에 어려움을 겪고 있다고 했다. 나는 이 상황을 듣고 뭐 나는 관심이 많지 않았지만 다른 직원들의 금연 도전을 도와줄 겸하여 흔쾌히 신청서에 사인을 해 주었다. 금연캠페인은 최소 인원이 충족되어 무사히 진행이 되었다. 그런데 문제는 이때부터였다. 신청자들에게 성공지원금을 먼저 지급해 주면서 시작되었다. 막상 성공지원금을 받고 보니 단순하게 시작된 금연 도전이 책임감으로 바뀌게 되었고, 이번 기회를 통해서 정말 금연을 성공할 수도 있을까 하는 호기심도 생겼다.

이제 담배에 대한 나의 신념은 나도 금연에 성공할 수 있을까 하는 호기심이었다.

먼저 회사에서 가까운 보건소를 찾아가서 금연 상담을 신청하였다. 처음 방문이라고 하니 지난 시간 동안의 흡연 습관에 대한 설문지를 작성하였다. 기초적인 신체검사를 실시하고 호흡을 통한 일산화탄소 농도를 측정하였다. 일산화농도의 수치는 높게 나타났다. 그리고 금연 보조를 위해서 붙이는 형태의 패치와 껌, 은단, 사탕을 지급받고 상담을 마쳤다.

금연을 시작한 지 2주차 정도가 되었다. 그동안은 금연패치를 붙이고 사탕과 껌을 가지고 그럭저럭 잘 견뎌내고 있었다. 가끔 흡연 장소 근처에 가서 스쳐 지나가는 바람에 담배연기를 맡아보곤 했다. 아직까지는 담배 연기가 달콤하다. 보건소는 매주 1회를 방문하였다. 상담을 통해 금연 상황을 점검하고 일산화탄소 농도를 지속적으로 체크한다. 이번 일산화탄소 농도는 3 정도로 상담사의 얘기로는 금연을 잘 수행하고 있다고 한다. 이대로 꾸준하게 잘 참고 지내라고 응원을 해 주었다. 3주차를 넘어 4주차로 접어들고 있을 무렵, 일산화탄소 농도는 1 이하로 나왔고 4주차 측정 결과는 0으로 기록되었다. 처음에는 일산화탄소 측정에 대해 뭐 그렇게 정확하겠냐며 의구심이 있었지만 내 호흡을 통한 측정 결과가 0이 나오자 '아~ 정말 일산화탄소가 0이 나오는구나!'라며 금연에 대한 확신이 더욱 생기기 시작하였다. 그리고 담배를 끊고 몸에서 일산화탄소가 모두 빠지려면 3~4주 정도 걸린다는 사실도 알 수 있었다. 하지만 진짜 금연은 4주 이후부터가 진정한 시작이었다. 담배 없이 하루하루를 지내는 것이 고역이었다. 1시간, 10분을 버티는 것이 힘들어졌다. 사람의 정신 세계가 아주 중요하다고는 하지만 육체와 정신이 싸우는 것은 미치도록 힘든 과정이었다. 그 과정을 지나는 동안 옆에서 꾸준하게 관리해 준 상담사의 응원이 많은 힘이 되었다.

어느덧 금연은 6개월째가 되었다. 나 자신에게도 뿌듯함이 느껴지고 정말 잘했다고 스스로에게 칭찬해 주고 싶다. 이제 마지막 방문이 될 것 같은 보건소를 방문했다. 일산화탄소 수치가 0, 상담사님이 "이재영님, 금연 성공을 축하드립니다." 하고 외쳐주었다. 6개월의 기간이었다. 보건소 기준으로 6개월간 일산화탄소 수치를 통해 금연을 점검하고 그 결과로 금연이 확인되면 금연 성공으로 판단했다. 금연 성공 답례품으로 텀블러와 디지털 체중계를 선물 받았다. 금연 이후 식습관 변화에 따라 체중 변화가 많으니 신경 써서 체중을 관리하여야 한다고 추가로 조언을 해 주셨다. 금연 성공을 확인받았다. 이제 더 이상 보건소를 올 필요가 없다고 한다. 그리고 회사와 집에 이 사실을 모두 알렸다.

"하하하 기쁘다."

한 가지 더 놀라운 사실은 그 동안 금연에 신경 쓰느라 주변 상황을 살필 기회가 없었는데 금연을 시작한 인원 10명 중에서 6개월간 금연을 유지한 회사 직원은 나 혼자뿐이었던 것이다. 사실 그동안 금연을 위해 집중하느라 담배 피는 장소와 사람들과는 거의 섞이지 않으려고 피해 다녔기 때문에 상황 파악이 안 되었던 것이다.

6개월의 금연을 성공한 나에게 있어 담배에 대한 신념은 금연에 성공한 나 자신에 대한 자신감으로 바뀌게 되었다.

단순한 금연 결심에서 금연 성공까지 혼신의 힘을 다하여 노력한 결과가 있었고 이 노력이 성공하기 위해서 책임감에 대한 신념일지? 내 자신을 이겨 보자는 신념일지? 정확하지는 않지만 금연에 대한 생각과 어려움을 극복할 수 있었던 힘은 휴식 같은 동료에서, 금연에 대한 호기심, 그리고 금연 성공에 대한 자신감이라는 담배에 대한 신념의 변화에 있었기 때문이라는 생각이 들었다. 이러한 신념의 변화를 생각하고 느끼지 못했다면 과연 성공할 수 있었을까, 그리고 글을 쓰고 있는 현재까지 금연을 유지하고 있었을까?

나의 간호사에 대한 신념의 변화
– 그날 이후부터…

-조영자-

"119입니다. 아파트 10층에서 추락한 30대 여자환자로 지금 이송 중입니다."

"네~ 알겠습니다."

수화기를 내려 놓으려 하는데,

"저기 잠시만요!"

"네?"

"환자가 38주 산모입니다…"

벌써 119 싸이렌 소리가 점점 더 크게 들려오고 있었다.

출근하면서 북적북적했던 응급실이 어느 순간 잔잔해지더니 새벽 4시가 되었다. 야식을 뒤로하고 동기 화선이랑 달달한 커피 한잔으로 피로를 달래 보려고 했었는데 그것도 포기해야 했다. 119 도착을 알리는 번쩍이는 불빛을 향해 화순이와 함께 같이 나가 보았다. 도착한 구급차 문을 열리자 전화 내용과 다르게 심장압박 중인 것이었다. 화선이랑 난 'CPR'이라고 외쳤고, 심장압박을 하면서 신속히 응급실로 들어갔다. 산부인과 의사도 응급콜을 받고 뛰어내려와 있었다. CPR상황을 보더니 Doppler를 산모 배에 올려 놓으니 아기 심박동 소리가 크게 울러 퍼졌다. '뱃속에 아이를 빨리 꺼내야 한다'는 생각과 함께 난 벌써 분만 준비를 하고 있었다. 산모 머리 쪽에서는 기관 삽관을, 가슴 부위에서는 심장 압박으로 심폐소생술이 계속 진행되고 있었다. 산부인과 의사는 지체 없이 산모 배 전체를 소독하고는 메스로 한 줄 그었다. 갈라진 배를 양손으로 벌려 양막을 터뜨리니 아이 머리가 보이더니 온몸을 미끄러지듯 빼내었다.

"1999년 11월 1일 04시 50분, 여아입니다."

우린 보온을 위해 아이를 따뜻한 시트로 감싸고 인큐베이터로 옮겼다. 울음소리가 없었다. 바로 입안으로 석션하고 등을 빠르게 비비고 또 비볐다.

"응애~"

아기 울음소리만 확인하고 대기 중이던 소아과 의사와 함께 신생아중환자실로 바로 옮겨졌다. 산모는 아직 심폐소생술 중이었다. 벌써 한 시간이 지난 상태였다. 응급의학과 의사는 남편에게 출산된 아이 상태 설명과 함께 더 이상 심폐소생술이 의미가 없음을 설명하고 사망선고를 했다. 남편은 바닥에 철퍼덕 주저 앉고는 제발 살려 달라고, 심폐소생술을 더 해 보라며 울며 애원하였다. 하얀 시트로 덮여 있는 산모를 온몸으로 안으며 떨어질 때 못 잡아줘서 미안하다고 연신 오열하였다. 새하얗게 변해버린 차가운 손을 잡으면서 일으켜 세우며 말했다.

"여보… 우리 애기 보러 가자, 딸이래"

더 이상 말을 못 잇고 울기만 했고, 아무 말 못하고 지켜볼 수밖에 없었다. 뒤늦게 도착한 가족들의 부축을 받고 겨우 일어나 나가려다 다시 돌아

서서는 두 손으로 눈물을 쓰러 내리며 말했다.

"오늘도 근무하고 계셨네요, 저 기억 안 나세요?"

"네?"

누구지? 나를 아나? 기억이 나지 않아 멈칫하고 있었다.

"지난번에 우리 아내가 입원을 안 하겠다는 것을 간호사님께서 바쁜 와중에 적극적으로 설득해 주셨어요."

"아… 혹시?"

순간 내 머리를 스치는 것이 있었다. 몇 개월 전 일이었다. 5월이었던 것 같다. 산모가 정신과 병동으로 입원해야 하는데 싫다며 남편과 한참을 실랑이를 했었다. 우울증이 심해지면서 죽고 싶다는 생각과 함께 전혀 먹지도 않아 태아가 위험한 상황으로 이어질 수 있었다. 남편은 설득이 잘 되지 않자 달래보기도 하다가 화를 내기도 하는 것을 보고 있으니 나도 마음이 불편해졌다. 내가 가서 환자와 직접 이야기 나누고 해야 하는데, 솔직히 그럴 여유가 없었다. 환자와 이야기 나누고 나면 오늘 퇴근 못 할 수도 있고, 민원으로 폭발할 수 있는 상황이었다. 사실 내 마음속에서는 '그냥 남편이 설득을 잘 해서 결정되었으면…' 했었다. 마침 후배 하영이가 저녁 대체를 위해 왔었고, 저녁식사는 뒤로 하고 내 업무를 잠시 부탁했다. 산모는 휠체어에 앉아 입술을 꽉 다물고 고개를 숙이고 있었다.

"저 집에 가게 해주세요. 입원은 안 해도 돼요."

정리되지 않은 긴 머리에 아주 슬픈 눈빛으로 힘없이 겨우 말을 꺼냈다. 눈높이를 맞추어 앉아 두 손을 잡아 주었다. 나도 모르게 그대로 아무 말 없이 몇 분의 시간을 흘러 보냈었다. 입원하지 않아도 되지만, 뱃속의 아이가 있는 이상 혼자만 생각하면 안 된다고, 지금은 병원의 도움을 받아야 할 때라고, 입원 후에도 도움이 되지 않는다고 판단되면 언제든지 다시 퇴원이 가능하니 최선을 다해보자고 말했던 것 같다. 한참의 설득 시간 끝에 입원하게 되면서 치료가 잘 되었고 퇴원 후에도 만삭까지 잘 지냈었다고 했다. 남편은 최근 출산이 다가오면서 두려움을 좀 느끼긴 했지만 우울감이 심해지는 것은 전혀 못 알아차렸다고 했다. 자다가 자리에 없어 화장실 간 줄 알았는데 돌아오지 않길래 거실로 나가보니 베란다 문이 열려 있었다고 했다. 뛰어내리는 순간에 발견해서 뛰어가 잡으려 했었는데, 미처 잡지 못했다고 했다. 그때 간호사님의 설득으로 지금까지 임신이 유지될 수 있었다고 감사하다는 말을 꼭 전하고 싶었다고 하였다. 근데 이렇게 인사를 하게 되었다며 죄송하다고 했다. 남편에게 어떤 말을 해야 할지 머리에 쥐가 나고 멍해졌다. 얼음같이 서있는 나를 뒤로 하고 남편은 영안실로 이동했다.

이때부터였다. 간호사에 대한 신념을 다시 생각하게 된 계기가. 1997년 수원 소재의 종합병원에 입사하여 응급실에서 근무하고 있었다. 어느덧 입사해서 2년이라는 시간이 흘러 응급실 3년차 간호사가 되었다. 응급실 3년차 간호사라 함은 업무가 능숙해서 응급실을 날아 다니며 일할 수 있다고들 한다. 나 또한 그런 자신감으로 가득 찬 일 중심적인 간호사로 지내고 있었다. 환자, 보호자들이 진짜 원하는 요구가 무엇인지 알기 위한 시간은 필요하지 않았으며, 후배 간호사들의 입장이 내 눈에는 보이지 않았다. 어떻게 하면 이 응급상황을 잘 해결할 수 있을까? 다른 직무자와 의견 대립이 있을 땐 강하게 어필하고 충돌도 마다하지 않고 대응했었다. 응급실에서는 빨리 진행해야 하는, '신속하고 정확하게'라는 신념에 푹 빠져 있었다. 이것이 응급실 간호사의 자존심이었다. 그때 그 산모에게 나의 신념을 고집했다면 어떠했을까? 아기 얼굴이 떠오르며 나도 모르게 머리를 흔들어 버린다.

‘공감하는 간호사가 되자~’ 일의 효율을 최우선하는 신념에서 공감을 통해 진짜 중요한 것을 놓치지 않는 신념으로 변해 가고 있었다.

10년차쯤 되던 어느 날이었다.

“선생님~ 12번 침상 보호자 너무 이상해요.”

복통으로 응급실에 내원한 환자에게 진통제를 투여하고 돌아오면서 투약 카트를 스테이션에 ‘쿵’ 소리가 나도록 세게 밀어붙이듯 세웠다. 얼굴부터 귀까지 빨갛게 달아올라 있었다.

“미선 간호사~ 무슨 일이 있었어?”

주사약을 주려고 하는데, 옆에 있던 보호자가 주사 안 아프게 해 달라, 토니켓 살살 묶어 달라, 약은 괜찮은 거냐? 등등 여러 주문을 했다고 한다. 주사바늘 삽입이 되는 순간 환자 얼굴이 찡그려지니까 주사 아프게 놓았다며 버럭 호통을 쳤다고 했다. 오히려 환자는 괜찮다고 하는데 보호자가 더 호들갑 떨며 흥분된 목소리로 말하는 것이었다. 정말 이상하다고 속상한 마음이 풀리지 않는지 반복적으로 말하고 있었다. 사실 이 환자는 응급실 단골이었다. 임신 초에 위암을 알게 되었고, 진행성이라 유산을 해야 한다고 했으나 끝까지 임신을 고집했었다. 결국 암이 전이되었고, 출산 후 항암치료까지 받고 있었으나 최근 말기 암 판정을 받고 통증조절만을 위해 응급실에 자주 내원하고 있었다. 뼈 위에 종이 한장 올려 놓은 듯 마른 체구에, 항암치료로 딱딱해진 가느다란 혈관에 주사를 맞을 때마다 고생을 많이 하고 있던 환자였다. 미선 간호사는 3년차로 손도 빠르고 똑똑해서 칭찬을 많이 받는 후배였다.

“미선아~ 진정해. 이 보호자 잘 알지?”

“너무 안타까운 마음에 아픈 환자만 눈에 보여서 그랬을 거야.”

급격하게 안 좋아진 부인을 바라보는 보호자의 마음을 우리가 공감하고 이해해 주면 좋을 것 같다고 말해 주었다.

"선배는 이해가 잘돼요? 난 너무 화가 나요. 혈관도 정말 안 좋은데 주사도 한 번에 잘 놓아줬는데… 정말 속상해요."

"그래, 많이 속상하지… 오늘 마치고 치킨에 맥주 한잔 할까?"

"네… 좋아요."

"수고!"

우린 퇴근 후 만나기로 하고 밀려오는 각자 업무에 다시 집중하기 시작했다.

환자, 보호자에게 공감하자는 신념으로 25년 넘게 간호사 생활을 해오고 있다. 현재는 간호단위 파트장으로 일하고 있다. 부서 간호사들에게 공감하는 간호사가 되어 주길 바라게 된다. 때론 그들의 감정을 눌러내며 환자, 보호자에게 공감하는 것을 볼 때마다 감사함과 불편한 감정이 동시에 느껴질 때도 있다. 저들도 정말 공감 받고 싶을 텐데 하는 생각을 할 때가 많이 있다. 간호사들도 공감 받고 싶다는 것은 욕심일까? 부서 간호사들은 내가 공감하고 안아주자는 새로운 신념을 추가해 본다.

나의 성장의 태도 변화

-최현정-

2012년 2월, 회사 버스를 타고 출근했다. 회사버스는 출근하는 직원들을 플랫폼에 내려줬다.

정문까지 가는 길엔 경사진 언덕을 오른다. 6시 50분 버스를 타면 출근 버스에서 부족한 잠을 자기도 했는데 그렇게 자다 깬 나는 출근하는 길을 오를 때마다 잠이 덜 깨어 뒤뚱거리기도 했다. 기흥으로 출근한 그날 아침은 화창한 듯 맑으면서도 조금 싸늘하게 느껴진 2월의 아침이었다. 정문에서 바라보면 양 옆으로 예쁜 화단으로 계절의 꽃이 심어져 있었는데 그땐, 튤립 꽃이 가지런히 심겨져 있었다. 꽃들은 출근길에 항상 반갑게 웃어 주었다. 정문에 들어서는 것만으로도 내가 큰사람이 된 것 같은 자부심이 생겼다. 출퇴근 버스 플랫폼은 길게 3개 구역으로 수십 대의 버스가 정차할 수 있는 굉장히 큰 플랫폼이었다.

"와우 고속버스 터미널인가? 플랫폼이 몇 개야? 각 지역에서 오면 여기에서 타고 내리는구나."

수원에서 근무를 하다 2012년 기흥으로 이전하였고, 그해부터는 기흥에서 근무를 하게 되었다. 이전하는 일은 회사생활 중 가장 고된 일 중 하나였다. 이사부터 이동 후 근무 환경이 안정될 때까지 크고 작은 일들을 챙겨야 했다.

이전 전, 후는 11시 막차 버스의 단골이었다. 그렇게 아침에 다시 출근버스를 타기 위해 현관에서부터 뛰었다. 출근버스 탑승장에서 출근버스 기사님이 매일 뛰어오는 나를 기억하시고, 차 문을 열고 잠시 기다려 주시기도 했다. 모든 것이 정상으로 운영되고 월말이면 결산을 준비한다. 모든 원자재부터 재고와 실물 전산의 수량을 확인하여 결산을 진행한다. 2012년도 신규 시스템을 Set-up 할 때 일이다. 당시 나는 대리로서 운영 관리를 하고 있었다. 이 프로젝트는 팀의 대표로 선정되어 참석하게 되었다. 당시엔 결산담당자로서 책임감 있던 내가 신규 Set-up 팀에 담당자로 선택되어 인정받았다는 생각에 책임감과 자부심을 갖게 되었다.

실물과 시스템이 정확히 맞아야 하는 일이기에 시스템에 잘못 연결된 것은 없는지 찾고 또 찾았다. 또한 누락된 것은 없는지 추가된 정보는 없는지 수없이 반복하여 관찰하였다. 그 후로도 수개월 동안 추적관찰을 하였으며, 본 프로젝트를 진행할 때는 회의실에서 나가는 것은 식사, 화장실 가는 것 외에는 오롯이 이 일에만 집중해야만 했다.

각팀에서 호출되어 프로젝트팀에서 함께 일을 하면서 맞춰보고, 찾아보고, 이력을 확인하고 모두가 함께 일을 했다. 나 또한 늦은 밤까지 퇴근 버스 막차가 끊겨도 계획된 일정으로 완료하기 위해 그날 일을 되도록 넘기지 않았다. 때로는 새벽 1~2시까지 근무도 하게 되었다. 시간이 갈수록 잠이 부족하여 눈이 많이 피로하였고, 몸이 지쳐서 점심시간에 잠시라도 의자에 기대어 부족한 잠을 자는 것 말고는 다른 생각을 할 수 없을 만큼 힘들었지만 일에 있어서는 자부심과 책임감으로 임했다. 그리고 힘들고 어려웠지만 팀 멤버들과 함께였기에 부담이 컸던 그 일을 무사히 해낼 수 있었다. 신규시스템이 온전하게 끝나고도 이후 4년간 지속적으로 팀의 결산 담당을 병행하면서 해외 법인 간의 전산 업무도 추가로 하였다. 매월 결산으로, 휴일에 상관없이 이 일을 책임감 있게 진행했다. 그리고 2016년에 승진을 하여 드디어 간부가 되었다. 잘 성장했다는 생각과 다시 찾아온 회사 생활에서의 자부심… 모든 성과를 인정받은 것 같았다. 하지만 오롯이 일만 쫓아온 나의 다른 역량은 부족했다. 그 이후에 만족스럽지 못한 평가와 업무에 있어서 많은 스트레스를 받았다. 업무적으로도 직장 내에서도 미래의 성장할 의지를 잃어 갔다. 새로운 팀으로 부서이동이 되었다.

"아, 여기서 적응을 다시 해야 되나…. 잘 해보자." 마음을 먹어보지만, 낯선 업무, 낯선 공기 모든 것이 혼란스럽고 불편했다. "내가 왜 여기까지 와있나?" 하는 마음도 들었지만 스스로를 다독이고 무엇이든 주어진 업무에 최선을 다했다. 부서장은 매 순간 최선을 다하는 나에게 실험Lab실 관리자를 추천하였다. 새로운 마음으로 열심히 하려는 나에게 분명 응원과 격려의 말로 전달되었다. 하지만 내 마음은 조금 달랐다. 관리자는 마음 써야할 일, 해야 할 일들이 너무 많았다. 새로운 팀에서 적응이 되어 가고 3년쯤 지났을까, 새로운 팀에서 어느 정도 적응이 되기도 하고, 여전히 힘들어 하는 내게 남편이 제안을 해왔다.

"뭘 좀 배워 보면 어때? 상황을 탓하기보다는 취미라도 가져봐, 바리스타도 좋고, 제과 제빵도 좋고"

뭘 배워야 하나? 지금까지 일만 했는데. 내가 무엇을 배워야 할지, 뭘 잘할지, 뭘 하고 싶은지 몰랐다. 이제 뭘 배운다 해도 뭐가 달라질까? 그저 답답했다.

그러다 불현듯 이미 만료된 오픽(OPIC) 등급이 생각났다. 4개국어를 하는 수석님께 어디서 영어를 배우면 좋을지 물었다. "나는 강남파고다 다녔어요. 스타강사가 두 분이 계시는데 본인하고 잘 맞는지 인강으로 먼저 공부해 봐요." 나는 그분의 조언대로 강남파고다 유튜브 무료강의를 듣고 바로 현장 강의 오픽AL반(1급반)을 결재했다. 스타강사들께서 운영하는 과정은 1급반뿐이었다. 2019년 2월부터 퇴근 후 퇴근버스로 강남파고다 학원으로 갔다. 비가 오나 눈이 오나 평일과 주말은 최대한 학원으로 갔다. 첫 수업에 발음부터 배우는데 입이 떨어지지 않았다. 강사님이 내 발음이 옳지 않아 몇 번이고 다시 따라 하라고 했다. 1문장에 15단어가 훨씬 넘어 한 번에 읽을 수 없었다. 그렇게 3개월이 지나서야 1급 문장을 입에 붙일 수 있었다.

학원을 수강한 후 3개월이 지난 시점부터 오픽 시험을 봤다. 성적은 오르지 않았다. 6개월 이후 기존보다 1개 등급이 올랐다. IM등급(3급).. 그래도 너무 기뻤다. 그럼 나도 좀 더 해보자. 그렇게 1년째 되는 날, 시험에 응시했고 IM2, IH(2급)이라는 2단계를 뛰어 넘어 고등급의 등급을 취득하게 되었다. 그 후 1년 동안 어학 공부 후 격월로 영어 오픽 시험을 봤다. 다행히도 지속적으로 IH(2급)을 유지할 수 있었다.

다시 남편은 나에게 학교를 권유했다. "MBA를 해보면 어때?"

"내가? 회사에서 8시~9시 퇴근하는데 학교를 어떻게 가요?"

사실 나는 워커홀릭(Workaholic)이었다. 그날 업무를 끝내고 퇴근을 하였고, 요청해오는 일을 거절하지 못했다. 담당자가 정해지지 않으면 내가 해야 한다고 생각했다. 퇴근하고 학교를 다니는 것은 자신이 없고 겁이 났다. 600만원에 가까운 학비도 만만치 않았다.

퇴근하고 학교 다니는 것 내가 할 수 있을까? 끊임없이 의구심이 들었지만 2020년 11월에 원서를 냈다. 그리고 2021년 2월 마지막 주에 아주대 경영대학원에 입학하였다.

늦깎이 대학원생으로 새로운 도전을 시작했다. 협상에 관심이 있어서 협상전공 수업 3개 과목을 통하여(협상론, 갈등관리조정론, 비즈니스커뮤니케이션) 자격시험을 봤고 협상 1급 자격을 취득하였다.

또한, 원우로부터 코칭에 대한 권유를 받고 코칭 수업을 듣게 되었다. 나에게 새로운 경험을 할 수 있도록 도움을 주고, 생각을 바꾸고, 마인드가 바뀔 수 있게 코칭은 나에게 큰 도움을 주었다.

나의 자원 찾기, 나의 한계를 두지 않고 도전하는 '나 찾기'를 위해 코칭을 하면서 그리고 NLP를 배우면서 목표를 설정해 보고 자신의 한계를 두지 않고 도전해 보기로 했다.

덕분에 일상의 실행력을 올릴 수 있었다. 그리고 업무와 학업, KAC 취득을 위한 코칭 50시간 그 이후 비즈니스 코칭을 통해 KPC(Korea Professional Coach) 준비를 하면서 200시간의 코칭을 하였으며 KPC를 취득할 수 있었다.

지난 몇 년 동안의 회사생활과 병행한 자기개발 학업 과정에서 신념의 변화를 경험했다.

직장에서의 신념은 노력과 열정, 성과가 나의 성장이며 성공이라고 생각했었다.

하지만 회사에서의 성장이 멈춘 그때, 남편의 권유로 시작한 학업과정과 그 과정 속에서 만남 코칭 공부를 통해 폭넓은 네트워크와 새로운 관점으로 나를 위한 성장을 하게 되었고 생각이 바뀌게 되었다.

또한 NLP의 신념은 삶에 경험을 통해서 변화가 생긴다는 것을 알아차리게 했다.

신념은 내가 가진 신념체계 안에서 세상을 바라보고 있고, 예를 들어 사람을 바라보고 '옳다 그르다', '좋다 나쁘다'를 판단하는 기준으로 하고 있다. 이로 인해서 나의 기준을 갖게 된다.

나의 신념은 내가 경험하면서 나의 주관적인 진리로 신념이 되어가고, 때로는 주입된 것도 있다.

살아가면서 경험으로 체험으로, 나의 경험을 통해 세상을 바라보고 있는 기준이 된다.

또한 제한된 신념은 미래를 구상하는 데 영향을 미친다.

"내가 되겠어?", "저건 타고난 사람만 가능한 거야"라는 생각은 모두 제한된 신념의 결과다.

[NLP코치는 고객의 경험을 바꿀 수는 없지만,

그 경험을 해석하는 신념을 바꿀 수 있도록 도울 수 있다.

참 기쁜 것은 콘크리트처럼 강하던 신념도 세월에 따라 변한다는 것이다.

생애사건 (Life event)를 통해 단박에 바뀌는 신념도 있지만,

어떤 경우엔 바위가 풍화되듯 서서히 본인도 모르는 사이 변해 간다는 것이다.]

– NLP 수업 중 –

제5장

선호표상체계

B.A.G.E.L 과 선호표상체계

B.A.G.E.L 모델은 로버트 딜츠 (Robert Dilts)가 타인의 내면 프로세스를 알아차리기 위해 NLP에서 주로 사용하는 주요 행동 단서를 쉽게 식별하는 기준으로 명명한 것이다. B.A.G.E.L은 다음의 첫 글자를 딴 조어다. 이 다섯 가지를 잘 관찰하면 내면상태를 살펴볼 수 있다. 몸과 마음은 하나라는 NLP의 대전제하에서 몸의 표현이나 미묘한 변화는 마음의 변화를 보여주는 것이다. 마음의 변화의 단서가 되는 것은 다음과 같다.

Body posture: 몸의 자세
Accessing Cues: 접근 단서
Gestures: 몸짓
Eye Movements: 안구 움직임
Language Pattern: 언어 패턴

우리 인간의 모든 유의미한 행동은 내면세계의 미묘한 변화로부터 시작된다. 이는 내적 신경작용에 변화를 주며 다양한 신체 생리적 변화를 통해 우리의 외부로 드러나게 된다. 미소를 짓는 것, 인상을 찌푸리는 것, 눈의 움직임, 안색이 달라지는 것, 근육이 긴장되거나 또는 풀리는 것, 입술의 모양, 손발의 움직임, 호흡의 빠르기와 위치 등은 내면의 상태를 보여주는 단서가 된다. 이러한 단서는 그가 말하는 언어보다 더 신뢰성이 있다. 이러한 정보를 BMIR(Behavioral Manifestation of Internal Representation) 다시 말해 '내적표상의 외적증표'라고 한다. 특히 이러한 외적증표는 개인의 선호표상체계에 반응하는 경향이 높다. 교육, 상담, 코칭 등의 장에서 타인의 선호표상체계를 안다는 것은 적절하고 효과적인 반응과 대응을 통해 깊은 라포 형성을 돕고 보정하고 이끌어 리딩하는 데 도움이 된다.

	시각	청각	촉각
특징	결과 지향적 효율/효과 중심	이론적 혼자 생각이 많음	결과보다 과정을 중요시 함
호흡	얕은 호흡 가슴과 목으로 호흡	중간 호흡 횡경막 호흡	깊은 호흡 배호흡
얼굴 표정	가늘게 뜨는 눈	미간을 찌푸림	근육긴장이 풀어짐
눈동자	주로 위로 올라감	옆으로 빈번하게 감	주로 아래로 내려감
신체자세	머리를 뒤로 기대고, 어깨를 위로 올리거나 둥글게, 얕은 숨을 쉼	몸을 앞으로 기대고, 머리를 곧추세우며, 어깨를 뒤로하고, 팔짱을 자주 낌	-
목소리 톤	높음	파동치는 멜로디	낮고 차분함
말의 속도	빠름	오르락내리락 리듬이 있음	느림(느끼면서 대화)
잘 사용하는 표현	전망이 밝다 눈앞에 선하다 요점이 보이지 않는다 미래가 어둡다	속 시끄럽다 듣기 좋은 이야기 박자를 맞춰라 리듬이 안 맞다	일 진행 느낌이 좋다 이야기가 재밌다 편안한 사람이에요 마음이 무겁다

안구 접근단서

　　뇌의 활동과 가장 민감하게 연결된 것이 안구활동이다. 내적 마음의 상태라고 하는 모든 내면의 생리활동은 뇌를 통해 일어난다. 뇌에 어떤 작용이 생기면 가장 민감하게 반응하는 것이 우리의 안구세포다. 이런 원리를 활용하여 우리는 눈동자의 움직임 패턴을 면밀하게 관찰함으로써 사람들의 생각과 감정에 의한

뇌의 활동을 통한 내면 마음의 움직임을 눈을 통해 확인 할 수 있다.

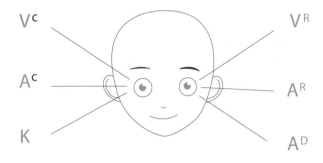

〈참조: 변화와 성장을 위한 NLP의 원리 1, 이성엽저 p.77 ~p.98〉

    사람마다 선호 또는 친숙한 표현 방법들이 있다. 선호표상체계라는 것이 각자의 사람마다 선호하는 표현이다. 바다를 표현하는 방법은 여러 가지가 있다. 바다를 생각하면 탁트인 에메랄드 빛의 바다를 생각하는 사람이 있다. 반면에 바다의 향을 먼저 느끼는 사람도 있다. 다른 한편으로는 바다의 짠맛을 떠올리는 사람도 있다. 이렇듯이 다양한 선호표상체계가 있고, 사람마다 친숙하게 다가오는 표상체계가 있다.

구병주	"눈동자 움직임 관찰"로 너를 더 이해할 수 있다면
김영주	설록홈즈 게임은 배꼽이 빠질지도 몰라
노진백	렌즈 세상 속 아내의 모습
설명찬	상대방을 관찰하며 대화 하기
이재영	선호표상체계가 뭐야?
조영자	사춘기라서 그런 줄 알았다.
최현정	네 자매의 감각

"눈동자 움직임 관찰"로
너를 더 이해할 수 있다면

-구병주-

2022년 여름 휴가는 고향 통영에서 가족들과 보냈다. 휴가 일정은 고2, 중3인 두 딸의 방학과 학원 일정을 고려해 8월 초로 정했다. 한낮에 35도를 넘는 무더위 절정으로 대부분의 시간을 부모님댁 내에서 보냈다.

아내는 어머니와 마트에 갔고, 두 딸과 나만 거실에 덩그러니 남아 있었다. 영화를 보기 위해 넷플릭스 추천 리스트를 쭉~ 넘겼지만 보고 싶은 콘텐츠가 없었다.

"민서, 나영아, 볼 만한 영화가 없는데 우리 바닷가 산책 갈래?"

"그냥 쉬고 싶어."

"나영아, 넌?"

"그냥 소파에서 핸드폰 게임이나 할래."

민서는 평일에는 학교 야간 자습을 끝내고 집에 오면 밤 11시가 훌쩍 넘는다. 주말에는 학원에 아침 9시에 가서 저녁에 돌아오는 쳇바퀴 생활을 한다. 딸들과 가끔씩 마주칠 때 시험과 성적 얘기만 했던 것 같다.

그리스에서 국제 학교 다닐 때는 친구들과 어떤 재미있는 일이 있었는지, 드라마 수업에서 어떤 배역을 맡았는지, PT발표 시 어떤 질문을 받았는지, 축구할 때 어떤 포지션을 맡았는지, 달리기할 때 몇 등을 했는지가 대화의 주제였다. 여름방학이 3개월로 여행과 해변에서 여름을 즐겼던 아이들이 한국에 와서는 방학기간에도 공부와 학원에 얽매여 있었다.

"민서야, 어제 본 탑건 매버릭의 여주인공 헤어 스타일 생각나?"

민서의 눈동자가 오른쪽 위로 살짝 이동했다가 바로 내려온다.

"음~ 갑자기, 긴 머리에 살짝 컬이 있는 스타일이야."

옆에서 핸드폰을 만지작거리고 있던 나영이에게 같은 질문을 했다. 언니가 답변한 것을 듣고 있었는지 연기자들이 눈동자 움직임 없이 대사를 외워서 얘기하듯 언니와 똑 같은 답변을 한다.

"그러면, 남자 주인공의 헤어 스타일은 어땠어?"

나영의 눈이 회상 시각(Vr)인 오른쪽 위로 완전히 이동한다

"주름 있는 각진 얼굴에 큰 코, 파란 눈동자, 짧은 갈색 머리, 그리고 군복을 입고 있었어"

나영은 어릴 때 고무 찰흙과 비누방울을 손으로 만져서 노는 것을 좋아하고, 몸에 닿는 느낌에 예민하게 반응을 해서 촉각이 발달해 있다고 생각했는데, 시각적인 묘사를 더 생생하게 표현하고 있었다.

2주 전에 방학 과제로 읽어야 되는 책이 있어서 온라인 주문을 했었고 지난주까지 읽겠다고 한 나영의 약속이 기억났다.

"지난주에 약속한 방학 과제인 책을 읽었니?"

망설임 없이 나영의 눈동자가 오른쪽 위로 이동한다.

"아직 안 읽었어요."

약속을 안 지킨 것은 꽤씸하지만, 조작 기억인 왼쪽 위로 눈동자가 이동하지 않았다는 것을 지켜본 것에 만족했다. 집에 돌아가면 다음 주에는 읽겠다는 다짐을 한다.

나영이가 더운지 냉장고에 가서 아이스크림을 찾는다.

"아빠, 어떤 아이스크림 먹을 거야?"

나는 녹차 아이스크림을 먹겠다고 하고, 민서는 초코, 나영이는 바닐라 아이스크림을 선택했다. 다 같이 먹으면서 나는 질문을 이어 갔다.

"요즘 제일 좋아하는 노래가 어떻게 시작하니?"

민서의 눈동자가 오른쪽 옆으로 확연하게 이동을 한다.

"ENHYPEN이 부른 Shout out의 첫 번째 가사, We go and shout yeah." 민서는 노래를 읊조리며 최근 몇 주간 수백 번을 들었다고 한다. 맴버 중 선우가 좋다고 한다. 좋아하게 된 이유를 물어보았다.

"목소리가 감미롭고 고음에서 섬세한 목소리가 좋아."

이번엔 나영이 차례다. 눈동자가 오른쪽 위로 이동하며 "EPEX의 학원가가 Yeah!로 시작해"라고 짧게 말한다. 맴버 중 예왕이의 유쾌하고 웃는 얼굴 표정이 좋다고 하면서 얼굴 묘사를 한다.

2019년 6월 BTS의 웸블리 콘서트를 두 딸과 같이 갔던 기억이 떠오른다. 5만 명이 운집해 있던 웸블리 스테디움에서 BTS의 춤과 노래를 따라 부르며, 아미밤을 흘들며 환호성을 질렀던 모습과, 뮤직비디오를 같이 보면서 주말 밤을 보냈던 소중한 기억이 떠올랐다. 이젠 너무 생소한 아이돌 그룹의 팬이 되어 있다.

"민서야, 지금 무슨 생각해, 혹시 고민이 있어?"

민서의 눈동자가 오른쪽 아래로 움직인다.

"방학이 끝나가고 있고, 다음 주면 2학기가 시작되는데, 수능이 1년 하고 100일밖에 남지 않았는데 시간이 너무 빨리 지나가서 고민이야."

나영이도 눈동자가 오른쪽 아래로 움직인다.

"다음 주 수학 학원 숙제를 빨리 해야 되겠네."

여름휴가를 왔는데도 공부와 시험 스트레스가 머리에서 떠나지 않고 있는 거 같았다. 고등학교 생활을 잘 적응하고 있다고 생각했지만, 내면에 시험에 대한 스트레스를 많이 받고 있는 것 같았다.

"오늘은 공부와 수능 생각을 잠시 접어두고 아무 생각 없이 머리를 비우는 것은 어떨까."

때마침 아내가 복귀했고, 다 같이 드라이브를 가기로 했다.

산양면 해안 일주도로를 따라가니, 박경리 기념관이 나왔다.

자그마한 체격에 안경을 쓰고 책을 펼쳐 들고 있는 박경리 작가 동상이 우리를 반갑게 맞이한다. 동상의 시선이 닿는 곳에 푸르른 바다가 보이고 하늘은 더없이 파랗고, 햇살은 눈부시다.

전시실로 들어가니 우리 가족만 있다. 고요해서 우리의 숨소리까지 크게 들렸다.

'가는 시간의 슬픔보다 멈춰진 무의미한 시간이야말로 그것은 삶이 아닌 것이다.' 한쪽 벽에 토지의 글귀가 붙어 있었다.

"민서야, 이 말이 어떤 의미 인거 같애?"

민서의 눈동자가 오른쪽 아래로 이동하며 몇 초가 흘렀다. 무슨 생각을 하는 걸까?

"다음 주부터 다시 후회 없이 공부하고 무의미한 시간을 만들지 않을 거야."

"너무 모범생인데!!!"

나영에게도 같은 질문을 하기 위해 둘러보니, 저만치 멀리 있다. 김약국의 딸들의 배경이 되었던 당시 통영의 모습을 그대로 재현해 둔 모형 조감도 앞에 있다.

"나는 모형들을 보면서 상상하는 게 좋아."

할아버지 집이 어디 있는지 찾았다며 위치를 알려 준다.

눈동자의 움직임을 관찰하기 전에는 민서는 시각적이고 이성적인 딸이라고 지레 짐작을 했었다. 하지만 청각 질문에 눈동자가 예민하게 반응을 하고 그 움직임도 시각보다 크게 움직였다. 청각 관련 답변을 세부적으로 묘사했다. 큰딸에게 클래식 음악은 공부에 집중력을 높여 준다고 얘기한 적이 있다. 큰딸은 음악을 틀어 놓고 공부를 했는데, 집중이 안 된다고 말을 했었다. 청각이 예민한 딸이기에 클래식 음악조차도 집중력에 방해가 될 수도 있을 것 같다.

청각의 선호 표상 체계를 가지고 있기에, 심각한 얘기를 할 때에도 말을 조용히 논리적으로 하고 조용한 장소에서 대화를 해서 이해를 시키는 게 좋을 것 같다.

나영이는 시각에 가장 예민하고, 눈동자의 반응도 청각보다 크게 움직였다. 청각 관련 질문에 대해서도 시각적인 회상 기능을 사용해서 묘사를 한다. 아빠가 말하는 것이 길어지면 잘 듣지 않고 집중을 하지 않지만, 멋진 풍경과 같은 시각적 자극을 주면 흥미로워 하는 표정이 얼굴에 가득했다.

뜨거운 태양 아래에 주차되어 있었던 차에 몸을 실었다. 에어컨을 가장 강하게 켜고 창문을 열었다. 뜨겁지만 상쾌한 공기가 차에 스며들었고, 시원해지기를 기다리고 있다.

설록홈즈 게임은
배꼽이 빠질지도 몰라

-김영주-

하늘이 시커멓다. 잿빛 구름 사이로 선명한 번개가 눈앞에 번쩍였다. 우루로 쾅쾅 천둥이 치더니 굵은 빗줄기가 갑자기 쏴아악 쏟아진다. 2박 3일 홍천으로 여름휴가를 온 나와 남편, 아들은 리조트 거실 소파에 나란히 앉아 맞은편 발코니 유리문에 퍼 붓는 비를 보고 있었다.

"난 비 오는 날 집 안에서 비 내리는 걸 보는 것을 너무 좋아해. 비 오는 날 어울리는 음악 들려 줄게."

나는 음악 어플 벅스에서 헤이즈의 〈비도 오고 그래서〉를 재생했다.

우리 셋은 약속이라도 한 듯 첫 소절 "비도 오고 그래서 니 생각이 났어~"를 따라 불렀다. 간주가 나올 때, '두 사람은 비오는 거 어때?'라고 물으니 남편이 먼저 대답한다.

"난 예전에는 비 좋아했는데 요즘은 습해서 별루야. 근데 셋이 같이 있으니까 오늘은 좋네."

남편과 나는 아들을 쳐다봤다.

"난 핸드폰 있고, 게임만 할 수 있으면 어떤 날씨도 좋아."

아들의 말이 끝나자 하늘이 뚫린 듯 비가 더 쏟아졌다.

"게임 좋아하는 아들을 위해 엄마가 준비한 것이 있어. 설록홈즈 게임!"

남편에게 사전 동의를 구했기 때문에 신랑이 와~ 재밌겠다 호응을 해줬다.

"뭔데? 나도 해야 해? 엄마 아빠 둘이 해. 난 핸드폰 게임 할래."

아들은 무슨 게임인지 들어보지도 않고 안 한다는 소리부터 해서 미간을 찌푸리게 했다.

"엄마 대학원 숙제야. 가족들이랑 여름 휴가 가서 게임하고 리포트 제출 해야해. 다른 사람들 다 해오는데 엄마만 안 해가면 학점 마이너스야."

남편은 엄마 창피하면 안되니까 빨리 도와주자고 거들어 줬다.

★ 캘리브레이션

타인과의 상호작용 중 다른 사람의 반응을 읽는 것이다. 커뮤니케이션을 잘하는 사람들은 타인의 내부 반응에 대해 선입관이나 편견을 가지지 않고, 타인의 반응을 섬세하게 관찰하고 그 의미를 정확하게 읽으려고 노력한다. 우리 마음 안에서 경험하는 생각, 감정 등은 몸으로 자연스럽게 드러난다.

★ 설록홈즈 게임

1. 대답하는 사람은 평소에 사랑하거나 존경하는 사람을 마음속으로 떠올린다.

2. 반대로, 대답하는 사람에게 평소 싫어하거나 불편한 감정이 드는
   사람을 마음속으로 떠올리게 한다.

3. 질문자는 "두 사람의 키와 생김새에 대해 이야기 해주세요."라고 묻
   고 대답하는 사람의 표정과 눈동자의 움직임에 따라 어떤 생김새가
   평소에 좋아하는 사람인지, 싫어하는 사람인지 맞춘다.

셋이 마주 앉았다. 원래 게임은 2명이 하는 것인데 우리는 3명이 함께
하기로 했다. 서로 얼굴을 마주보고 눈을 마주보니 웃음이 터졌다. 한마디
도 안했는데 우리는 까르륵 까르륵 웃었다.

"나 이거 못할 것 같아. 웃음이 안 참아져."

아들이 계속 웃는 모습에 남편과 나도 웃음이 멈추지 않았다. 이제 그만
웃으라고 얼굴을 마주보고 앉자는 말만 해도 아들은 더 크게 소리를 내서
웃었다. 너무 웃어서 배가 땡긴다면서 배를 움켜잡았다. 180cm 키에 웃음
을 참으려고 눈을 감고 입을 앙 다문 모습에 우리는 또 다 같이 웃었다.

나는 아들 눈을 다시 바라봤다. 압축렌즈 안경 너머로 아들의 작은 눈을
보니 내 코가 무심결에 벌름거려졌다. 아들과 나는 다시 웃기 시작했다.

"엄마, 저리 좀 가봐. 나 웃음 좀 멈추고, 지금은 안되겠어."

아들은 뒤로 가라는 손짓을 했다.

"근데 진짜 꼭 눈을 쳐다 봐야 해? 내가 눈 감고 말해 볼게."

"안돼, 눈을 보고 표정을 봐야 좋아하는 사람인지 싫어하는 사람인지
알 수 있어. 그게 게임 규칙이야."

"그럼 둘 다 웃으면서 말하면 되잖아. 그 미묘한 차이를 알아 맞추면 되

는 거지?"

남편이 아이디어를 냈다.

"그래, 좋아. 일단 해보자. 나한테 먼저 질문해봐."

내가 먼저 시작할 준비를 했다.

"두 사람의 키와 생김새에 대해 이야기 해주세요."

신랑이 물었고 내가 대답했다.

"그 사람은 키가 작고 아주 말랐습니다."

아들이 싫어하는 사람이라고 바로 말했다.

나는 내 말이 끝나기 전에 왜 말하냐며 정색을 했다.

"맞아? 안 맞아? 엄마가 대답해봐."

나는 보란 듯이 틀렸다고 말하고 싶었지만 내 입꼬리가 벌써 올라가고 말았다.

"답은 맞아."

우리는 동시에 터져 나오는 웃음에 한동안 말을 잇지 못했다. 10분이 지났을까? 실컷 소리 내서 웃었더니 광대뼈가 아플 지경이었다. 셋이 깔깔거리며 한참을 웃었던 일이 언제였을까 싶었다. 나는 이제 진지하게 숙제해야 한다면서 숨을 한번 들여 마시고 남편에게 물었다.

"두 사람이 어디에 살고 있습니까?"

"그 사람은 김포 아파트에 살고 있고, 그 사람은 양재동 단독주택에 살고 있습니다."

아들은 서울에 사는 사람이 좋아하는 사람이라고 했고, 나는 김포에 사는 사람이 좋아하는 사람이라고 했다. 정답은 김포였다. 좋아하는 사람을 말할 때 남편의 입꼬리가 살짝 올라갔었다.

"아빠가 서울에 사는 부잣집 사람을 좋아하는 줄 알았지."

아들은 아쉽다는 듯이 말했다.

단어를 듣고 추측하는 것이 아니라 얼굴의 미묘한 표정의 변화를 알아맞히는 게임이라고 부연설명을 했다.

"엄마처럼 얼굴의 작은 움직임을 포착하란 말야."

나는 질문 하나를 맞추고 잘난 척하는 표정을 지었다.

"아들, 이번엔 너 차례야. 두 사람의 생김새에 대해서 말해 주세요."

최대한 진지하게 내가 말했다.

"그 사람은 입술이 두껍습니다."

아들은 내 얼굴을 눈으로 한번 훑으며 말했다.

"쌍꺼풀도 있습니다."

그리고 남편 얼굴을 보고 눈동자를 좌우로 움직이면서 말을 이어갔다.

"그 사람은 쌍꺼풀이 없고, 입술이 얇습니다."

나는 전자가 좋아하는 사람이라고 하고, 남편은 후자가 좋아하는 사람이라고 했다.

"너 말 잘해라. 너 지금 엄마아빠 보면서 얘기하는 줄 다 알아."

내 말에 아들은 탁자를 치며 깔깔거렸다.

아들은 끝내 답을 말하지 않았다.

"엄마 장난이야. 다시 질문해봐."

우리의 질문은 계속 됐다. 세명이 하다 보니 질문에 대답하는 사람과 그 대답을 맞추는 두 명이 먼저 말할 사람과 자연스럽게 반대되는 답을 말하게 됐다. 게임이 조금 지루해졌다. 우리는 게임 룰을 바꿨다. 정답을 맞추는 사람한테 천원씩 주기로 했다. 돈이 걸린 게임이라 우리의 눈빛이 달라졌다. 서로 먼저 맞추겠다고 눈을 동그랗게 뜨고 얼굴을 상대방보다 더 정면을 마주하기 위해 몸싸움을 했다.

남편이 3천원 1등을 했다. 아들은 2천원, 나는 1천원을 가지고 있으니 남편이 천원씩 나눠줬다. 6천원으로 우린 1시간 동안 실컷 웃었다.

"자, 이제 좋아하는 사람, 싫어하는 사람에 대해서 얘기해 보자."

내 제안에 아들은 시크릿이니 그 사람을 밝히면 안된다고 했다.

"그럼 이름은 말하지 말고, 어떤 점이 좋아서 그 사람이 좋은지, 어떤 점이 싫어서 그 사람이 싫은지 말해봐. 이게 게임 룰이야."

나는 게임을 핑계 삼아 아들의 생각을 알고 싶었다.

"내가 좋아하는 사람은 배려해 주는 사람이야. 그리고 잘 베푸는 사람이야. 항상 챙겨주고 안부를 물어봐 주는 사람을 엄마는 좋아해. 그리고 싫어하는 사람은 욕심쟁이야. 자기 돈 아까운 줄만 알고 나눌 줄 모르는 사람 엄마는 싫어."

남편은 좋아하는 사람은 친절하게 말하고 잘 웃는 사람이고, 싫어하는 사람은 예의 없이 누구에게든 함부로 하는 사람이라고 했다.

아들은 좋아하는 사람은 코드가 잘 맞는 사람이라고 했다. 어떤 것을 하더라도 마음이 잘 맞아서 재밌다고 했다. 싫어하는 사람은 어린애 같은 생각을 가진 사람이라고 했다. 상황 파악을 못하고 무조건 약한 척 투정부리는 친구는 싫다고 했다.

이번 여행은 올해 대학을 입학한 아들과 3년 만에 가족여행이었다. 102년 만에 폭우가 쏟아져서 구경하는 여행은 못했지만, 셜록홈즈 게임 덕분에 남편과 아들이 어떤 사람을 좋아하고 싫어하는지 알게 됐다. 가족과 함께 배를 움켜 잡으며 웃겨서 말을 이어가지 못한 즐거운 시간이었다.

렌즈 세상 속 아내의 모습

-노진백-

토요일 아침. 창문 커튼 사이로 햇살이 침대 위로 들어온다. 커튼을 옆으로 밀었다. 오늘 날씨 참 좋다. 파란 하늘에 구름 하나 없는 하늘이었다. 오늘 기상을 검색해보았다. 하늘은 맑고 화창하며 낮에는 좀 더운 날씨라고 되어 있었다. 거실로 나오니 식탁 테이블에 아침 과일과 떡이 있었다.

화장실에서는 트로트를 흥얼거리는 아내의 목소리가 들려온다. 목소리만 들어도 아내의 기분은 잔뜩 들떠 있음을 알 수 있었다. 오늘은 아내와 대구 근교에 있는 가산 수피아 수목원에 함께 놀러가기로 한 날이었다. 콧노래 소리가 더 가깝게 들리고 있지만 그 콧노래 소리가 터무니없이 길어지고 있었다. 아마도 화장하고 머리도 같이 하고 있는 모양이었다.

아내가 준비하는 시간이 너무 길어지고 있기에 나는 들어가 보았다. 아내와 나는 동시에 눈이 마주쳤다. 아내의 표정은 아주 행복해하는 표정이었다. 밝은 얼굴표정으로 헤어 드라이를 이용해 머리모양을 만들고 있었다. 아내는 파란색 둥근 무늬 롱스커트를 보여주며 물어본다.

"이거 어때? 오늘 분위기에 어울릴 것 같지?"

"괜찮은데 그걸로 입어. 빨리 나가자." 퉁명스럽게 물음에 대답했다.

내 대답이 마음에 안 드는지 아내의 큰 눈동자가 중앙으로 몰리고 눈썹은 인중 사이로 몰린다.

아내의 목소리 톤이 한층 더 올라가 물었다.

"좀 성의 있게 대답 좀 해봐."

다시 안방으로 들어갔다. 순간 무슨 말을 해야 할지 몰라 당황했다. 아내는 모든 준비를 다하고 나왔다. 아내 모습은 보면서 지난 NLP수업시간에 배운 선호표상체계의 오감(시각, 청각, 후각, 미각, 촉각) 중 시각적으로 아내의 기분을 알 수 있어 나도 모르게 입꼬리가 위로 올라갔다.

시각적으로 보이는 아내는 오랜만에 나들이라 행복해하는 표정을 말해주는 것 같았다.

오랜만에 둘만의 시간에 나들이한다고 하니 기대와 설레임이 나의 심장을 뛰게 했다.

아내는 좋아하는 향수를 가볍게 옷에 뿌리고 나온 것 같았다. 나의 촉각으로 은은한 향이 기분을 좋게 만들었다. "오늘 주인공 같다. 이쁘네!" 얼굴에 미소를 보면서 나도 기분이 좋아졌다.

우린 서둘러 지하 주차장으로 내려갔다.

차량 네비게이션에 수피아 수목원 목적지를 설정하고 차에 시동을 걸었다. 달리는 차량에서 스쳐 지나가는 풍경과 날씨를 보면서 아내는 감탄을 했다.

"오랜만에 둘이 함께 여행을 해서 기분이 정말 좋다."

"날씨도 우리를 도와주는 것 같고"

우리 젊었을 때는 여행도 참 많이 다녔는데 아이들이 성장하면서 여행 갈 기회가 없었네 하면서 창 넘어 풍경을 한없이 바라보고 있었다. 나의 눈동자가 오른쪽 위로 올라가면서 우리 첫 만남이 회상되었다.

1989년 6월 여의도 광장 내에서 자전거, 인라인 스케이트를 타면서 시간 가는 줄 모르게 즐겼다. 어느덧 해는 서산 쪽으로 지고 있었다. 여의도 광장 시계탑은 4시를 알리고 있었다. 우린 여의도 광장부터 영등포를 지나 대림동까지 함께 걸으면서 많은 대화를 나눴다. 서서히 다리도 아프기 시작했고 근처 공원에서 도착할 무렵 어두워진 하늘에서 갑자기 소나기가 쏟아져 내리기 시작했다. 주변 많은 사람들은 소나기를 피해서 뛰기 시작하고 있었다. 우리는 떨어지는 빗 방울을 온몸으로 맞으며 즐겼다.

달리는 차 안 흘러나오는 트로트 노래를 아내는 작게 따라 부르고 있었다. 아내의 노래소리에 나도 기분이 좋아졌다. 저 멀리 수피아 수목원 풍경이 보였다. 입구 수목원 소개 책자가 있었다. 수목원 안에는 가족이 캠핑을 함께 즐길 수 있는 공간과 미술전시관, 커피 카페, 움직이는 공룡 그리고 오늘 목적지 핑크뮬리 군락지도가 자세하게 소개되어 있었다. 소개책자에 관람 포인트를 체크했다.

핑크뮬리 군락이 저 멀리 눈에 들어오기 시작했다. 우린 주변 풍경을 눈에 담으면서 천천히 걷기 시작했다. 애들이 어릴 때 좋아했던 움직이는 '티라노사우루스' 모형이 보였다. 옛 생각에 우리의 발걸음이 자연스럽게 그곳으로 이동을 했다. 모형 앞에는 포토존이 표시되어 있었다. 포토존에는 많은 어린 아이들이 부모님 손을 잡고 기다리고 있었다. 우리도 사진 찍기 위해 순서를 기다리고 있었다. 우리 차례가 되었다. 아내는 포토존 내에서 다양한 포즈와 미소를 짓고 지었다.

"하나, 둘, 셋!" 하고 핸드폰 카메라 연속으로 셔터를 눌렀다.

"조금만 더 자연스럽게 움직여봐."

"나도 당신 찍어 줄게. 포토존에 서봐."

열심히 내게 다양한 포즈를 주문하는 아내를 보니 사진작가가 연상이 되었다.

"찰칵… 찰칵"

다음엔 셀카 찍기 위해 포즈를 취하고 있었는데 근처에서 사진을 찍고 있던 젊은 연인이 우리에게 "사진을 찍어드릴까요?" 물어보았다.

"두 분이 가까이 포즈를 취해보세요."

우린 어색한 자세로 포즈를 취했다. 우리에게 표정이 너무 딱딱하다며 포즈를 추천해주었다.

"먼저 오른손을 앞으로 하고 작은 하트 한번 만들어 볼까요? 사진을 찍으시면서 두 분 표정 좀 피셨으면 좋겠어요! 스마일 하트 해보세요."

우리는 순간 웃음이 나왔다. 우리는 어색했지만 "하트"하고 외치면서 포즈를 취했다. 서로를 바라보며 나온 자연스러운 웃음이 사진에 찍히게 되었다. 우리에게 다양한 사진을 찍어주었다. 그날 추억이 남을 만한 아름다운 사진 한 장이 탄생했다. 사진을 바라보며 흐뭇한 미소가 지어졌다. 언덕 위 핑크 뮬리 군락지로 가는 길 중간, 까페에서 흘러나온 은은한 커피향에 우린 그곳으로 걸음을 옮겼다. 카페 실내에는 많은 식물들과 천장 선풍기 날개를 바라보면서 소설 돈키호테의 풍차가 연상되었다. 우린 선풍기 날개 밑 테이블로 이동했다. 후각으로 느끼던 은은한 커피 향을 나의 미각으로 느끼게 되었다. 핸드폰 카메라 렌즈로 바라본 아내의 세상은 다양함이 있었다.

나의 눈동자는 오른쪽 위 쪽으로 올라갔다. 아내의 20대 앵두 같은 입술에 살짝 웃는 미소는 나의 마음을 심쿵하게 만들었다. 아내는 애니메이션 주인공 빨강 머리 앤과 같이 큰 눈을 가졌다. 아내의 눈은 미소와 함께 자연스럽게 초승달 모양이 되었다. 바람에 흩날리는 긴 머리카락이 둥근 얼굴을 감쌌는데 순간 난 매력을 느꼈다.

현재 사진 속 아내의 모습은 세월의 흔적이 남아 있었다. 초승달 눈 옆으로 엷은 잔 주름이 보였다.

나는 커피를 마시는 아내를 바라보았다. 멋쩍게 아내의 눈과 마주쳤다.

"나 참 많이 늙었지? 사진 보니 참 세월을 거슬러 갈 수 없네."

"아냐~ 당신은 아직도 20대 모습과 차이 없어."

"치~이 거짓말 하고 있네. 지금 얼굴에 잔주름도 있고, 흰 머리카락도 나와 있거든."

우린 카페에서 최종 목적지 핑크 뮬리 군락지로 가기 위해 나왔다. 나는 아내의 손을 살포시 잡았다.

아내는 나를 올려 바라보았다. 우린 손을 잡고 20대 여의도 광장에서 대림역까지 걸어 갔듯이 핑크 뮬리가 보이는 곳까지 걸었다. 그곳에 우리 사진을 찍어 줬던 연인 커플이 보였다. 나는 연인들에게 다가갔다. "제가 두 분 사진 찍어 드릴까요?"

나는 생동감 있는 표정과 포즈를 사진 속 렌즈 세상을 담아 드렸다. 우리도 사진을 찍으며 즐겼다.

상대방을 관찰하며 대화하기

-설명찬-

영업을 하면서 많은 사람들을 만나고, 다양한 얘기를 한다. 대화를 통해서 그 사람의 성향이나 특성을 유추해 볼 수 있다. 대화의 내용이나 질문에 대한 대답을 듣는다. 그 사이 머릿속은 다방면으로 상대방의 성향 및 본심을 찾기 위해 분주하다. 또한 상대방의 진짜 본심을 파악하기 위한 질문들을 쏟아낸다. 이러한 숨은 의도의 파악은 영업으로서 중요한 일 중에 하나이다. 특히 중요한 협상을 앞두고는 서로의 숨은 의도를 파악하기 위해서 치열한 탐색전이 펼쳐진다.

어느 날 고객사를 만나러 가는 길이었다. 운전을 하면서 미팅 장소를 가고 있었다.

보통 미팅 전에 어떻게 미팅을 이끌어갈지 정리를 한다. 미팅 시작을 어떻게 하고, 어느 시점에 내가 원하는 주제를 꺼내고, 그에 대한 해답을 어떻게 받을지 정리한다. 차를 주차장에 세우고 걸어서 미팅 장소까지 이동했다. 날씨가 더우니 음료수를 준비해야겠다는 생각이 들었다. 고객이 무엇을 좋아할지 모르니 하나는 아이스아메리카노를 다른 하나는 수박주스를 주문했다. 미팅룸에 도착해서 고객이 나오기를 기다렸다.

5분이 지났을까 젊어 보이는 사람이 미팅룸으로 들어왔다. 우리는 명함을 건네면서 인사를 하고 자리에 앉았다.

"요즘 날씨가 무척 덥네요."

"무엇을 좋아하는지 몰라 아이스아메리카노와 수박주스를 준비 했습니다."

"저는 아이스아메리카로 마시겠습니다."

이렇게 대화를 시작했다. 상대방의 앉은 자세를 보니 의자 뒤에 앉아 처음 보는 나를 경계하는 듯한 느낌이 들었다. 양팔을 탁자 위에 올려놓고 상체를 의자 뒷면에 약간 누운 듯이 앉아 있다. 나는 의자를 바짝 당기고, 양 팔꿈치를 탁자에 올려놓고 상대방의 눈과 몸짓을 번갈아 보았다.

상대방은 나의 눈을 회피하듯 힐끔거리면서 나를 관찰해갔다. 나는 자연스럽게 자동차 이야기부터 꺼냈다.

"오는 길에 차가 많이 막히더라고요. 오늘 출근하실 때 어땠어요?"

"저는 통근차량을 이용해서 별로 막히지는 않았습니다."

"그렇군요, 그럼 운전은 잘 안하시겠네요?"

"주말에 와이프하고 마트갈 때 운전하죠."

나는 이 고객이 결혼했다는 것을 알게 되었다. 앉은 자세로 봐서는 시각적인 사람 같다는 생각을 했다. 상대방에 대답을 할 때 눈동자의 움직임을 관찰했다. 눈동자가 오른쪽 윗 방향(Vr)으로 움직였다. 자기가 운전을 언제 하는지 기억하는 과정인 것 같았다.

나는 질문을 하나 더 던졌다.

"혹시 야구 좋아하세요? 어제 삼성 경기봤어요? 정말 어처구니없게 지더라구요."

"저는 그닥 좋아하지는 않는데, LG를 응원합니다."

"고향이 서울이세요?"

"네. 서울이요."

나는 또 대답하는 상대방의 눈을 관찰했다. 눈동자가 Vr(우상), Vc(좌상), Ac(좌중)로 순차적으로 움직임을 감지했다. 질문을 받고 회상시각을 떠올리고, 회상시각이 없으니 구성청각으로 눈동자가 움직였던 것이 아닌가 생각을 했다. 전제적으로 Vr, Vc의 움직임들이 많았다.

지금까지 이번 고객을 관찰했을 때는 의자에 앉는 자세 및 눈동자를 관찰할 때 시각적인 표상체계를 가지고 있지 않을까 생각했다. 하지만 말하는 전체적인 톤은 차분한 게 촉각적인 사람의 특징이었다.

나는 라포 형성을 마치고, 업무적인 대화를 시작했다.

"요즘 경기가 좋지 않은데, 어떻게 전망하세요?"

"금년 전반기는 시장 상황이 좋을 것 같습니다. 하지만, 금년 하반기와 내년은 불투명한 부분이 많아, 약간의 침체가 예상됩니다."

"그렇군요. 저희 글로벌 마케팅 팀에서는 하반기 전체 성장에 대해서 슬로우 다운을 예상하고 있습니다.", "내년 또한 2~5% 역성장을 예상하고 있습니다."

"하지만, 향후 시장을 위해서 저희는 투자를 선행적으로 진행하려고 계획하고 있습니다."

내가 설명하면서 상대방을 관찰하는 것이 쉽지 않았다. 대화에 집중을 하다보면, 상대방의 몸짓 태도, 눈동자의 움직임을 놓치기 십상이었다.

우리는 계속해서 업무에 대한 여러가지 일들에 대해 논의하였다. 이야기를 하면서 상대방은 손을 눈 근처에서 만지작거렸고, 얼굴도 하늘을 보는 듯하게 들었다가 다시 의자 밑을 바라보곤 했다.

나는 갈증이 나서 수박 주스를 다 마셨다. 고객의 아이스아메리카노는 조금 남았다. 그리고 미팅이 마무리될 때쯤 상대방은 남은 아이스아메리카노를 전부 마셨다. 커피가 조금 남았을 때, 후루룩 소리를 내면서 전부 마셨다. 말할 때의 느긋함은 없어지고, 다급하게 남은 커피를 마신 듯한 느낌이 들었다.

상대방은 커피를 마시더니, 손목의 시계를 확인했다.

"다음 미팅이 있으세요?"

"네, 자료 준비를 해야해서요. 이제 들어가봐야 할 것 같습니다."

"아 그렇군요. 오늘 만나뵈서 정말 반가웠습니다."

우리는 미팅룸을 나와서 밖으로 걸어 나갔다. 고객은 상체를 약간 숙이고 엉거주춤하게 걸었다. 약간 자신이 없어 보이고, 긴장이 풀린 듯한 느낌이 들었다. 나는 속으로 투자관련 발주 진행 상황을 물어볼 타이밍을 보고 있었다.

고객사는 미팅을 마치고 잠시 무장해제가 된 듯한 느낌이었다.

나는 옆에 나란히 걸으면서 슬쩍 물어보았다.

"혹시 투자 발주는 집행되었나요? 타사 제품을 사용할 수도 있다는 얘기가 있던데요?"

상대방은 상체를 뒤로 제치면서 움찔거렸다. 마치 뒤통수를 맞은 사람처럼, 생각지도 못한 질문에 당황한 기색이 역력했다. 머리를 긁적이며 눈을 깜박거렸다.

그리고 "네~~ 네~~" 하는 목소리에 약간의 떨림이 감지되었다. 상대방의 눈동자는 정신없이 상하좌우를 움직이고 있었고, 무슨 대답을 어떻게 해야할지 당황했다. 상대방은 그냥 헛웃음을 치면서 대답은 하지 않았다.

상대방은 정확하게 대답은 하지 않았지만, 서로 헤어지면서 어느 정도 감을 잡을 수 있었다. 나는 속으로 "아~ 우리 제품이 선정되겠구나."라고 생각했다.

사무실로 돌아오면서 오늘의 미팅을 다시 곱씹어 보았다. 내가 처음 본 상대방에 대해서 파악을 잘했는지, 그리고 오늘 미팅에서 확인하려고 하는 사항들은 확인했는지 점검해 보았다. 내가 확인하고자 하는 소기의 목적은 달성한 것 같았다.

영업미팅을 할 때 사전에 고객사의 선호체계를 파악하고 질문할 리스트를 만들어 사전에 준비를 하면 많은 도움이 된다. 선호표상체계를 알 수 있으면 자연스럽게 라포 형성을 하고 페이싱하여 고객사가 편해질 수 있게 할 수 있다. 이러한 편안한 상태에서 미팅을 리딩하게 되면 내가 알고 싶은 내용이나 상대방의 상황에 대해서 좀 더 정확하게 이해할 수 있을 것이다.

선호표상체계가 뭐야?

-이재영-

내 나이도 이제 50살이 넘었다. 예전에 어른들이 말씀해 주셨던 시간은 정말 빠르다며 젊은 청춘의 아까운 시간을 허비하지 말고 잘 살아야 한다던 말이 새삼스럽게 자주 떠오른다. 이런 생각이 문득문득 떠오르는 것을 보면 나도 나이를 많이 먹은 것일까? 하는 생각도 들고 아니면 시간의 흐름 속에 자연스레 육체적 나이만 든 것이라는 합리화도 해본다.

학교 졸업 후 직장 생활을 하며 전자공학 분야에서 앞만 보고 살았던 삶이 영화 파노라마처럼 스쳐 지나간다. 회사에 입사하고 나서 흘러간 시간이 직장 생활도 20년이 훌쩍 넘었다. 예전 일들을 회상하면서 '내가 이룩한 것은 무엇일까?' 하고 돌아보면 막상 크게 이룩한 것은 없는데 시간만 지나간 것 같다. 이제 길어야 10년 정도 남았을 직장 생활에서 내가 만족스러운 결과를 이루어낼 수 있을까? 이렇게 자문해보지만 뚜렷하게 그 대답은 아직 떠오르지 않는다. 나에게 주어진 시간이 얼마 남지 않은 것 같은 느낌이 들어 마음이 조급해진다.

2021년은 내 인생에 있어 큰 변화의 지점인가? 아직은 단정지어 말하기에는 성급할 수 있지만, 분명 내 인생의 흐름에서 큰 영향을 줄 것임에 틀림없다. 회사 생활에서의 자기 정체성에 물음을 가지는 시기였고, 또한 내가 회사에서 어떤 역할을 더 해야할지 궁금했고 그 답을 찾고 싶었다. 하지만 그 답을 정확하게 찾지 못한 채, 갈등하고 있었다.

이 부족한 무엇인가에 대한 고민을 가지고 무작정 MBA라는 방향으로 계획을 잡고 아주대학교 경영대학원에 입학하게 되었다. 경영대학원에서의 생활과 새로운 원우와의 만남은 그동안 회사에서는 전문적으로 배우지 못했던 경영분야 전반에 대한 이론적 배경 습득을 할 수 있게 해주었다. 그리고 앞으로 무엇을 더 해야 할지 의문을 가졌던 나에게 새로운 활력의 숨을 불어 넣어 주기에는 충분하였다. 이런 생활에 푹 빠져서 공부를 하다보니 시간 가는 줄 모르게 MBA에서의 하루하루가 흘러가고 있었다.

코칭, NLP, 적극적인 경청, 이러한 단어들이 내 삶과 연결될 것이라고는 지난 삶의 시간 속에서 상상하지도, 기대하지도 않았다. 지금 내가 왜 코칭을 배우고 있는지, NLP라는 용어와 적극적인 경청에 관심이 있는 상황이 되었는지, 아직도 이 상황이 무엇인지 얼떨떨할 때도 있다. 하지만 내 옆에는 'N7'라고 말하는 코칭 동료 원우가 함께 하고 있고 앞으로도 계속 함께 하자고 한다. 그리고 어려움이 있거나 고난의 시간이 올 때면 서로 서로에게 힘이 되어주려고 응원을 해주고 있다. 'N7'을 만났던 사건은 아마도 내 인생의 'Life Event' 목록에 기록될 것이라고 장담한다.

코칭과 NLP 과목을 공부하면서 내가 관심을 두지 않고 살아왔던 세상의 새로운 분야에 눈을 뜨면서 앎에 대한 충격을 받았다고 해야 정확할 것이다. 흔히 말하는 '공돌이'라고 하는 표현은 공대생들의 성향을 대표적으로 표현하는 단어라서 그동안 잘 사용하지 않던 단어였다. MBA에 와서도 많이 느꼈던 부분이었지만 코칭과 NLP를 배우면서 더욱 '공돌이'라는 단어에서 느껴지는 공대생들의 표현은 무시 못할 것 같다고 생각이 바뀌게 되었다. 연구개발에 몰입하느라 인문학적 소양을 키우는 부분에 너무 소홀했다고 생각한다. 이제와 생각해 보면 삶을 살아가는 모든 부분에서 인문학적 소양은 누구에게나 필요한 것이라고 다시 생각해 본다. 향후 직장 내 교육 훈련의 과정 개발에 참여할 기회가 온다면 인문소양 부문과 코칭 부문은 NLP와 함께 적극 추천할 것이다.

NLP를 배우면서 많은 낯선 표현을 많이 접하였지만 그중에서 가장 낯설고 이해하기 어려운 것이 '선호표상체계'라는 단어이다. 내가 이해하는 다른 말로 표현해보자면 5감(시각, 청각, 미각, 후각, 촉각) 중에서 사람들마다 서로 다르게 특히나 좋아하는 감각적 표현이 있다는 것이다. 이것으로 대화를 나누거나 경청을 하는 동안에 표현하는 언어나 모습, 시선 처리에 따라 다양한 표현을 이해할 수 있다는 것이다. 이런 것들을 배우고 나서 정말 내가 지난 시간 동안 얼마나 무신경하게 살아왔는지 그리고 얼마나 내 위주로 생각하고 살아왔는지 알게 되었다. 나 스스로는 나름대로 상대방의 입장에서 역지사지를 해가면서 배려심이 있는 삶을 살아오고 있었다고 생각하였다. 하지만 지난날의 내 모습이 얼마나 모자라고 형편없는 모습이었는지 부끄럽기 짝이 없었다. 한참 모자라구나 하는 생각이 가슴 깊숙하게 자리를 잡으려고 한다. 지나온 삶이 이러한데 '적극적 경청', '선호표상체계'를 아우르는 대화는 아직 나한테서는 멀고도 먼 다른 나라 이야기 같다. 이러한 사실을 이제서야 깨닫다니 너무 늦게 알게 된 것이 아닌가? 지나간 시간이 후

회스럽다.

마음 한구석에서는 이제라도 배웠으니 삶 속에 적절하게 적용해보자고 하는 생각과 이제껏 살아온 형태와 버릇이 있는데 이제 와서 바꾼다고 바꿔지겠나 하는 두 가지 생각이 서로 충돌한다. 그동안 말다툼이 있을 때마다 아내가 나에게 했었던 '당신은 너무 자기 중심적이다.'라는 말에 이제 와서 동의가 되는 건 무엇일까? 입가에 씁쓸한 미소가 돈다. 아내에게 이런 얘기를 들을 때마다 '내가 얼마나 주변 사람들을 많이 생각하고 배려하며 살고 있는데 무슨 소리를 하냐'면서 나는 다른 사람을 많이 생각하며 살아왔다고 당당히 얘기했었다. 그런 나 자신에게 스스로 그렇게 살아왔던 것이 아니었다고 인정하는 것 같아서 짜증이 나려고 한다.

지금도 선호표상체계를 생활 속에서 느끼며 알아차려 보려고 노력하고 있으나 쉽지가 않다. 지금까지 살아온 삶의 방식과 태도, 상대방은 만났을 때 자세가 고착화 된 듯하다 대화를 하면서 상대방의 5감을 통한 감각적 정보를 함께 살피면서 상대방을 이해하려고 하는 것은 부단한 노력과 연습이 필요한 것 같다. 많이 어려운 부분이다.

사춘기라서 그런 줄 알았다

-조영자-

"엄마! 교복치마 길이 좀 줄여야 할 것 같아."

첫째는 교복치마를 입고 나와 내게 보여주며 말했다.

"무슨 소리야~ 딱 적당한데…? 치맛단 끝이 무릎 바로 위에 있구만…."

"이 정도까지 줄이고 싶어."

치맛단 끝이 무릎 위 5cm까지 접어 올렸다.

"안돼! 너무 짧아~ 키 이제 그만 클 거야?"

"엄마는 안 된다는게 너무 많아! 항상 그래!"

핸드폰을 찾아 들고 인사도 없이 현관문을 나서면서 자신의 돈으로 치맛단 줄일 거라며 문을 쾅 닫고 나가버렸다. 이 일은 불과 얼마 전에 있었던 일이다. 오늘은 병원 선배들과 모임이 있는 날이다. 경순 선배에게 얼마 전 있었던 치맛단 이야기를 하면서 하소연을 했다.

"사춘기라서 그래~ 시간이 지나면 괜찮아져~"

'둘째는 치마길이에 관심이 없는데…' 혼잣말을 했다.

선배들은 하나같이 본인들의 사춘기 자녀들의 경험을 늘어놓기 시작했다. 그 과정을 지내온 그녀들이 갑자기 하늘 같은 선배가 아니라 하늘 같은 엄마처럼 보였다.

"진짜 괜찮아질까요?"

선배들의 경험담을 들으면서 맞장구도 쳤다가 한숨도 쉬었다가 그랬다. 갑자기 경순 선배가 떨리는 목소리로 눈에 눈물이 고였다. 지금은 대학 졸업하고 회사에 취업까지 한 딸이었다. 그런 딸이 고등학교 다닐 때 방황이 심했다고 하였다. 그때 선배는 정신과를 찾아 상담까지 받았었다고 했다. 한 번도 내색한 적이 없었기에 우리 모두는 당황했다. 그렇게 힘든 시기가 지나가고 방황하던 사춘기 소녀가 성숙한 직장인이 되어 있으니 선배들의 말도 틀리지는 않은 듯하다. 그 어렵다는 사춘기 자녀를 키워 내기 위한 엄마인 나의 자세는 어떻게 해야 할까? 1년 전부터 나는 아주대 MBA에서 코칭을 전공하고 있다. 코칭을 알게 해주고 이끌어 준 영주 언니가 있다. 가끔 사춘기 딸 때문에 스트레스 받는다고 말하곤 했었다. 어느 날 영주 언니가 이야기를 다 듣더니 말했다.

"영자야~ 딸이 갑자기 없어진다고 생각해봐."

정말 강력한 질문이었다. 두피에 소름이 돋았다. 볼살은 마비가 오는 것 같이 멍해졌지만 억지 웃음을 지으며 내색하지 않았었다. 영주 언니 말이 다시 생각나면서 내 머리를 강타했다. 그랬다. 나는 애들의 성향을 탐색하기보다는 엄마인 나의 성향이 기준선이 되어 선을 벗어나게 되면 통제만 해왔었다. 왜 벗어났는지? 어떤 의미가 있는지? 알아보고 이해하려 하지 않았다. 아니 못했다. 직장에서나 집에서나 너무 벅차게 살아왔었는데 과부하인지 그땐 몰랐었다. 첫째 딸이 3살 때 일이었다. 나이트 근무하고 일요일 아침 8시에 퇴근을 했다. 샤워하고 빨리 자고 싶다는 생각밖에 없었다. 조용히 샤워하고 나왔더니 딸이 눈을 비비며 욕실 앞에 서있었다. 하~

"엄마~ 나랑 놀자~"

금방 자고 일어나 헝클어진 머리에 애착인형을 들고 서 있는 모습이 너무 사랑스러웠다. 그것도 잠시 눈꺼풀이 나를 이기고 있었다.

"우리 시체놀이 할까?"

옆에 같이 눕히면서 말했다. 난 바로 시체가 되었고 그 뒤로 기억이 없었다. 바쁘고 여유가 없는 엄마 때문에 아이들과 놀아주고 소통하는 것은 항상 우선 순위에서 밀렸었다. 눈에 보이는 것이 다가 아니라는 빙산의 일각이라는 말이 있다.

어리석은 오류를 범하지 않아야 한다는 생각에 갑자기 마음이 급해졌다.

그래~ 오늘은 울 딸들을 탐색해 볼까?

"찌개 맛이 어때? 맛 괜찮아?"

저녁을 먹고 있는 첫째에게 물었다.

"개꿀맛이야~"

'저건 또 뭔 말이래? 그래 내가 이해해야겠지?' 라포를 위해 맘속으로 꾹꾹 눌러 내렸다. 저녁식사가 끝나고 첫째가 좋아하는 복숭아를 준비하면서 자연스럽게 테이블에 마주앉았다. 어깨를 둥글게 하고 뒤로 젖혀 앉으며 두 손은 입주변에 가 있었다. 둘째는 상체를 앞으로 숙이며 앉았다.

나: 애들아~ 이번 휴가 어땠어?

첫째: 낮잠을 푹 잘 수 있어서 좋았어.

둘째: 바다가 좋았어. 바닷가에서 노래를 들었는데 너무 좋았어~ 해가

지려고 할 때 어둑해 졌을 때 바다 소리가 너무 좋았어.

나: 바다는 어땠어?

첫째: 한적하고 프라이빗해서 좋았어. 모래에 예쁜 돌도 많고 물이 맑고 깨끗해 보였어.

둘째: 한적하고 고요했어. 파도 소리, 갈매기 소리가 멀리서 들렸어.

나: 바닷가에서 놀 때 어땠어?

첫째: 더웠어. 바위가 있었고, 힘들었어.

둘째: 보트 타고 물 위에 둥실둥실 떠다니는 게 좋았어.

나: 생일날 아침 깜짝 축하는 어땠어?

첫째: 잠에서 금방 깨어났는데 앞에 식구들이 많이 보고 있어서 정신이 없었어.

몸의 자세와 몸짓, 언어 패턴을 보면 오감 중에 선호표상은 첫째는 시각적이고, 둘째는 청각적이었다.

나는 무릎을 쳤다. 이렇게 달랐구나~ 자매지만 외모도 너무 다르다. 식성도 첫째는 양식을, 둘째는 한식을 좋아한다. 첫째는 외모에 신경을 많이 쓰고 여자 친구들과 주로 이야기 나누며 놀았다. 둘째는 남자 친구들과 축구를 같이 하고, 다양한 친구들이 많다. 이렇게 너무 서로 다른 자매가 사춘기라서 그렇게 으르렁하는 줄 알았다. 두 자매가 다름에 더 궁금해졌다. 안구 움직임은 어떨까? 다시 질문을 했다.

"애들아~ 엄마가 몇 가지 물어봐도 돼?"

"뭐 이상한 것 물어보는 거 아니지?"

이들은 고개를 끄덕이며, 얼굴이 잘 보이게 자리를 고쳐 앉았다.

1. "아빠 차색깔이 뭐지?"

   ⇨ 움직임 없이 "블루블랙"

2. "좋아하는 가수 노래를 떠올려봐"

   첫째: (눈동자가 왼쪽위로 갔다가 좌측 아래 이동) 잘생겼어

   둘째: (오른쪽위로 올라가다가 중앙 오른쪽 이동, 손짓이 귀 근처에 가 있음)

   노래를 너무 잘 불러~

3. "좋아하는 스포츠 팀이 우승했던 장면을 기억해봐"

   첫째: (눈동자가 왼쪽위로 갔다가 오른쪽 아래로 이동) 좋아하는 팀은 없고

   보는 것만 좋아

   둘째: (눈동자가 왼쪽 위로 이동)

4. "재미있게 본 영화 주인공을 떠올려봐"

   첫째: (눈동자가 왼쪽위를 보며 오른쪽 위로 이동)

   둘째: (눈동자가 오른쪽 위를 보다가 중앙 오른쪽 이동)

5. "시원한 녹차를 마시는 것을 떠올려봐"

   첫째: (눈동자가 왼쪽아래로 이동) 더울 때 시원하게 마시면 기분이 너무

   좋아.

   둘째: (눈동자가 중앙 양쪽으로 반복해서 이동)

6. "첫 데이트를 떠올려봐"

   첫째: (눈동자가 왼쪽 수평으로 이동, 좋았을 때 질문에 대해 바로 오른쪽 위로 이동)

   둘째: (눈동자가 중앙 오른쪽 이동) 포토샵에서 찰칵 사진 찍기가 좋았어

7. "바닷가에서 나는 냄새를 떠올려봐"

   첫째: (눈동자가 왼쪽 위에서 수평으로 이동) 짠내와 비린내~~

   둘째: (눈동자가 중앙 왼쪽 위에서 중앙 오른쪽에서 아래로 이동) 냄새소리 같아

8. "뜨거운 한여름 학교 운동장에서 체육대회 하고 있다고 생각해봐"

    첫째: (눈동자가 왼쪽 아래로 이동) 친구들 구경하고 이야기하는데 좋아.

    둘째: (눈동자가 왼쪽위에서 오른쪽 아래로 이동) 덥지만 친구들과 재미있어.

9. "아빠가 치마를 입었다고 생각해봐"

    첫째: (양손을 눈을 가리고 심각한 표정)

    둘째: (중앙 양옆으로 이동) 이해가 안 되는 소리야.

안구접근단서에서도 둘의 내면세계, 즉 서로 다른 선호표상체계로 나타났다. 지금 생각하니 첫째가 3~4살 때였다. 자기 전에는 꼭 책을 읽어주어야 했었다. 책장에 있는 책시리즈를 가져와서 순서대로 모두 읽어 주어야 잠이 들었었다. 너무 피곤한 날에는 책을 중간에 몇 권을 빼고 가지고 오면 귀신같이 알아차렸었다. 책을 꼭 같이 보면서 그림을 손으로 짚으면서 같이 읽어 주어야 했었다. 반면 둘째이는 책을 읽어 주면 그냥 돌아다니며 놀기 바빴었다. 집중을 잘 못하고 책을 싫어하는구나 생각했었다. 하지만 책내용을 다 알고 있어서 신기하기도 했었다. 시각적 선호표상체계를 쓰고 있는 첫째는 교복치마를 짧게 줄여서 예쁘게 입는 게 중요했던 것이었을까? 오늘도 나는 깨닫고 배운다.

네 자매의 감각

-최현정-

2009년 여름, TV 리모콘보다 작은 강아지를 엄마가 데리고 오셨다. 엄마의 지인께서 강아지를 선물 받았지만 키웠던 경험이 없어서 못 키우겠다고 했기 때문이다. 강아지를 가엾게 생각하신 엄마는 오갈 때 없는 작은 아이를 데리고 왔다. 외면할 수 없으셨나보다. 견종은 우리가 한 번도 키워보지 않은 요크셔테리어로 검은털 색깔에 태어난 지 3개월쯤 되었다.

삼성화재 안내견 학교에서 활동한 은퇴안내견 '송이'를 가족으로 만났고 3년간 함께 지내다 6개월 전 우리 곁을 떠나보냈다.

송이를 너무 아끼고 사랑했던 우리 가족은 송이가 무지개 다리를 건넌 후 다른 강아지에게 사랑을 다시 나눌 생각을 못했다. 그랬다. 제리가 오기 전 까지만 해도.

그렇게 그해 더운 여름 검게 털이 엉켜 있는 작은 강아지는 우리 집으로 왔다. 둘째 동생이 엉켜 있는 털을 밀어보니 은발의 예쁜 속 털을 갖고 있었다. 가족들은 예쁜 강아지를 보고 다시 웃기 시작했다. 제리는 애견샵에서 구매하게 된 강아지라 한다. 제리는 쿠싱증후군, 피부병 등을 앓았고 병원을 2주가 멀다 하도록 자주 다녔다. 우리집에서 함께 했던 강아지들과 많이 달랐다.

제리는 14년간 우리 가족과 함께 지내오며 2022년 8월 20일 노환과 급성폐렴으로 병원에 입원한 지 하루 만에 우리 곁을 떠났다. 14년간 우리 가족에게 기쁨과 재롱을 선물로 주었다. 너무 착하고 사랑스러운 제리를 떠나 보낸 네 자매의 생각을 함께 나눈다.

- 제리의 이미지는 어때?

    첫째: 아기 → 14년간 살아가는 동안 아기로만 살았음

    둘째: 톰과 제리에서 나오는 생쥐 → 작고 하얀 쥐 같았고 말썽쟁이

    셋째: 심술쟁이, 욕심쟁이, 톰과 제리의 찐 제리 → 제리는 모든 걸 손에 넣었었기에 ㅎㅎ

    넷째: 언제나 아기 → 천상 만년 늙지 않아 보이는 제리

- 제리가 준 선물은 무엇인지?

첫째: 기쁨, 사랑, 평화, 웃음

둘째: 행복 (제일 먼저 반겨 주는 아이)

셋째: 웃음과 기쁨, 즐거움

넷째: 사랑 없이는 키울 수 없고, 많이 아팠던 아이라서 손이 많이 가지만 사랑해줘야 더 잘 클 수 있었음. 그렇게 제리가 사랑을 알려준 거 같음

■ 제리에 대한 나의 생각은?

첫째: 고마운 아이. 친정집에 한 달에 한 번을 가든 두 달에 한 번이든 늘 변함없이 나에게 따뜻한 마음을 전해준 아이

둘째: 나이가 많아도 어린 아기 같은 '앙앙' 소리가 맑았음. 개 아닌 강아지

셋째: 우리 가족을 만난 것이 제리 삶에 있어서는 신의 한 수. 심술쟁이, 먹보였지만 사랑스러움은 매일 갱신

넷째: 나에게 제리는 언제나 한결같이 내 곁에만 있을 거 같은 내 딸 같기도 하고, 막내인 제리가 나이가 들고 아프면서도 나에게 어리광을 부리기도 했음. 하지만 지금은 무지개 다리를 건너서 이제는 사진으로만 보고 느낄 수 있고 마음으로 품었기에 더 그리워 할수 밖에 없어 함께 할 수 없기에 더 보고싶은 아기 제리 먹먹할 뿐…

우리 집에는 또 다른 강아지 둘리가 있다. '아기 공룡 둘리?'가 아닌 유기견이었던 아이다.

제리가 3살쯤 되었던 봄이었다. 동생이 근무하는 병원에 강아지가 계단에서 떨며 움직이지 못하고 있다고 병원에 들어오는 환자를 통해 들었다. '밖에 비도 오는데 강아지가….' 생각한 동생은 바로 나가서 떨고 있는 강아지를 안고 잠시 보호했다. 주인이 올 때까지 기다리자는 생각에 병원 문 앞에 강아지를 보호하고 있다고 주위에 알렸지만 주인은 나타나지 않았다. 집으로 데려와 하루를 함께 하고 다음날 혹시 길을 잃은 강아지일까 생각하다, 주인을 찾을 수 있을지 몰라서 시청 유기견 보호소에 맡기었다.

"7일 동안 주인이 오지 않으면 강아지는 안락사 됩니다."

"주인이 오지 않으면 내가 다시 데리러 올게요."

너무 가슴 아픈 얘기를 들은 동생은 매일매일 보호 중인 유기견을 등록된 사이트에서 확인했다.

7일째 되던 날, 시청에 연락한 동생을 주인이 오지 않았다는 얘기를 들었고, 지체 없이 택시를 타고 시청으로 향했다. 유기견의 보호자로 등록을 하고 다시 집으로 데리고 왔다.

그렇게 우리 곁에 지금도 함께하는 강아지는 둘리다. 동물병원에 가서 확인하니 이제 3~5개월쯤 되었다고 한다. 어린 강아지였다. 둘리는 우리 가족과 함께 10년을 지내오고 있다. 각자의 환경에서 네 자매의 생각을 함께 나눈다.

■ 둘리의 이미지는?

첫째: 너무 깡마른 체구, 눈은 맑고 귀는 토끼 같이 큼

둘째: 아기 공룡 둘리, 뭔가 말썽쟁이 같지만 조용한 해결사 같은 느낌

셋째: 아기천사, 그 이유는 너무 순하고 착해서

넷째: 겁쟁이 부끄러움 소심함. 낯선 것에 거부감도 있고 두려워함 그래서 어려운 길은 안 가려고 하고 안아서 지나가야 하는 경우 종종 있음..ㅎ

■ 둘리가 주는 선물은?

첫째: 선함, 양보, 배려

둘째: 기쁨

셋째: 변하지 않는 사랑

넷째: 둘리는 두려움과 무서움이 동반하기에 우리 식구들 모두가 보듬어주고 얼르고 달래야만 밥을 먹고 활동하는 아이. 가족

끼리 대화가 단절된다 싶으면 둘리로 하여금 대화가 오고 가고 함. 둘리는 가족의 평화와 사랑을 선물해 준거 같음

■ 내가 생각하는 둘리는?

첫째: 항상 자기 차례를 기다림. 착하고 떼쓰지 않고 참을성이 많음

둘째: 사람 같은 아이, 감정표현이 풍부하고 얼굴 표정도 다양함

셋째: 철든 첫째 아이. 어리광이 많지만 의젓하고 참을성이 많아서 더 미안하고 항상 고마운 아이

넷째: 둘리는 손이 많이 가는 거 같으면서도 알아서 잘 함. 겁이 많다가도 어찌 보면 겁이 없는 거 같고, 편식이 심함. 좋아하는 것 외엔 잘 먹지 않음. 이제는 혼자가 되어 버린 둘리. 제리가 떠난 후 둘리가 우울증이 있어 보이지만 우리 모두 합력하여 둘리를 잘 돌보면 될 거 같음. 둘리는 연약하고 겁이 많으며 소심한 아이라 어쩔 수 없음. 계속 안아서 다닐 수밖에 ㅋㅋ

2020년 10월 늦은 가을에 둘째 동생이 제부의 시골집에서 손 안에 들어갈 듯 아직 눈도 뜨지 않은 강아지를 데리고 왔다. "집에 둘이나 있는데 뭘 또 데리고 왔을까?"

조이의 모견은 낳은 새끼를 다 돌보지 못했고, 조이는 너무 작아 형제들에게 밀려 번번히 젖을 못 먹었다. 이제 곧 겨울이 다가오는데 얼어 죽을까 걱정되어 불쌍해서 데리고 왔다고 한다. 친정집에 새끼 강아지가 너무 귀여워 맨날 영상을 보내 달라고 했다.

조이는 진도와 리트리버의 믹스된 '진트리버'로 진도의 독립적 성향이

매우 강했다. 몸이 커 갈수록 집에 있는 제리와 둘리를 컨트롤 하려 하고 점점 강하게 통제하려 하기 시작했다.

　너무 어릴 때 모견과 떨어져서 그랬을까? 6개월이 된 조이를 훈련소 입소를 결정하고 화성에 있는 훈련소에 입소하여 3개월간 훈련을 함께 받았다. 그러나 조이는 클수록 독립성이 강한 아이로 결국 셋째 동생이 조이를 데리고 독립했다.

　그러한 조이에 대한 우리의 생각을 모아본다.

■　조이 이미지는?

　첫째: 든든한 보디가드, 재롱둥이

　둘째: '누룽지' 본래 이름이 될 뻔함. 친근한 이름이 오래 살 것 같아서

　셋째: 곰돌이 같은 여우 → 순해 보이지만 끊임없이 머리 쓰는 게 보임

　넷째: 강한 아이 ㅋ → 원래 자기 식구들 사이에선 제일 약한 아이

였지만 우리집에 와서는 악동 1위를 하고 있는 조이 ㅋㅋ 강함

■ 조이가 주는 선물은?

첫째: 책임감, 즐거움, 따뜻함

둘째: 마음의 짐 (내가 데려와서)

셋째: 체력과 책임감이 필요함. 조이를 케어 하기 위해 독립을 시작함

넷째: 사랑, 평화, 즐거움, 슬픔 → 조이는 복합적임 ㅋ
우리를 기쁘게 해주기도 하고 울게 만들기도 하며 믿음직스
러운 모습도 보여줌. 조이는 강하고 재미있는 아름다운 막내

■ 내가 생각하는 조이는?

첫째: 생존본능이 강한 아이, 어느 환경에 있어도 적응하기 위해 노
력하는 아이, 보호자에게 책임감을 가르쳐 주는 아이, 규칙을
좋아하고 또 필요한 아이

둘째: 아기 강아지가 엄마랑 일찍 헤어지고 적응하기 힘들었을 가
여운 아기 똥강아지

셋째: 문제아 같지만 아기시절 너무 빨리 어른이 되어버린 소녀가
장. 아기인데도 아기인 줄 모르고 모든 걸 자기가 해결하려고 함

넷째: 조이 덕에 오랜만에 중형견을 키움. 중형견은 처음일 듯함. 대
형견 송이가 있었고 중간에 진도견 장군이, 소망이가 있었지
만 우리와 오래 못 지내서 이제 조이는 힘들어도 내가 돌볼
것이고 내가 잘 키울 것. 다만 조이는 제한할 게 많은데, 하지
말아야 할 행동들이 많음. 조이는 나에게 친구 같은 아이. 반

겨주고 같이 뛰어 놀아주고 그래서인지 나를 만만하게 봄 ㅋㅋ
친구라서 그런듯. 믿음직스러운 막내조이 ㅋ

	시각(V)	청각(A)	촉각(K)	디지털(D)
첫째(본인)	25	23	31	21
둘째	23	33	25	19
셋째	25	22	27	26
넷째	28	32	28	12

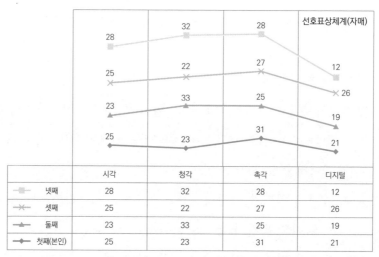

	시각	청각	촉각	디지털
넷째	28	32	28	12
셋째	25	22	27	26
둘째	23	33	25	19
첫째(본인)	25	23	31	21

출처 : NLP의 기초 원리- I 선호표상체계 검사표

우리 네 자매는 같은 공간, 같은 시간을 함께 하고 있어도 내면에서 경
험과 기억, 서로가 다른 정보의 차이로 언어의 표현이 조금씩 다르다는 것
을 이번 조사에서 알 수 있었다.

이렇게 우리가 키웠던 강아지들에 대해 각자의 의견을 종합, 정리하고
서로의 생각을 선호표상체계로 체크하여 한곳에 모아보았다.

표현의 방법과 몰랐던 부분도 새롭게 알게 되었고, 표상체계가 서로 다르다는 것을 알게 되었다.

우리의 주로 사용하는 표상체계가 무엇인지, 왜 표현하는 언어와 자세, 표정이 달랐는지 전문적인 프로세스를 거쳐 분석해보니 새롭기도 했다.

청각이 발달한 둘째와, 넷째는 '앙앙 소리가 맑았다', '조용한 해결사 같은 느낌' 등과 같은 청각적 표현을 주로 사용했다.

발달된 귀를 통한 정보수집이나 소통을 선호하며 자연스럽고 빈번하게 청각을 사용하며 표현한다. 청각이 발달한 사람들의 특징은 소리에 민감하다는 것이다. 소음에도 민감하며 들었던 것을 잘 기억한다.

통화도 즐기는 편이며, 문서나 책을 그리고 음악을 듣는 것을 좋아한다.

또한 청각이 발달한 사람들은 언어 능력이 발달하며, 청각 학습 전략에 더 많이 의존하기도 한다.

청각 학습 스타일을 가진 사람은 듣기와 토론을 통해 가장 잘 배울 것이며, 청각적인 사람은 오디오북을 듣는 것이 익숙할 수 있다.

반면, 첫째인 나와 셋째는 촉각으로 '모든 걸 손에 넣었다.', '따뜻한 마음', '체력을 키우고'의 신체 감각적 표현을 하고 있다.

촉각이 발달한 사람들은 신체 접촉, 감정의 느낌이 발달되어 있고 직관력이 뛰어나다.

또한, 정서적이고 감정이 풍부하여 배우고 결정을 내릴 때 감정과 느낌에 의존하는 경향이 높다.

NLP에 따르면 한 사람이 사용하고 있는 표상체계는 그 사람의 단어 선택에 반영된다.

감각에 둔 술어는 "네가 말하는 것이 보여", "그 이야기 좋네", "난 그것에 대해 더 느껴야 해"와 같은 표현으로 나타나며, 한 사람의 어떤 특정한 순간에 어떤 감각적 양식에 의존하고 있는지를 보여준다.

선호표상체계는 좋은 상황에서 잘 할 때뿐만 아니라 스트레스를 받는 상태에 있을 때 더욱 명백하게 드러나기도 한다.

우리 각자는 자신만의 감각의 방향을 가지고 있다. 서로의 표상체계가 다름을 인식하며, 서로를 더욱 이해하고 알아차리는 소중한 경험이고 좋은 기회가 된 것 같다.

제6장

Well Formed Outcome

< 잘 만들어진 결과*목표 / Well Formed Outcome >

목표는 '어떤 목적을 이루려고 지향할 때 실제적 대상으로 삼음 또는 그 대상, 도달해야 할 곳을 목적으로 삼음 또는 목적으로 삼아 도달해야 할 곳 또는 행동을 취하여 이루려는 최후의 대상' 으로 정의한다. 그렇다면 목표는 본질적으로 사람이나 집단이 원하는 상태나 결과물이다.

목표는 '무엇을 원하느냐'는 질문에 대한 대답이다. 목표는 동기 의 원천이며, 의식적 자원과 무의식적 자원을 모두 동원하는 자 신의 잠재력을 끌어낼 수 있도록 하는 참 좋은 자극이다.

"만약 당신이 아무것도 원하지 않는다면, NLP는 당신에게 아무 런 가치가 없다."

사람들이 적절하고 의미있는 목표를 세울 수 있다는 것이 중요 하다.

목표를 정의하기 위한 몇 가지 일반적인 NLP전략이다.

- 변화와 성장을 위한 NLP의 원리1 p.146 -

WFO(Well-Formed Outcome)는 목표달성에 있어 특정 조건을 충족하는 원하는 결과를 얻기 위해 신경언어 프로그래밍(NLP)에서 사용되고 있는 용어이다. 이 프로세스를 사용하면 우리가 성취하고자 하는 것, 꿈 또는 소원들, 즉 목표 달성에 좀더 손 쉽게 다가갈 수 있다.

구병주 여행에서 우연한 조우의 즐거움
김영주 질문, 직업병일까?
노진백 골프 멘탈 코치 되는 목표
설명찬 목표설정
이재영 골프를 잘 치지 못하는 두려움
조영자 나는 동반성장 중
최현정 밸런스를 갖는 생활

여행에서 우연한 조우의 즐거움

-구병주-

47! 유럽에서 보낸 56개월 동안 가족과 여행을 떠난 횟수이다.

여행지에 보고 느끼고 경험한 것뿐 아니라 계획을 세우는 것도 큰 즐거움이었다. 여행이 거듭 될수록 쌓인 노하우로 계획은 더욱더 정교하게 세워졌다.

처음에는 항공권, 렌트, 호텔, 주요 관광지와 식사 일정만 정하고 여행을 떠났다. 경험치가 올라갈수록 주차장 위치, 도보 이동 최적의 루트, 기념품, 간식, Cafe, 박물관, 미술관에서 작품 관람 동선과 시간을 분 단위로 사전 계획서를 책자로 만들어 가야 안심이 되었다.

나는 MBTI에서 E-J성향이고, 아내와 두 딸은 I-P성향이다. 아내와 두 딸은 여행보다는 집에 있고 싶어 하지만, 수차례 재촉하면 마지못해 따라나선다.

여행을 계획할 때 장소, 일정에 대해 세 가지 정도 안을 준비해서 가족들과 상의 후 최종 목적지를 선정했다. 나는 미술관, 박물관 위주로 일정을 짜면, 두 딸은 테마파크, 놀이공원을 포함하자고 하고, 아내는 오페라, 뮤지컬 공연도 포함해 달라고 해서 일정을 수립하는데 난관에 종종 부딪친다. 두 번 다시 못 올 수도 있다는 생각에 가능한 많은 곳을 방문하기 위해 아침 일찍부터 저녁 늦게까지 최대한 많은 일정을 소화하는 계획을 수립, 일주일 여행을 위해 A4용지 100장 정도의 여행 계획서가 만들어진다.

회사업무로 한번 여행에 많은 시간을 할애하지 못해서 일주일에 3~4000km 여행 일정을 수립하는 경우도 흔했다.

이탈리아 여행 때이다. 아테네에서 12월 23일 17시 장대비를 맞으며 출발, 500km를 쉬지 않고 달려 23시 그리스 북부의 우멘티사 항구에 도착했다.

그리스와 이탈리아를 왕복하는 크루즈선에 차를 싣고 2층 침대가 있는 케빈 객실에서 배의 잔잔한 진동을 느끼며 가족들과 얘기를 나누다가 선잠에 빠졌다. 8시간 운항 뒤 이탈리아 남부 최대 항구인 바리에 뜨거운 햇살이 고개를 내미는 아침, 도착했다.

나폴리, 폼페이를 거쳐 소렌토에 밤 9시에 도착해서 어제 저녁 집에서 챙겨온 도시락으로 간단히 요기를 하고 깊은 잠을 이뤘다.

이탈리아 남부를 하루에 일주하는 일정으로 아침 6시 출발 소렌토, 포지타노를 거쳐 밤 10시에 아말피에 도착했다. 이틀 만에 1500km 이상을 이동해서 무리한 일정을 강행군 하다보니 둘째딸이 코피를 1시간 동안 흘리면서 꾸벅꾸벅 졸고 있다.

다음날 아침 6시 출발, 아말피, 아시시를 거쳐 피렌체에 도착했다. 나흘째도 피사를 거쳐 북부 밀라노에 도착하니 밤 12시가 되었다.

다다음날은 베로나를 거쳐 베네치아, 그 다음날에는 앙코나로 이동해서 크루즈선으로 그리스로 돌아와, 북부 이오니카 지역을 둘러보고, 아테네로 돌아오는 일주일간의 4000km 여정이었다.

매일 7~8시간을 차 또는 배에서 보낸 시간으로 고통스럽지만 즐거운 추억을 가족과 같이 했다. 여행 중에는 계획한 미션을 클리어 한다는 생각에 사전 여행 계획 준비의 들뜬 기분은 사라진다. 주객이 전도된 느낌이지만, 하나라도 더 보여 주고 경험하게 해주고 싶었던 아빠의 마음으로 치부했다.

덴마크 여행 때 루이지애나 미술관을 가는 열차 안에서 표정은 없지만 목소리는 도발적인 톤으로 큰딸이 질문을 했다.

"아빠는 왜 여행을 좋아해?"

나는 뜬금없는 질문에 잠시 당황했지만 자신 있게 말했다.

"새로운 것을 많이 보고 경험할 수 있는 게 좋잖아?"

"그건 알겠는데 난 너무 힘들어. 하루에 한두 곳만 다녔음 좋겠어."

앞자리에 앉아 있던 아내도 고개를 돌려서 맞장구를 치며

"다음에는 호텔, 교통편만 예약을 하고, 별다른 계획 없이 여유 있게 지내는 일정으로 하면 안될까?"

"그러면… 다음에는 아무런 계획 없이 여행을 가볼까"로 모두를 안심시켰다.

다음 번 여행지인 스코펠로스섬은 호텔, 배편만 예약하고 계획 없이 떠나게 되었다.

영화 〈맘마미아〉의 배경이 된 스코펠로스섬이다. 영화에서 소피의 아빠 후보 3명이 처음 만난 부두, 도나의 친구들과 젊은 청년들이 아바의 노래에 맞춰 춤을 추었던 투명한 바다와 하얀 고운 모래 해변, 소피의 결혼식 장소인 암벽 위의 하얀 교회가 파란 하늘에 떠 있는 지중해의 보석과도 같은 섬이다.

도나의 맘마미아 노래의 가사 중 "You can dance, you can jive, having the time of your life"가 귓가에 맴돈다.

여행을 출발할 때 완벽한 세부 계획을 수립 후에 떠나는 여행 중에 새로운 즐거움도 찾을 수 있는 열린 여행으로의 변화를 위해 Well-formed Outcome(잘 만들어진 결과)으로 새로운 목표를 구체화했고 실행했다.

각각의 목표 설정 전략을 사용하여 당신의 목표를 정의하라.
1. 당신이 바꾸고자 하는 문제(목표) 상태는? ⇨ 여행 중에 새로운 즐거움도 찾을 수 있는 열린 여행
2. 문제 상태를 설정한다. 무엇을 멈추거나 피하고 싶은가? ⇨ 나는 여행할 때 계획을 너무 완벽하게 세워서 떠나겠다는 강박에서 탈피하고 싶다.
3. 문제 상태의 극성을 파악한다. 문제 상태의 반대는 무엇인가? ⇨ 나는 계획 없이 여행을 떠나서 새로운 자극을 받고 여행의 다른 묘미를 얻고 싶다.
4. 외부에 벤치마킹할 만한 상태를 정의하는 것, 이미 원하는 것과 유사한 원하는 상태를 달성할 수 있는 사람/상황이 있는가? ⇨ 나는 영화 〈미드나잇 인 파리〉의 오웬웰슨처럼 사전 계획 없이 일상을 만끽하는 여행을 가고 싶다. 영화 〈미드나잇 인 파리〉의 오웬웰슨은 그저 파리를 걷고 여유로운 일상을 만끽하고 싶어 하지만 본인과는 취향이 다른 약혼녀 이네즈를 피해 돌아오는 길에 과거의 파리에 가서 달리와 피카소의 연인 아드리아나를 만나서 예상하지 못한 황홀한 경험을 하게 된다.
5. 원칙을 이용하여 원하는 상태의 구조를 연역적으로 정의한다. 즉, 원하는 상태로 나타낼 중요한 특성(이전 답변에서 선택한 역할 모델에 의해 나타남)을 찾아본다. ⇨ 나는 여행지에서의 예상치 못한 새로운 경험과 새로운 자극과 즐거움을 느끼고 싶다.

6. '생성적인' 결과를 확립한다. 즉, 기존의 자질들 중 확장하고 싶은 것은? 원하는 상태와 관련하여 어떤 자질이 필요하거나 더 많이 갖고 싶은가?

⇨ 나는 계획하지 않은 불안을 극복하고, 새로운 자극과 그때그때 현지인에게 물어보고, 좌충우돌하는 여행 속에서의 즐거운 경험을 하고 싶다.

7. '마치 ~처럼(as if)' 행동한다. 만약 당신이 이미 원하는 상태에 도달했다면, 당신은 무엇을 할 것인가, 혹은 더 심층적으로 할 것인가?

⇨ 스코펠로스 섬 여행은 호텔과 배편만 예약하고 세부 계획 없이 현지에서 부딪히면 느끼는 새로운 여행의 즐거움을 만끽한다.

가족들과 배를 타고 스코펠로스 섬에 도착했다. Adrina 리조트에 짐을 풀고 호텔의 프라이빗 해변 산책을 한다. 지중해 바다를 마주하고 있는 인피니트 풀 옆의 Bar에 앉아 있다. 차가운 생맥주가 담겨 있어 유리잔 주위로 물방울이 맺히고 손으로 느낀다. 한 모금 들이키면 시원한 바다 바람이 온몸을 휘감는다.

웨이터에게 추천 관광지 정보를 물어보니 쪽지에 빼곡하게 적어 준다. 문어 맛집도 꼭 가보라고 추천한다. 지금 빨리 가야 되는지 물어보니 그리스 어로 "Ciga Ciga(천천히)" 하라고 한다.

급할 게 없지! 천천히 자연의 바람과 바다의 내음을 즐기며 가족들과 맘마미아 뮤지컬과 영화 얘기를 한다.

〈맘마미아〉에서 주인공들이 다이빙하던 해변으로 갈까? 호텔에서 10분 정도 떨어져 있었다. 해변의 부드러운 모래와 때때로 밀려오는 파도를 맨발로 느끼며 해안가 산책을 한다. 두 딸은 바다 위를 뛰어다니며 깔깔깔 웃는 웃음소리가 사방으로 퍼진다.

몇 백미터 걸어가다 보니 반 건조된 문어가 벽면에 가득한 해산물 레스토랑이 많은 사람들로 들썩인다. 맛집인가? 맛집이겠지!

가족들에게 '들어갈까?' 하니 모두가 고개를 끄덕이며 동의한다.

한국의 갑오징어처럼 쫀득하면서 부드러운 식감에 신선한 올리브 오일을 머금은 문어 요리는 감동이다.

어느새 빨간 석양이 바다를 감싸며 해변의 모래까지 핑크 빛으로 물들이고 있다.

주변을 응시하며, 우연히 들어가서 즐긴 맛집과 뜻밖의 여행 장소가 주는 큰 감동과 기쁨을 천천히 곱씹고 있다.

질문, 직업병일까?

-김영주-

"안녕하세요. 67기 코칭 전공하는 김영주입니다. 제가 앓고 있는 만성 질환이 하나 있는데요."

사람들에게 나를 소개해야 할 때 쓰는 멘트다. 만성질환? 병? 나의 소개를 심각하게 듣던 사람들에게 암이 아니라고 말하면, 긴장이 풀어진 이들로부터 "공주병? 무좀? 입냄새?"라는 장난 섞인 대답이 돌아온다.

"질문병입니다. 얘기를 듣다가 코칭 질문을 할 수 있으니 주의 바랍니다. 대답을 강요하지 않습니다. 때리지 않으니 안심하세요."

장난인 듯 장난 아닌 장난 같은 자기소개를 하게 된 이유는 상대방의 말을 집중해서 듣다 보면 나도 모르게 질문을 하기 때문이다. 어떤 이에게는 도움이 되기도 하고, 어떤 이에게는 화를 부르기도 했다.

[CASE 1]

MBA 저녁 수업 전에 민우 선배랑 커피를 마셨다. 수업과 시험에 대한 정보를 알려주어서 핸드폰에 메모를 꼼꼼히 했다.

"선배~ 요즘 고민 있으세요? 목소리 힘이 없으신 것 같아요."

"3년 후 정년퇴임을 해야 해. 이 회사를 그만둔다고 해서 일을 안 할 수는 없잖아. 근데 내가 앞으로 뭐하고 살아야 하는지 모르겠어. 30년 직장생활을 하면서 성과에 평생 쓸 에너지를 다 쓴 건지 요즘엔 계속 한숨이 나오네."

선배는 눈을 지긋이 감았다가 뜨고 말을 이어간다.

"불면증인지 밤에 잠이 안 오고, 새벽 2~3시에 눈이 떠져서 힘들고, 그러니까 저녁이 되면 갑자기 피곤해지는 것 같아…."

"그래서 많이 피곤해 보이셨구나."

"선배~ 30년 직장생활 하면서 성과를 내는 데 평생 쓸 에너지를 다 썼다고하셨는데, 선배한테 성과는 어떤 의미예요?"

선배는 갑자기 눈을 부릅뜨더니 대뜸 코칭하지 말라고 했다. 정색한 표정에 나는 들고 있던 종이컵을 놓쳤다. 우리는 쏟아진 커피를 닦느라 우왕좌왕했다. 테이블을 정리하고 마주 앉으니 어색했다.

"이렇게까지 욱할 건 아닌데 내가 요즘 예민해서 그러니, 이해해줘. 근데 코칭 전공하는 애들은 무슨 말만 하면 코칭 질문을 하니까 좀 짜증이 나는 건 사실이야."

"선배가 생각이 복잡해보여서 도와주고 싶어 질문한 거예요. 코칭을 하겠다는 생각은 없었어요. 기분 상했다면 미안해요."

[CASE 2]

형진이가 물었다.

"누나! 코칭이 가스라이팅이야?"

'말이야? 방구야?' 웃고 넘기려다 왜 그런 생각을 하게 됐는지 물었다.

"내가 누군가와 사이가 안좋으면 상대방의 입장을 생각하게 하고, 직원

들 동기부여하려면 어떻게 해라 알려주고, 누나가 하라는 대로 하니까 나한
테는 가스라이팅이지.”

"내가 하라는 대로 해서 상황이 잘못됐어?”

"아니, 잘됐어. 그래서 코칭이 가스라이팅이구나 생각했지.”

가스라이팅은 내 뜻대로 너의 행동을 통제하는 것이고, 코칭은 질문이
나 제안을 해서 너의 상황에 맞게 너가 선택하는 것인데 두 개가 같은 말이
냐는 질문에 형진이는 대답하지 않았다.

"코칭 질문을 해주면 너가 잘돼서 좋지. 나한테 뭐가 좋아? 나한테 이익
이 있어야 가스라이팅이지? 안 그래?”

"누나, 잘 들어 봐.”

"응.”

"누나가 도와줘서 내가 돈을 벌면 맛있는 밥을 사주잖아.”

"응.”

"그럼 누나한테 이익이잖아. 그러니까 코칭이 가스라이팅인 거지.”

"응?”

난 순간 형진이에게 설득당할 뻔했다.

67기 장학생 형진이는 나에게 메롱하며 강의실로 도망갔다. 한 번도 못
해본 생각인데 머리 좋은 사람은 정말 창의적이다.

[CASE 3]

"고모, 나 회사 그만두려고.”

사회생활 2년차인 조카가 말했다.

"부서에 함께 근무하는 선배가 있는데 입사 초기에는 친절하고 지적인
사람처럼 보였어. 팀 회의에서 프로젝트를 자원하는 모습이 멋있어 보였거

든. 선배한테 일을 많이 배울 수 있겠다 기대 했었고, 일을 많이 배우긴 했어."

조카의 일 처리가 어느 정도 마음에 들었는지 어느 순간부터 상사 앞에서는 선배가 한다고 하고 막상 일할 때는 조카에게 떠넘기는 경우가 잦아졌다고 했다.

"선배가 회의에서 일을 맡겠다고 하는 이유는 뭘까?"

"일을 잘한다는 평판이 중요하니까, 그래야 고과도 잘 받고 인센티브도 더 받을 수 있잖아. 다른 직원들을 대하는 모습과 나한테 일 떠넘기는 이중적인 모습에 선배한테 배신감까지 느껴져. 처음엔 우리 부서에 선배랑 나 둘만 여자라서 얘기도 진짜 잘 통했다고 생각했었어."

조카는 조금 전보다 시무룩한 목소리로 그 선배와 하루도 더 일하기 싫다고 했다.

"너 회사 다니면서 좋은 점은 뭐야?"

"좋은 점? 갑자기?"

고개를 갸우뚱 한참을 생각하더니 우리 회사 밥은 정말 짱이야 라고 한다.

나는 조카에게 A4 용지를 반으로 접어 왼쪽에 〈좋은 점〉을, 오른쪽에 〈싫은 점〉을 적도록 했다.

"회사를 그만두려고 하면 처음에는 나쁜 점만 생각날 거야. 나쁜 생각을 다 걷어내면 비로소 좋은 부분도 생각나지. 어떤 생각이든 무조건 적어 봐. 선배 때문에 퇴사를 결심하는 것은 무책임해 보여."

조카는 A4 종이를 반으로 접었다 폈다 볼펜을 쥐었다 놓았다 한다.

"이렇게 적기만 하면 후회가 없어?"

"100% 후회가 없다고는 말할 수 없지만, 순간의 감정에 이끌려서 도망치듯 급하게 결정을 내리는 것보다는 시간을 두고 객관적으로 생각해 보는 것이 낫다고 생각해. 나도 직장 생활을 할 때 퇴사를 결심한 직원들에게 같은 방법으로 면담했을 때, 좋은 피드백 받았어. 물론 그만둘 직원이 이것 때문에 안 그만두고 그런 것은 아니야. 다만 지금 제일 중요하게 여기는 감정적인 것을 빼고 조금은 냉정하게 이성적으로 생각해 보자는 거지."

나는 조카가 머뭇거리는 모습을 보고 내가 또 코칭스킬 중에 고객에게 제안을 하고 있구나 알아차렸다. 그래서 부담스러우면 나중에 해봐도 된다고 덧붙였다. 코칭에서도 그렇지만 결국 선택은 고객이 하는 거니까.. 내가 종이를 걷어들이려고 하자 조카는 손바닥으로 A4를 잡고 내 눈을 빤히 쳐다본다.

"뭘 써야 하나 고민하는 중인데 왜 줬다 뺏으려고 해?"

조카는 A4 용지를 반으로 접으며 싫은 점에 선배가 일을 떠 넘길 때 라고 적었다. 나는 조카의 등을 토닥여줬다.

00 주식회사	
좋은 점	싫은 점
1	1
2	2

"고모, 난 싫어하는 점이 정말 많을 줄 알았는데, 막상 적어보니 그렇지도 않네. 머릿속으로만 생각하는 거랑 다르네. 내가 회사를 다니면서 좋아하는 부분 꽤 있네."

나는 종이에 적으면 내 생각을 더 잘 들여다 볼 수 있고, 조금 더 객관적인 시선으로 상황을 판단할 수 있는 장점을 얘기해 주고, 1주일 동안 책상 앞에 붙여두고 고민해 보라고 했다.

Well formed Outcome (잘 만들어진 결과)

각각의 목표 설정 전략을 사용하여 당신의 목표를 정의하라.
1. 당신이 바꾸고자 하는 문제(목표) 상태는? ⇨ 누구를 만나더라도 질문보다 경청을 하자.
2. 문제 상태를 설정한다. 무엇을 멈추거나 피하고 싶은가? ⇨ 나는 상대방의 고민에 도움이 되고 싶어 하는 욕구를 멈추어야 한다.
3. 문제 상태의 극성을 파악한다. 문제 상태의 반대는 무엇인가? ⇨ 나는 상대방이 어떤 이야기를 하더라도 문제를 해결해주고 싶어 질문을 하기보다 편안하게 재미있게 듣기를 원한다.
4. 외부에 벤치마킹할 만한 상태를 정의하는 것, 이미 원하는 것과 유사한 원하는 상태를 달성할 수 있는 사람/상황이 있는가? ⇨ 나는 코칭을 할 때가 아니라면, 경청의 강박에서 벗어나 상대방의 말을 즐기고 싶다.
5. 원칙을 이용하여 원하는 상태의 구조를 연역적으로 정의한다. 즉, 원하는 상태로 나타낼 중요한 특성(이전 답변에서 선택한 역할 모델에 의해 나타남)을 찾아본다. ⇨ 나는 상대방과 대화할 때, 내가 코치라는 생각을 잊고 그 상황을 있는 그대로 느끼고 싶다.
6. '생성적인' 결과를 확립한다. 즉, 기존의 자질들 중 확장하고 싶은 것은? 원하는 상태와 관련하여 어떤 자질이 필요하거나 더 많이 갖고 싶은가? ⇨ 나는 상대방의 문제상황에 코치로서 도움이 되고 싶어 하는 마음을 멈추고, 그 상황을 즐기고 싶다.
7. '마치 ~처럼(as if)' 행동한다. 만약 당신이 이미 원하는 상태에 도달했다면, 당신은 무엇을 할 것인가, 혹은 더 심층적으로 할 것인가? ⇨ 나는 코칭 질문을 상대방이 요청하는 경우에만 하고 있다.

나는 코칭철학 〈누구나 자신의 문제를 스스로 해결할 자원을 자신의 내면에 가지고 있다〉는 생각에 나에게 고민을 얘기하는 사람 안에 답을 함께 찾고 싶어서 질문을 했었다. 나의 의도는 선했지만, 상대방이 원치 않으면 멈춰야 한다. 사람에 따라 상황에 따라 코칭 질문이 필요한 사람이 있고, 질문보다 위로와 칭찬이 필요한 사람도 있으니 그것을 알아차리는 나의 직관이 필요하다.

골프 멘탈 코치 되는 목표

-노진백-

40대 초반에 골프를 시작해 구력으로 10년 되는 해가 되었다. 골프를 배우면서 사람들과 친분을 나누고 인맥을 넓히기 목적으로 골프를 시작하게 되었다. 3개월 골프에 입문해서 간혹 잘 맞는 샷이 주는 짜릿함을 맛보기 시작하며 '이렇게 재밌는 걸 왜 진작 하지 않았을까?' 싶을 정도로 흥분에 휩싸이기도 했지만 곧 골프가 마음먹은 대로 공이 앞으로 나가 주지 않았다. 연습장에서는 잘 맞던 공이 필드에서 빗나가거나 힘 조절이 되지 않았다. 6개월 나의 실력은 제 자리에 있었다. 함께 한 친구들은 실력이 쑥쑥 느는데 나만 제자리걸음인 것 같았다. 나 자신을 자책하기 시작했다. 운동신경이 없어서 아니면 몸의 균형이 문제인가 하고 스트레스를 받기 시작하면서 '내가 왜 시작했나!' 후회도 되었다. 그러다가도 라운딩 하는 동안 온몸이 짜릿할 정도로 잘 맞은 드라이버 샷이 나오거나 어쩌다 긴 퍼트를 성공하고 나면 순간 희열을 느끼게 된다. 샷이 잘 안 된다고 하는 후회가 일순간에 사라지며 골프와 애증의 관계 시작하게 되었다.

104타, 즉 '백돌이'를 벗어나기 위한 목표를 드라이버 비거리에 멀리 보내기 위해 매일 연습을 반복했었다. 서서히 골프가 재미없어지기 시작했다. 타수에 대한 스트레스를 받기 시작했다. 연습을 열심히 해도 그날 컨디션이나, 날씨, 함께하는 동반자, 멘탈에 따라 플레이가 널뛰기 하는 일이 다반사였다. 스코어 때문에 멘탈이 무너지는 홀이 많았다. 골프가 무거운 짐처럼 느껴졌다. 특히 스윙 폼이나 비거리에 집착하거나 다른 사람들과 비교하며 18홀 라운딩이 끝나고 스코어 때문에 만족하지 못했다.

골프를 잘 하기 위해 꾸준하게 반복연습과 스윙 자세를 지속적으로 탐구했다. 골프 구력 6년이 되는 해 79타 라벨 스코어 카드에 기록되었다. 라운드 시작 전 스트레칭으로 몸 풀기, 호흡 고르기 등 나름의 루틴을 가지고 오늘 어떤 마음으로 골프를 할지 마음을 가다듬었다. 스코어보다 나 자신이 즐기는 골프를 하기로 했다.

첫 홀은 샷을 하기 위해 목표지점을 확인했다. 드라이버 채를 잡고 빈 스윙을 해보았다. 몸이 가볍다는 느낌이 들었다. 숨을 아랫배까지 깊이 들이마시며 호흡을 가다듬었다. 그리고 첫 샷이라 떨리는 마음이었지만 좋은 기분을 유지하기로 했다. 드라이버 스윙도 부드러워지고 여유가 느껴졌다. 목표 지점까지 공을 보내겠다는 마음을 먹었다. 스윙 후 공은 그린에 안착했다. 주변에 있는 동료들은 "굿 샷!" 모두 박수를 치며 환호했다. 일행과 페어웨이를 함께 걸으며 골프에 대해 이런 저런 생각을 편안하게 나누었다. 남은 거리가 153m 남았다고 했다. 나는 6번 아이언으로 힘을 빼고 툭~욱 쳤다. 티 샷이 잘 맞아 공이 페어웨이 중앙으로 떨어진 것 같다고 했다. 첫 출발 기분이 좋았다. 스윙도 부드러워지고 여유가 느껴졌다. 평소 실력 보다 10타 줄어 79타 꿈에 그리던 스코어 카드에 기록이 되었다. 그 날은 흔히 우리가 말하는 '그 님이 오신 날' 같았다. 물론 즐거운 마음을 갖는다고 타수가 항상 좋게 나오는 것은 아니었다. 어떨 때는 전 홀을 보기로 끝날 때도 있고 더블보기를 범하기도 했다. 하지만 어떤 상황에서 멘탈을 잡고 집중했고 그 결과 버디가 평상시 1개 했다면 이날은 7개의 버디를 기록한 날이 되었다. 현재 나는 즐겁고 행복하게 골프를 하겠다고 마음 먹으며 즐기고 있다.

'나는 오늘 꼭 좋은 스코어를 만들어 이기겠다'는 마음보다는 동반자들과 좋은 플레이를 하면서 즐겁게 즐기며 하고 싶다는 마음으로 시작하게 되었다. 함께 하는 동반자들에게 겸손하고 감사한 마음으로, 무엇보다 즐거운 마음으로 하는 것이 오래도록 골프와 잘 놀 수 있는 비결이 아닌가 생각하게 되었다. 골프를 통해 많은 것을 배우게 되었다. 18홀을 마치고 나면 언제나 아쉬움이 남는다. 골프는 내 인생의 중요한 일부가 되었고 나날이 늘어가는 골프 실력을 만끽하고 그 날에 주인공이 될 수 있다는 희망과 기대감으로 즐기게 되었다. 나는 골프를 요즘 말하는 '백세시대'를 넘어 그 이상까지 골프를 즐기기 위해 목표를 세웠다. 즐겁게 행복하게 골프를 하겠다는 마음 먹으며 실수를 해도 가볍게 넘길 수 있게 되었다. 매번 라운딩에 나의 마음에 쏙 드는 플레이를 한다는 것은 누구에게나 쉽지 않다. 원하는 대로 되지 않는다고 해서 그 때마다 속상해 하고 짜증을 내면 내 자신에게도 동반자에게도 이롭지 않기 때문이다. 골프는 나이가 들어도 끊임없이 즐기고 싶다.

골프란 나에게 어떤 것일까? 골프를 하면서 나 자신, 파트너와 골프 코스의 자연과 교감함으로써 교감에 초점을 맞추면 골프가 더 즐거워진다는 것을 알게 되었다. 최근에 고객과 골프 주제에 대해 코칭을 진행하게 되었다. 고객은 골프 입문 5년이 되었는데 90타에서 더 나아가지 않고 있다고 했다. 그리고 안정적인 85타 스코어가 나왔으면 좋겠다고 했다. 고객에게 목표 성과를 얻기에 좋은 Well-formed Outcome(잘 만들어진 도구)이라는 도구가 있다고 설명을 하고 함께 수행해 보기로 하였다.

각각의 목표 설정 전략을 사용하여 당신의 목표를 정의하라.
1. 당신이 바꾸고자 하는 문제(목표) 상태는?
⇨ 라운딩 드라이버 샷의 정확도가 부족
2. 문제 상태를 설정한다. 무엇을 멈추거나 피하고 싶은가?
⇨ 나는 골프 라운딩을 하는 동안 잘 해야 된다는 압박감을 피하고 싶다.
3. 문제 상태의 극성을 파악한다. 문제 상태의 반대는 무엇인가?
⇨ 나는 골프 라운딩 하는 동안 모든 샷의 정확도가 좋아지기를 원한다.
4. 외부에 벤치마킹할 만한 상태를 정의하는 것, 이미 원하는 것과 유사한 원하는 상태를 달성할 수 있는 사람/상황이 있는가?
⇨ 나는 싱글 골퍼처럼 골프 스윙의 정확도가 좋아져 스코어 79타를 치고 싶다.
5. 원칙을 이용하여 원하는 상태의 구조를 연역적으로 정의한다. 즉, 원하는 상태로 나타낼 중요한 특성(이전 답변에서 선택한 역할 모델에 의해 나타남)을 찾아본다.
⇨ 나는 골프 스윙 정확도를 높여 79타 스코어를 보여주고 실력을 발휘하고 싶다.
6. '생성적인' 결과를 확립한다. 즉, 기존의 자질들 중 확장하고 싶은 것은? 원하는 상태와 관련하여 어떤 자질이 필요하거나 더 많이 갖고 싶은가?
⇨ 나는 그린30미터 미만 거리에서 숏게임을 잘해서 홀 컵 가까이 붙이는 실력을 보여주고 싶다.
7. '마치 ~처럼(as if)' 행동한다. 만약 당신이 이미 원하는 상태에 도달했다면, 당신은 무엇을 할 것인가, 혹은 더 심층적으로 할 것인가?
⇨ 나는 어프로치 와 퍼트 숏 게임에 자신감을 갖고 싱글 골프로서 즐기는 라운딩하고 있을 것이다.

코치: 지금 어떤 감정이 올라 오시나요?

고객: 와~ 골프 배우기를 정말 잘했네요. 물론 중간에 스코어 때문에 스트레스도 받았지만 그럼에도 불구하고 싱글79 스코어 골프 즐기

고 있다는 것에 행복하네요.

코치: 라운드를 모두 마치고 홀 아웃 할 때 스스로에게 건네는 이 한 마디가 내 가슴을 따뜻하게 해주는 말이 있다면 어떤 말을 해주고 싶나요?

고객: "굿, 좋았어!" 골프는 나에게 선물 같은 것이야. 최고 스코어가 아닌 함께 했던 동반자들과 좋은 추억, 최선을 다했다는 흡족함을 느끼게 된다. 무엇보다 골프를 하면 할수록 다음에 더 나은 골프가 되겠지 하는 희망을 가지며 즐기게 된다.

고객과 코칭 대화를 통해 현재 자신이 내면에서 느끼는 감정을 목표로 만들어 보았다.

골프 환경은 늘 바뀐다. 내 몸의 상태도 바뀌고, 동반자도 바뀌고, 골프 코스의 자연도 바뀐다. 골프의 목적을 어디에 두느냐에 따라 골프는 달라진다는 것을 알게 되었다. 지금도 나는 골프를 하면 할수록 그날에 운도 따라 줘야 된다고 느끼게 되었다. 지난주 일요일 라운딩에서 운이라고 밖에 할 수 없는 경우가 있었다. 드라이버 불명 OB성 타구인데 나무 장애물에 맞고 페어웨이에 떨어지는 경우도 있었다. 또한 숏 게임 퍼트 10미터에 가까이 붙여야지 하면서 보냈는데 홀 컵 안으로 빨려 들어가 버디를 기록하기도 했다. 이렇듯 골프 라운딩 하는 동안 운에 기대는 경우도 있고 운이 따라주지 않는 경우도 참 많이 있었다. 골프는 조급해하지 말고 그저 꾸준히 연습하며 목표를 세우고 안정적인 스코어가 나오도록 도전해야 된다. 목표를 이루기 위한 훈련에는 성공과 실패가 없다. 이루고자 하는 골프 목표를 향해 끊임없는 도전과 경험이 있을 뿐이다. 골프는 자기 성장의 길이다. 자신의 한계를 알고 그 한계를 조금씩 넓히기 위해 도전하는 것 그것이 골프를 통해서 '나를 찾고 실현하는 과정'이 꿈꾸는 골프이다.

목표설정

-설명찬-

보통 사람들은 막연하게 목표를 세우곤 한다. 얼마가 지나면, 처음의 목표와는 다른 현재의 상황에 맞게 목표를 수정하는 경우가 종종 있다. 우리가 진정으로 원하는 목표인가를 점검하고, 현재의 상황 어떻게 목표를 달성할 것인가를 정리하면 목표 달성에 한발자국 더 다가갈 수 있다고 생각한다.

각각의 목표 설정 전략을 사용하여 당신의 목표를 정의하라.
1. 당신이 바꾸고자 하는 문제(목표) 상태는?
⇨ 나의 문제는 신제품의 예상 판매실적이 저조하다는 것이다.
2. 문제 상태를 설정한다. 무엇을 멈추거나 피하고 싶은가?
⇨ 나는 지금처럼 신제품 판매가 저조한 것을 멈추고 싶다.
3. 문제 상태의 극성을 파악한다. 문제 상태의 반대는 무엇인가?
⇨ 나는 2023년 12월 31일까지 신제품 목표 매출을 달성하기를 원한다.

4. 외부에 벤치마킹할 만한 상태를 정의하는 것, 이미 원하는 것과 유사한 원하는 상태를 달성할 수 있는 사람/상황이 있는가? ⇨ 나는 신제품 매출성장이 목표 이상으로 진행되고 있다고 발표하고 싶다.
5. 원칙을 이용하여 원하는 상태의 구조를 연역적으로 정의한다. 즉, 원하는 상태로 나타낼 중요한 특성(이전 답변에서 선택한 역할 모델에 의해 나타남)을 찾아본다. ⇨ 팀 미팅에서 신제품의 판매 성장에 대한 긍정적인 보고를 한다.
6. '생성적인' 결과를 확립한다. 즉, 기존의 자질들 중 확장하고 싶은 것은? 원하는 상태와 관련하여 어떤 자질이 필요하거나 더 많이 갖고 싶은가? ⇨ 신제품 판매증진을 위한 전략을 만들고, 이를 실행하기 위해 중요 고객사를 만나 프로모션활동을 한다.
7. '마치 ~처럼(as if)' 행동한다. 만약 당신이 이미 원하는 상태에 도달했다면, 당신은 무엇을 할 것인가, 혹은 더 심층적으로 할 것인가? ⇨ 나는 신제품 판매 전략을 세우고, 주요 고객들에게 프로모션을 하여 20억원을 2023년 12월 31일까지 달성했다.

어느 월요일 팀 미팅시간이었다. 상무님이 물어보았다.

"설 이사, 현재 신제품 A에 대한 판매현황이 어떻게 되나요?"

나는 뒷골이 멍해졌다. 자료를 찾아보니 신제품 A에 대해서는 별다른 액션이 없었다. 나는 요즘 제품 업그레이드에 대해서 집중을 하고 있고, 제품 업그레이드에 대한 매출이 급격히 성장하고 있었다.

"상무님 제품 업그레드 관련하여서는 현재 예상했던 것보다 매출이 더 나오고 있습니다. 하지만, 신제품 A에 대해서는 예상보다 적게 나오고 있습니다."

상무님이 잠시 고개를 돌리고 컴퓨터 모니터를 바라보더니 말을 던진다.

"설 이사 제품 업그레이드 관련된 매출은 잘 성장하고 있네요. 하지만, 신제품 A에 대해서 목표매출이 나올 수 있도록 관리가 필요합니다."

나는 속으로 생각을 했다. 지금까지 매주 월요일 미팅을 하면서 신제품

A에 관한 영업활동에 대한 업데이트는 거의 없었던 것 같았다. 그리고 실제로도 신제품 A 관련하여 전략을 세우고, 고객을 만나는 횟수가 많지 않았다. 내 머릿속에서 그동안의 영업활동들이 머리를 스치면서 떠오른다. '신제품 A에 대한 활동은 많지 않았구나….' 나는 혼자만의 생각을 뒤로 하고 대답했다.

"상무님, 현재 제품 업그레이드에 대해서 활동을 집중했는데, 신제품 A에 대한 시장상황과 주요 고객에 대한 성향을 파악하여 전략에 대해서 보고 드리겠습니다."

나는 지금까지 했던 신제품 A에 대한 영업활동을 정리해 봤다.

- 신제품 A를 확산하기 위한 고객 미팅 및 전략수립 필요
- 고객사에서 왜 신제품 A에 관심이 없는지 파악 필요
- 고객사에서 필요한 것이 무엇인지 파악 필요

이렇게 글로 정리를 하니 실제로 현재 상황에 대한 파악이 미비했다는 것을 한눈에 알 수 있었다.

나는 급히 시장 상황을 살펴보고 일부 고객을 만나, 현재 상황을 파악했다. 그리고 목표달성을 위해 필요한 것들과 향후 활동에 대해서도 정리했다.

- 고객사의 필요한 사항 파악 & 주기적인 고객 미팅 (주 2회)
- 신제품 A에 관심을 갖고 있는 고객 발굴 필요 및 판매전략 수립
- 신제품 A에 대한 장점 정리하여 설명

또한 목표달성을 위한 예상 장애물에 대해서도 정리해보았다.

- 현재 쓰는 제품도 이상이 없고, 신제품 A는 가격이 너무 비싸다.

- 신제품 A를 사용해도 성능에 대한 관련 개선 사항을 찾기가 어렵다.
- 파트 구입 예산이 부족하다.
- 지금 것도 문제 없이 사용하고 있는데, 새로운 변화를 싫어한다.

그렇다면 이러한 장애물을 어떻게 극복할 것인가? 또한 이러한 장애물을 극복하기 위해 필요한 것들이 무엇일까?

- 신제품 A를 사용하고 있는 다른 고객사 현황 비교 자료 필요
- 실제 제품을 사용하고 있는 실무자를 만나서 현재 상황 개선점에 대한 파악
- 현재의 상태에서 변화를 생각하고 있는 고객 발굴
- 신제품 A 확산에 대한 결정권자 확인 필요

그리고 나는 바로 고객을 만나러 나갔다. 한 명의 정보가 아니라 여러 고객을 만나 현재의 상황을 점검했다. 그리고 내부 상황도 파악하였다. 일부 고객들은 강한 불만의 제기했다.

"이사님, 신제품 A는 가격만 비싸고, 아무런 개선점도 찾을 수가 없어요."

"다른 저렴하면서 성능 좋은 제품 있으면 소개해주세요."

나는 고객에게 얘기했다.

"단기간의 성능을 생각하지 말고, 장기적인 트렌드를 보세요. 그리고 향후 기술의 방향이 어떻게 나아가는지도 준비가 필요합니다."

나는 최신제품을 선호하는 고객사에게는 신제품 A의 성능을 강조했고, 전체적인 비용을 중시하는 고객사에게는 최신 공정에 신제품을 적용하여 성능을 확인하자는 제안을 하였다. 그리고 총괄 운영팀과는 미팅을 통해 전체적인 균형 및 다음 세대 기술을 설명하면서 신제품 A에 대한 필요성을 강

조했다. 이러한 고객사 맞춤전략이 시장에서 반응을 하는 분위기다. 실제로 이러한 고객과의 미팅을 통해서 신제품 A의 판매가 조금씩 늘어가고 있다. 현재까지의 영업실적은 4억원이다. 받은 발주서 금액은 대략 5억 5천만원 있다. 금년도 목표는 20억 판매이다. 추가로 10억원의 발주서를 받아야 목표를 달성할 수 있다. 쉽지 않은 목표이다. 나는 꼭 달성할 수 있다는 마인드셋을 가지고 전략대로 움직일 것이다. 그리고 2023년 12월 31일에 20억원 매출이 달성되기를 기대한다. 매출 달성을 떠올리며 나는 오늘도 웃으면서 고객사를 만나러 나간다.

골프를 잘 치지 못하는 두려움

-이재영-

골프를 시작한 지도 이제 10년이 넘어가고 있다. 10년이라는 골프 경력에 비해서 실력은 90대 초반에 머물러 있다. 나의 골프 실력은 드라이버는 핑 G30에 SR샤프트를 사용하고 있으며, 비거리는 210~220m를 보통 기록한다. 아이언의 경우는 미즈노 MP34를 사용하고 I7 기준의 비거리는 145~150m 정도를 치고 있다. 50대의 아마추어 골퍼 수준으로는 거리 비교에서는 평균수준이라고 생각한다. 하지만 한 달에 1~2회 정도를 다니고 있는 필드의 경우, 나이가 나보다 많은 분들보다도 필드에서의 점수는 항상 밀리고 있는 상황이다. 일반적으로 골프에 입문하고 2년 정도면 싱글 소리를 듣는 사람들이 많이 있다고 한다. 그리고 입문하고 2년 이내에 싱글 달성을 하지 못하면 평생을 싱글하기 어렵다는 역설의 주장이 있기도 하다. 그래서인지 나는 아직도 싱글을 하지 못하고 이렇게 90대 초반에 계속 머물러 있는 것이 아닌지 두려움에 사로 잡혀 있다. 이런 두려움에 대해 NLP 과정에서 배운 여러 도구 중에서 Well Formed Outcome(잘 만들어진 결과)

이라는 도구를 활용하여 골프에 대한 두려움을 극복하고 싶다.

우선 골프를 잘 치지 못하는 두려움에 대해 Well Formed Outcome 도구를 활용하여 문제를 서술하고 개선의 방향성을 찾아보자.

[잘 만들어진 목표 결과 만들기]

각각의 목표 설정 전략을 사용하여 당신의 목표를 정의하라.
1. 당신이 바꾸고자 하는 문제(목표) 상태는? ⇨ 나의 문제는 골프를 잘 치지 못하는 두려움이다.
2. 문제 상태를 설정한다. 무엇을 멈추거나 피하고 싶은가? ⇨ 나는 골프를 잘 치지 못해서 두려워하는 것을 멈추고 싶다.
3. 문제 상태의 극성을 파악한다. 문제 상태의 반대는 무엇인가? ⇨ 나는 골프를 칠 때 자신감 있게 치기를 바란다.
4. 외부에 벤치마킹할 만한 상태를 정의하는 것, 이미 원하는 것과 유사한 원하는 상태를 달성할 수 있는 사람/상황이 있는가? ⇨ 나는 프로처럼 골프를 잘 치고 싶다.
5. 원칙을 이용하여 원하는 상태의 구조를 연역적으로 정의한다. 즉, 원하는 상태로 나타낼 중요한 특성(이전 답변에서 선택한 역할 모델에 의해 나타남)을 찾아본다. ⇨ 나는 안정된 리듬, 탄탄한 스윙, 자신감이 있는 골프 실력을 발휘하고 싶다.
6. '생성적인' 결과를 확립한다. 즉, 기존의 자질들 중 확장하고 싶은 것은? 원하는 상태와 관련하여 어떤 자질이 필요하거나 더 많이 갖고 싶은가? ⇨ 나는 더 안정된 리듬, 더 탄탄한 스윙, 더 큰 자신감이 있는 골프 실력을 발휘하고 싶다.
7. '마치 ~처럼(as if)' 행동한다. 만약 당신이 이미 원하는 상태에 도달했다면, 당신은 무엇을 할 것인가, 혹은 더 심층적으로 할 것인가? ⇨ 나는 더 안정된 리듬, 더 탄탄한 스윙, 더 큰 자신감이 있는 골프 실력을 발휘하고 있다.

[결과 각본 검열]

1. 무엇을 원하는가? 어떻게 달라지고 싶은가?

A 나는 더 안정된 리듬, 더 탄탄한 스윙, 더 큰 자신감이 있는 골프 실력을 발휘하고 싶다. 지금의 골프 실력은 필드에서 90개~90개 중후반을 치는 수준이지만, 필드에서 81개 이하는 치는 싱글이라 불리는 수준으로 골프를 잘 치고 싶다.

2. 어떻게 내가 원하는 것을 얻었다는 것을 알게 될 것인가?
A 필드에서 81개 이하를 5회 이상 달성하게 되면 안정적인 싱글이라는 소리를 동료들에게서 들을 수 있고, 나 또한 알게 될 것이다.

3. 원하는 것을 얻었을 때 내 삶이 어떻게 달라질 것인가? (그것이 내게 무엇을 해줄 것인가?)
A 주변 동료와 지인들로부터 싱글이라는 칭호를 얻을 수 있다.
동료 또는 고객들이 더 자주 동반 라운딩을 요청하는 기회가 생길 것이다.
이를 통하여 대외 교류에 대한 네트워크 확대의 기회가 더 많이 주어질 것이다.
직장 내 그리고 대외적으로 나의 입지가 더욱 공고해질 것이다.

4. 원하는 것을 얻기 위해 어떤 자원이 필요한가?
A **노력 자원**: 골프 실력 향상을 위한 연구 활동에 대한 노력이 필요하다.
시간 자원: 골프는 몸으로 체득하는 스포츠라서 연구된 개선 방법을 일정 수준 이상의 연습량이 필요하다.
심리 자원: 골프는 멘탈 운동이라고 한다. 강력한 마인드 컨트롤을 통하여 안정된 자신감을 가지는 것이 필요하다.

5. 가진 자원을 어떻게 최선으로 활용할 수 있는가?

A 유튜브를 통해 골프 실력 향상을 위한 연구활동을 지속하고 미리 등
록된 연습장에서 주 3~4회 이상의 연습을 하기 위한 시간을 투자하
고 이러한 연습장 활동에 대해 사전에 아내의 동의와 협조를 구한다.
월 2~3회 이상의 필드 라운딩을 하는 기회를 가진다.
자신감을 가지는 마인드 컨트롤을 하기 위해 엔커링이라는 도구를
활용하고 골프 연습 시에도 마인드 컨트롤을 위해 엔커링 도구를 활
용해 보겠다.

위의 과정을 통하여 골프를 잘 못 친다는 두려움에 대한 내용을 가지고
'나는 더 안정된 리듬, 더 탄탄한 스윙, 더 큰 자신감이 있는 골프 실력을 발
휘하고 있다.'고 하는 목표 결과를 도출해 보았다. 만들어진 결과를 '결과
각본 검열'이라는 도구를 통하여 실제 목표 결과로 가기 위해 필요한 자원
과 자원 활용법을 단계별로 도출해 보았다.

처음 막연하게만 생각되었던 골프를 잘 못 친다는 생각 차원에서 Well
Formed Outcome이라는 도구를 활용하고 나니 내가 정말 원하고 있었던
것이 무엇인지 쉽게 깨닫고 명확하게 목표 설정을 할 수 있었다. 그리고 원
하는 목표 결과로 나아가기 위해 필요한 자원들에는 무엇이 있는지? 자원
을 최선으로 활용할 수 있는 방법은 무엇인지도 명확해졌다.

나는 Well Formed Outcome으로 파악된 실행 사항들을 하나하나 수
행해 보았다.

오늘은 드디어 N7 멤버들과 그동안 Well Formed Outcome을 통해

설정했던 목표와 자원활용의 효과를 검증해 볼 수 있는 날이다. 필드에서 싱글에 도전을 해보려고 한다.

라운딩을 위해 진백 형님이 그렇게 어렵다는 처인체력단련장을 섭외해 주셨다. 진백 형님에게는 항상 골프장 섭외의 도움을 많이 받고 있어 너무 감사하다. 어젯밤에는 언제나 그렇지만 오늘의 라운딩에 대한 기대감으로 평소보다 일찍 잠자리에 들었지만 역시나 밤잠을 설쳤다. 마음속 한편에서 잠 부족으로 목표 달성을 못한 거라고 핑계거리를 만들려고 잠재의식이 올라온다. 아직도 자신감에 대한 마인트 컨트롤이 부족하다고 생각하고 피식 웃음을 짓는다.

5시 50분이다. 티오프 시간인 7시 35분에 맞추어 도착하기 위해 서둘러 집을 나섰다. 어제까지는 영주와 진백 형님과 학교 웰빙센터에서 만나 차 한 대로 이동하려고 하였지만 영주가 다른 사정이 있다고 해서 개별 출발하고 클럽하우스에서 만나기로 했다. 평일 아침의 고속도로이지만 차가 많다. 골프 인구가 코로나 이후로 폭발적으로 늘어서인지 새벽같이 움직이는 고급승용차들이 많이 보인다. 사실 나는 아침형 인간은 아니다. 그래서인지 새벽 골프를 나오면 정신이 몽롱하고 몸이 굳어 있다. 이 또한 핑곗거리일 것이다. 다시 한번 씁쓸한 웃음이 피식 올라온다. 그리고는 얼른 바지 주머니에 있는 골프백 미니어쳐를 만지작거리면서 엔커링 작업을 해본다. 엔커링을 하면서 자신감 고취를 위해 골프백 미니어쳐를 구입하여 골프를 잘 할 수 있다는 자신감에 대한 의식을 미니어쳐에 엔커링해 두었다. 역시 마음가짐은 시시각각으로 변한다는 생각이 든다.

6시 55분. 늦지 않게 클럽하우스에 도착하여 백을 내리고 카운터로 향했다. 다들 도착했을까? 역시 부지런한 진백 형님이 먼저 도착해 있다. 뒤

이어 병주가 카운터로 들어왔다. 영주는 7시 5분경 도착할 예정이라고 톡이 왔다. 7시 15분 라운딩 복장으로 갈아입고 스타트 장소로 모이기로 하고 라커룸으로 향했다. 스타트 장소로 가니 진백 형님과 병주가 먼저 나와 몸을 풀고 있다. 뒤이어서 나온 영주가 손을 번쩍 들어 하이 인사하며 달려온다. 주먹을 쥐고 마이크처럼 입 앞에 가져가더니

"N7 기자 김영주입니다. 이재영님 오늘 싱글 도전 성공하셨는데요. 성공 이유를 무엇이라고 생각하십니까?"

나는 이거 뭐지? 아직 라운딩 전인데 하고 어리둥절했지만 오늘 나의 목표가 싱글 도전이었기에 머릿속으로 빠른 생각을 해본다.

"제가 오늘 집중한 것은 2가지입니다. 첫째는, 연습처럼 하자. 둘째는, 마음이 흔들리면 엔커링을 통해 자신감을 다 잡자. 셋째는…"

하나 더 말하려고 하는데 영주가 자기 손을 가져간다.

"첫째와 둘째에 집중하셨다는 것 인상적입니다. 앞으로도 싱글 도전 응원합니다. 지금까지 이재영님의 싱글도전 현장이었습니다."

영주는 그 두 가지를 집중하라며 검지와 중지를 세워 자신의 눈에 한번 내 눈에 한번 지켜보겠다는 손가락 사인을 하고는 카트 앞자리에 올랐다.

영주의 인터뷰가 집중력에 도움이 되었던 것인지 어렵사리 싱글 81타의 점수를 기록하였다.

'오빠 축하해'를 외치며 영주가 다시 달려온다.

"N7 기자 김영주입니다. 이재영님 오늘 드디어 싱글 달성을 하셨네요. 먼저 축하드립니다. 싱글 도전 성공의 소감 한 말씀과 중요 성공요인에 대해 말해 주세요."

"아! 예, 먼저 축하인사 감사드립니다. 생각지도 못한 일이 벌어져서 뭐

라고 해야할지 어리둥절하기만 합니다. 성공요인은 라운딩 전에 얘기했던 2가지 요인이지 아닐까 생각합니다. 너무너무 감사합니다."

진백 형님이 등을 툭 치면서 싱글을 축하한다며 힘껏 안아주었다. 가슴에 통증이 느껴질 정도다.

"형님 싱글 너무 축하해요. 오늘 정말 대단했습니다."

병주가 잔뜩 치켜세워준다. 너무 행복하고 그 동안 목표와 자원 개발을 따라 꾸준하게 연습했던 내 자신에게 감사의 선물을 해주고 싶었다. 영주가 싱글 기념으로 한턱 쏘라며 N7 멤버 모두 모이라고 한다.

아~~ 통장 잔고가 비는 소리가 들린다.

나는 동반성장 중

-조영자-

"저 이번엔 꼭 해낼 수 있으면 좋겠어요~"

진희(가명) 간호사는 내가 맡고 있는 부서의 주임 간호사이다. 오늘은 간호단위 관리자 선발 일정 발표가 있는 날이었다. 대상 간호사들에게 공지하고 준비를 잘 할 수 있도록 격려해 주었다.

"파트장님~ 달달한 커피 한 잔 같이 하실래요?"

할 말이 있으면 진희 간호사는 이렇게 나에게 노크를 해왔었다.

"좋지~ 알지? 다방커피는 물조절인 거?"

"그럼요~ 파트장님이 자주 타주시는 방법대로…"

우린 그렇게 마주 앉았다. 달달한 커피 한 모금 넘기고는 진희 간호사가 조심스레 말을 시작했다.

"지난 간호단위 관리자 선발에 되지 않아 마음 추스르기가 많이 힘들었어요."

"그랬구나~ 많이 힘들었구나~"

"다시 시도하려고 하니 용기가 나질 않아요. 실패라는 어려웠던 마음을 다시 추스르기가 어려워져요."

좀 전에 커피 한 잔 권하던 그 밝은 목소리는 사라지고 양 어깨가 힘없이 축 내려 앉아 있었다.

"진희샘~ 마침표를 찍어야 실패지, '실패는 피드백이다'라는 말도 있잖아~ 진짜 관리자가 되어 가는 과정을 위한 피드백으로 단단해지고 있다고 생각해."

나도 지난 피드백이 있었다. 그때를 생각하면 지금도 속상해진다. 단위 관리자 필기시험 합격 후 면접을 준비하고 있었다. 처음 하는 면접이라 어떻게 해야 할지 난감했다. 파트장의 길을 먼저 걷고 있는 선배들이 족보를 보내주면서 많은 응원을 해주었지만 난 앞이 답답하고 막막했다. 하루하루가 긴장의 연속이었다. 마침 면접 당일에는 아침부터 물조차 입에 들어가지 않았다. 편하지 않은 정장을 차려 입고, 립스틱도 발랐다가 지웠다가 하면서 마음은 점점 조급하고 긴장되어 가고 있었다. 구두소리를 '또각, 또각' 내면서 면접 장소로 이동하는 발걸음마다 심장박동 소리의 데시벨이 점점 올라가고 있었다.

대기 의자에 앉아 심호흡하며 진정하는 것도 잠시, 내 이름이 호명되었다.

"이번 순서입니다. 안으로 들어가세요."

면접을 하기 위해 들어간 방에는 나란히 의자 4개가 가로로 놓여 있었다. 그 맞은편 데스크에 진료부원장, 간호본부장 그리고 간호행정팀장께서 면접관으로 앉아 있었다. 첫 질문이 나에게 먼저 왔다. 순간 멍해지면서 등줄기에 식은땀이 났다.

한 마디도 못하고 간호본부장님 눈만 쳐다보다가 끝내 답을 하지 못했다. 바로 옆자리 대상자에게 기회가 넘어갔었다. 아주 명쾌한 목소리로 답변을 하고 있었다. 갑자기 귀에서 윙~ 하는 소리가 나더니 어지러워서 한쪽으로 넘어질 것만 같았다. 다음 질문에 무슨 답을 했는지 기억이 나질 않을 정도로 정신이 혼미했었다. 결과는 당연히...

나는 지난해부터 경영대학원을 다니면서 '글벗'이라는 책모임을 했었다. 코칭을 하고 있는 영주언니의 리드로 [강점혁명] 책을 활용하여 나의 강점을 찾고 활용하여 성과를 낼 수 있도록 하는 강점 코칭을 했었다.

나의 상위 5개의 강점은 사교성-공감-화합-공정성-포용으로 나타났다.

강점테마	나의 테마설명
사교성	본능적으로 팀의 일원이 되는 것에 즐거움을 느끼고, 일원들이 그룹에 무엇을 기여할 수 있는지 알아낸다. 특히, 미소와 격려하는 말 또는 칭찬으로 사람들을 금세 편안함을 느끼도록 만드는 특별한 재능이 있다.
공감	다양한 종류의 사람을 당신의 인생에 끌어들이는 능력이 있다. 사람들의 감정과 생각을 이해하고 인정, 사람들의 기분을 예리하게 인식하며 이는 더 열심히 일하려는 동기로 작용한다. 사람들을 그저 행복하게 만들어 주고 싶어할 때가 많다.
화합	사실에 기반해 특정 인물이나 상황에 객관적이고 실용적으로 접근한다. 당신은 선입견을 갖지 않지만, 다른 사람 말에 최대한 경청한 후 최선의 행동을 취한다. 실용적이고 현실적인 문제해결을 한다. 정확한 정보와 해결책을 찾으려는 노력이 다른 이들에게 깊은 인상을 주려는 욕구보다 더 중요하게 느낀다.
공정성	당신에게는 균형이 중요하다. 사람들이 어떤 상황에 처해 있든지 똑같이 대해야 할 필요성을 강하게 느낀다. 공정하지 않은 환경을 진심으로 혐오한다. 일부에게 특혜를 주는 환경이 아니라, 분명하게 세워진 규칙이 모든 사람들에게 평등하게 적용되는 공정한 환경에서 사람들이 최고의 역량을 발휘할 수 있다고 믿는다.
포용	'원을 더 넓히자' 이것이 바로 당신의 인생 철학이다. 누군가가 밖에서 소외되어 있는 모습을 보는 것을 정말 싫어한다. 집단 속에서 따뜻함을 느낄 수 있게 그들을 안으로 들이기를 원한다. 당신은 천성적으로 마음이 넓고 포용적인 사람이다.

「GALLUP. Clifton Strengths 강점검사」

어느 날 누군가가 나에게 강점을 물어본 적이 있었다. 어떻게 대답해야 할지, 뭐가 강점인지 몰라서 더 당황스러웠던 기억이 있었다. '글벗' 모임을 통해 나의 강점테마를 알게 되었고 대표 특성보고서를 읽으면서 이게 강점인가? '맞아 이거였구나' 무릎을 치게 만들었다. 단순히 성격으로만 알고 있었던 것들이 나의 강점인 것이다. 함께하는 것을 좋아하고 그 속에서 어느 누구도 소외되지 않고 좋은 결과로 이끌어 내기 위한 내용으로 가득 차 있었다. 그랬다. 난 그런 강점을 가지고 있었다. 항상 부족한 것을 찾아내고 그것을 개선하려고만 했었다. 단점이 개선되지 않을 때마다 스스로 자책하며 내 자신이 부족하다고만 생각하며 지내왔었다. 강점 코칭을 통해 강점활용 프로젝트를 기획하고 성과로 만들 수 있겠다는 생각이 들었다. 조직에서 업무나 목표과제 또는 문제해결 등 잘 할 수 있는 것을 알아내고, 마음가짐과 행동의 변화로 결국 성장해 가고 있다는 것을 지금까지도 시나브로 느껴오고 있다. 이번 단위관리자 선발과정에 진희 간호사를 위해 공감하고 강점 코칭을 적용해서 성과로 연결하면 좋겠다.

그래서, Well-formed outcome(잘 만들어진 결과, 목표)을 작성해 보았다.

각각의 목표 설정 전략을 사용하여 당신의 목표를 정의하라.
1. 당신이 바꾸고자 하는 문제(목표) 상태는?
⇨ 부서원의 성장을 도와 동반성장겠다.
2. 문제 상태를 설정한다. 무엇을 멈추거나 피하고 싶은가?
⇨ 성장을 위한 편견을 멈춘다.
3. 문제 상태의 극성을 파악한다. 문제 상태의 반대는 무엇인가?
⇨ 코칭을 활용하여 부서원의 잠재되어 있는 성장마인드를 이끌어낸다.

4. 외부에 벤치마킹할 만한 상태를 정의하는 것, 이미 원하는 것과 유사한 원하는 상태를 달성할
수 있는 사람/상황이 있는가?
⇨ 이성엽 교수님처럼 변화와 성장으로 동반성장의 성과를 내고 싶다.

5. 원칙을 이용하여 원하는 상태의 구조를 연역적으로 정의한다. 즉, 원하는 상태로 나타낼 중요
한 특성(이전 답변에서 선택한 역할 모델에 의해 나타남)을 찾아본다.
⇨ 코칭으로 무한한 성장을 도와주는 코치역량을 발휘하고 싶다.

6. '생성적인' 결과를 확립한다. 즉, 기존의 자질들 중 확장하고 싶은 것은? 원하는 상태와 관련
하여 어떤 자질이 필요하거나 더 많이 갖고 싶은가?
⇨ 부서원들의 각 역량에 맞는 코칭을 적용, 무한한 성장으로 변화를 돕는다.

7. '마치 ~처럼(as if)' 행동한다. 만약 당신이 이미 원하는 상태에 도달했다면, 당신은 무엇을 할
것인가, 혹은 더 심층적으로 할 것인가?
⇨ 나는 무한한 성장을 도와주는 코치로서 성장으로 이끌었다.

여전히 잘할 수 있을까 하는 생각을 가지고 있는 진희간호사에게 [GALLUP Clifton Strengths 강점검사]를 진행하고 결과를 가지고 다시 만나기로 했다.

며칠 후, 똑똑!! 하는 소리가 들렸다.

"파트장님~ 강점을 찾고 보니 나에 대해 정말 모르고 있었어요."

진희 간호사가 조금 떨리는 목소리로 말했다.

"어떤 생각을 했어?"

"화합-책임-공정성-성취-집중의 강점테마가 나왔는데, 저에게는 자극하고 원동력이 되는 성취라는 강점이 있어서 이번 관리자시험에 도전할 수 있는 용기를 얻었어요."

"오~ 그런 용기를 얻었다니까 정말 멋지다. 진희쌤에게 정말 필요한 용기를 얻었네."

"저에게는 또 집중테마 강점이 있어서 관리자시험을 확고하게 목표로

잡아 질주할 수 있겠더라구요."

진희쌤이 약간의 흥분된 목소리로 자신감 있게 말했다.

"진희쌤~ 지난 관리자 지원 과정에서 부족했거나 아쉬웠던 것이 무엇이었을까?"

"지원서 쓰는 것과 면접준비가 많이 아쉬웠어요."

"어떻게 쓰면 좋을까?"

"간호관리자로서 역할을 강점을 활용해서 적어보고 싶어졌어요."

"와우~ 좋은데? 좋다~ 그렇게 적어보자."

예전 지원서와는 다르게 이번엔 존재를 알리고 관리자로서의 업무를 강점을 활용한 구체적인 계획과 기대성과를 작성하여 제출하였다. 또한, 열심히 준비한 필기시험까지 이번 1차 결과는 합격이었다.

"1차 합격 축하해."

"아... 저 합격했어요? 감사합니다."

열심히 했음에도 혹시나 했는지 너무 기뻐했다.

"자~ 이제 면접준비 해야지? 어떻게 하고 싶어?", "관리자 대상자에게 어떤 것이 궁금할까?"

"..."

"예상되는 질문을 제가 만들고 답을 작성해 보겠습니다."

간호본부 리더들로 구성된 면접위원에 따라 예상되는 실무위주의 질문과 지원서 내용을 토대로 예측 가능한 질문을 찾아내고 모범답안까지 준비하여 연습하며 교정하였다. 또한 시선처리, 동선 시뮬레이션까지 꼼꼼하게 점검했었다.

"파트장님~"

진희 간호사가 면접을 끝내고 내 방으로 들어왔다.

"고생했어~"

"질문이 너무 많았어요."

"예상질문을 준비해서 연습하지 않았더라면 당황할 수 있는 질문이 있었어요."

"저의 강점을 찾게 해주고 도전할 수 있게 이끌어 주셔서 감사합니다."

지금까지 관리자 시험 몇 번째 도전하고 있지만 이런 변화로 시도해 본 것은 처음이라고 했다. 합격을 떠나 여기까지 올 수 있게 한 것만으로도 큰 성장을 가지고 왔으며 스스로 자랑스럽다고 했다. 맞다. 나의 마음속 깊은 곳에서 뿌듯함이 느껴졌다. 이것이 바로 동반성장하고 있는 것이 아닌가 하는 생각을 했다. 마침내 진희 간호사는 합격을 했고, 파트장으로 성장하게 되었다. 진희 간호사도 누군가의 성장에 함께 할 것이라고 믿는다.

멈추지 않는 성장을 위해 난 오늘도 잘 살아내어 본다.

밸런스를 갖는 생활

-최현정-

휴대폰 알람이 울린다. 눈을 찡그리고 게슴츠레 한쪽 눈을 겨우 떴다.

휴대폰 6시 알람이 울린 것을 확인했다. 얼마쯤 흘렀을까 다시 알람이 울린다. 눈을 뜨고 침대 앞시계를 보니 6시 30분을 가리킨다. 휴대폰 알람이 울렸다. 그냥 껐다.

눈을 뜨기가 너무 힘들어 그냥 감았다. 그렇게 아주 잠시 후 '따르르르르릉 ~~' 세차게 벨소리가 들린다. 집 전화벨 소리였다.

"여보세요." 잠긴 목소리로 전화기를 들고 말했다. 익숙한 목소리가 들려온다.

"일어나서 늦지 않게 출근해."

"오빠 어디야?" 전화기 옆에 휴대폰을 확인하니 6시 40분이었다.

평소 우리 부부의 아침 일상이다. 나는 아침에 일어나기가 너무 힘들다. 그러면서도 부지런히 출근 준비를 한다.

[월요일]

주말에 다 풀리지 못한 피로로 출근하기가 더 피곤하다. '오늘은 여유 있게 퇴근하자.' 출근하면서 마음속으로 다짐해 본다.

출근 후 업무를 하다 시간을 보니 저녁 6시 30분이 됐다. 월요일은 **멘탈코칭 수업**이 있는 날. '아, 퇴근 준비하자.' 작성하던 메일을 마무리하면서 오늘 해야 할 일 중 빠진 건 없나 다시 한번 체크한다. 7시 퇴근버스를 타기 위해 사무실에서 빠른 걸음으로 정문을 향해 내려간다. 저녁 8시부터 10시까지 수업을 들었다. 수업내용을 ppt에 차수별로 정리했다. 코칭 수업, 코칭 공부는 즐겁다. 나를 스스로 돌아보는 시간, 나를 알아가는 시간이라서 너무 귀하다.

공부하고 있는 시간들을 통해서 많은 성찰을 하게 된다. 나의 감정상태 단어의 표현들, 몸 상태, 마음 상태 그리고 영성으로 나를 바라볼 수 있도록 훈련하고자 한다.

'관심이 있는 곳에 에너지가 흐르고 에너지가 흐르는 곳에 인생이 흘러간다.' 그래서 끊임없이 코칭 공부를 해보고 싶다.

눈이 감긴다. 거실로 나오니 테이블에 정리하지 않은 그릇들이 보였다. 남편은 오늘 저녁에 줌 미팅이 있어서 저녁을 집에서 식사했다. 테이블을 정리하고 설거지를 하고 시간을 보니, 밤 11시 30분이다.

'씻고 자야 하는데' 머리로 생각하지만 몸은 커피머신 앞으로 가고 있었다. 이미 손은 캡슐을 고르고 커피머신에 캡슐을 넣고 커피를 내렸다. 고소한 커피향이 피곤한 눈과 코를 위로한다. 마치 커피 테라피 같이…. 남편과 커피 한 잔을 한다. 시간이 자정이다. '오늘 어땠어?' 서로 각자가 기억나는 하루를 지금하고 있는 일들을 나눴다.

[화요일]

알람이 울린다!! 어제와 같은 패턴으로 일어났고, 출근을 했다. 일정을 체크하고 업무를 시작했다.

오후 4시엔 정기적 미팅을 한다. 회의를 다녀오니 5시 30분이다. 회의 참석으로 다 못한 일을 마무리 하다 보니 저녁 8시쯤 됐다. '아, 오늘 10시에 오픽 1급 시험대비 화상 ZOOM 수업이 있지' 업무를 마무리 하고 PC를 정리했다. 퇴근버스를 타고 집에 오니 9시 30분이다. 10시 줌 수업은 11시에 끝났다. 기지개를 크게 하고 '으~아~~' 소리가 절로 나온다. 눈이 퍽퍽하니 아프다.

오픽 2급을 취득하고 학교 수업으로 공부가 부족했던 나는 1급을 위한 준비를 놓칠까 생각했다. 그래서 매월 전화영어 또는 영어 화상수업을 하고 있다. 다시 PC를 켜고 'Wonder N7 멤버들과 함께 하는 책쓰기를 위해 워드문서를 열었다. '주제를 잡아야 하는데…', '일단 유튜브를 보자', '강연을 듣다 보면 아이디어가 떠오르겠지.' 그렇게 한참 보다 허리가 아파서 눈을 떴다. 시간을 보니 2시 30분. 어느새 의자에 기대어 잠들어 있었다. 켜져 있는 PC 앞에서 그렇게 졸고 있었다. 씻고 침대로 갔다.

[수요일]

유일하게 수업도, 약속도 없는 수요일이다. 오늘은 못한 일들, 밀려 있었던 일을 더 했다. 퇴근하고 집으로 오니 10시, 잠시 TV를 켰다. 전국민이 다 본다는 '이상한 변호사 우영우'가 나온다. TV를 보다 시간을 보니 11시, 다시 PC를 켜고 워드파일을 열었다. 한 줄이라도 쓰자. 그냥 자기엔 죄책감이 든다. 두 줄을 쓰니 더 이상 생각이 나지 않는다. '주제를 바꾸자.'

[목요일]

오늘도 근무 후, 영어 줌 수업이 밤 10시에 있다. 수업이 11시에 끝나고 영어 과제를 했다.

수업에 배운 내용과 지난 겨울에 배웠던 내용들의 다른 표현들, 단어, 어휘 등급상승을 위한 좋은 표현들을 정리했다. 밤 12시였다. 목요일이지만 맥주 딱 한 모금만 하고 싶었다. '낼 출근도 해야 되는데' 머리로 생각하지만 손과 발은 냉장고 앞에서 문을 열고 500ml 맥주를 하나 꺼냈다.

남편과 반씩 나눠서 마셨다. '아 ~ 피로가 풀린다.'갑자기 정신이 번쩍 든다.

'책을 쓰자.' 나는 다시 PC 앞에 앉아서 워드문서를 열었다. 한 페이지쯤 쓰다 시간을 보니 1시 30분이다. 아~. 아직 안 씻었다. 개운하게 씻고 2시에 침대로 갔다.

[금요일]

퇴근 후 시원한 맥주 한잔을 하고 싶은데… 모두 불금이라는데… 난 불같이 보내면 그날이 태워져 없어진다. 맥주는 마음속에 넣어두었다. 글을 쓰다 보니 새벽 2시가 됐다. 일단 자자. 오늘 아침 6시에 N7 줌 미팅이 있다.

[토요일]

아침에 눈을 뜨니 5시 45분이다. 세수만 하고 줌을 켰다. 6시에 멤버들과 줌 미팅을 했다. 서로의 글에 대해서 좋은 내용과 바꾸면 좀 더 좋을 것 같은 내용들을 나누고, 그렇게 8시 30분까지 서로 피드백을 주고받았다.

10시 30분까지 학원을 가야 한다.

주말엔 강남에 오픽 강의를 들으러 간다. 방학 때가 아니면 학원 수업을 들을 수가 없다.

매주 토요일은 오전 10시 30분부터 오후 1시 30분까지 수업을 듣는다. 집 앞에서 강남 가는 버스를 기다리는데 햇빛이 너무 강했다. 고개를 들을 수가 없다.

눈이 아프고 이마에 땀이 맺히기 시작했다. 휴대폰을 보니 9시 30분이다. 15분쯤 기다렸다. 2층버스가 도착했다. 이곳으로 이사 와서 2층버스는 처음 타본다. 그 와중에 설렌다. 어떤 기분일까, 버스카드 체킹을 하고 2층으로 올라갔다. 마치 Tour bus를 탄 기분이었다.

버스가 동탄IC를 올라갈 때 2층에서 내려다보니 뭐랄까? 스릴과 짜릿한 느낌… 학원을 다녀오면 일주일이 벅차지만 마음이 조금 편해진다. 뿌듯하다는 생각이 든다. 집에 도착하니 오후 4시가 다 되었다. 그때부터 눈이 감기기 시작한다.

가방을 식탁 의자에 내던지고, 나는 소파로 직행했다. 앉아 있다 옆으로 기댔다. 그냥 눈이 감긴다. 그리고 얼마쯤 시간이 흘렀을까 눈을 뜨니 창밖이 어둑어둑해졌다. 저녁 7시다. 어둠이 내려왔다. 배가 고프다. 저녁을 어떻게 먹을까 생각한다. 남편과 집 앞 상가로 나갔다. 포장된 묵은지 고등어조림 비조리식품을 사와서 조리했다. 냉장고를 열고 뭘 먹으면 쉽게 빨리 먹을까 생각하고 냉동실에 있는 얼려 놓은 밥과, 국을 꺼내고 엄마가 만들어 주신 반찬들을 꺼내어 식사를 준비했다. 맥주가 빠질 수 없지. 남편과 오늘은 각 1캔을 한다.

[일요일]
평소보단 늦었지만 8시에 일어나서 남편과 1시간 산책을 했다. 파리바

게트에 가서 모닝세트를 시켜 빵과 따뜻한 아메리카노로 아침을 가볍게 해결한다.

11시, 주일 예배를 드리고 편한 옷으로 갈아 있었다. 가방에 노트북과 OA기기 소모품을 같이 챙겨 넣었다. 'NLP원리' 책도 넣고, 메모장도 넣었다. '아~ 텀블러, 블루투스 이어폰, 외장 메모리, 또 빠진 거 없나?' 노트북 전원, 연장선 하나씩 체크 후 가방을 메고 집에서 나왔다. 오후 1시 30분이다. 집에서는 TV와 OTT 서비스의 유혹을 뿌리치기 어렵다. 소파도 날 유혹한다. 어쩔 수 없이 집에서 나와 버스를 탔다. 도서관 앞에서 내렸다. '오늘은 지난 주제 수정과 이번주 주제로 글을 써보자.' 도서관 미니어실에 자리를 잡고 자리를 셋팅했다. 주변을 둘러보니 나이가 어려 보이는 학생부터 머리에 흰머리가 하얗게 있는 분까지 모두들 무언가에 몰입하고 있었다. 많은 사람들이 열심히 사는구나. 나도 그중에 있는 걸까? 그래서 여기에 있는 분들을 볼 수 있나 생각하며 뿌듯함을 느껴본다.

돌아보면 바쁘게 만들어진 스케줄이지만 정신없이 일단 '하자' 하는 데까지 해보고 싶었다.

'내가 이렇게까지 바쁘게 일정을 잡을 필요가 있을까?' 지치기 전에 나를 다시 돌아봐야 한다.

나는 경영대학원 3학기 중이다. 지금까지 복수전공으로 마케팅과, 코칭 수업을 참여하고 있다. 함께 공부하면서 협상 1급, 코칭 자격증 KAC, 5R 리더십 코칭 강사 FT, 오픽 영어 2급, NLP Practitioner 등을 짬짬이 시간을 내면서 취득해 왔다. 코로나도 2번이나 겪게 되었다. 한 번 걸리고, 5개월 뒤에 재 감염이 되었다. 피로로 인한 면역력 저하 및 운동 부족일까? 코로나 재감염 이후 피로감이 더욱 밀려오게 되어 다시 한번 건강을 중요하게 생각하게 되었다. 바쁜 일상이지만 운동과 휴식을 겸할 수 있도록 건강을 위한 목표가 필요하다.

　　생활의 목표를 다시 한번 수립해 보기로 했다.

　　나의 문제는 [건강을 챙기지 못한 생활]이다.

각각의 목표 설정 전략을 사용하여 당신의 목표를 정의하라.
1. 당신이 바꾸고자 하는 문제(목표) 상태는? ⇨ 일상생활에 건강을 잘 관리하는 생활.
2. 문제 상태를 설정한다. 무엇을 멈추거나 피하고 싶은가? ⇨ 나는 쉼 없이 일정 수립하는 것을 피하고 싶다.
3. 문제 상태의 극성을 파악한다. 문제 상태의 반대는 무엇인가? ⇨ 나는 일주일에 하루를 충분히 쉬는 일정을 만들고 운동시간의 포함이 필요하다.
4. 외부에 벤치마킹할 만한 상태를 정의하는 것, 이미 원하는 것과 유사한 원하는 상태를 달성할 수 있는 사람/상황이 있는가? ⇨ 나는 남편과 같이 쉬는 1일을 만들고 1시간씩 주 3회 운동을 실행하고 싶다.
5. 원칙을 이용하여 원하는 상태의 구조를 연역적으로 정의한다. 즉, 원하는 상태로 나타낼 중요한 특성(이전 답변에서 선택한 역할 모델에 의해 나타남)을 찾아본다. ⇨ 쉼을 통해 일상을 점검하고 마음에 공간을 만든다.
6. '생성적인' 결과를 확립한다. 즉, 기존의 자질들 중 확장하고 싶은 것은? 원하는 상태와 관련하여 어떤 자질이 필요하거나 더 많이 갖고 싶은가? ⇨ 나는 일요일을 쉬는 날로 정하고 산책과 피트니스로 이용하여 체력과 마음에 공간을 가져본다.
7. '마치 ~처럼(as if)' 행동한다. 만약 당신이 이미 원하는 상태에 도달했다면, 당신은 무엇을 할 것인가, 혹은 더 심층적으로 할 것인가? ⇨ 나는 체력을 키우고 학업을 잘 마치고 더 나아가 다른 성장을 위한 일상을 지키고 있을 것이다.

　　나는 쉼을 갖겠다는 마음은 갖고 있었지만, 중간중간 비어 있는 스케줄에 다른 스케줄을 추가하여 운동과 쉬어야 하는 시간을 갖지 못했던 문제가 있었다. 공부와 일은 끝이 없다.

계속해야 하는데 하루에 너무 많이 하려는 문제를 갖고 있었다. 모든 것이 늦었다는 생각에 조급함도 있었다. 이제 와서 생각하면, 지속적인 성장을 위해서 무엇보다 필요한 것은 건강이다.

쉼이 부족하고, 운동이 부족하고 잠이 부족했다. 그러다보니 건강에 문제가 있었을까? 나의 면역체계에 이상이 생겼을까? 코로나를 (3/3 첫 감염, 8/8 재감염) 2번이나 경험하게 되었다. 코로나 재감염을 경험하고 난 후에 건강을 챙겨야 하는 생각이 부쩍 들었다.

'이제는 일과 공부와 쉼의 밸런스를 적절하게 분배하여 맞춰 보자'라고 생각한다. 그리고 조금씩 조금씩 놓지 않고 꾸준히 쌓아 가겠다는 마음도 먹어본다.

그렇게 하기 위해 Well-formed Outcome은 목표 의식적 자원과 무의식적 자원을 모두 동원하는 자신의 잠재력을 끌어낼 수 있도록 하는 참 좋은 자극이다.

목표 설정의 전략 단계 중 6단계는 마치 자신이 원하는 상태에 이미 도달한 것처럼 행동하는 단계이다.

이미 성취한 것같이 목표를 생각하고 ACTION한다면 내가 문제라고 생각하는 것은 더 이상 문제가 아니라는 것이다.

에필로그

구병주

글을 쓰는 여행 과정에서 과거, 현재 그리고 미래의 나를 만났다. 온몸으로 고통을 통과한 순간, 기쁨과 희열의 카타르시스, 찬란한 미래와의 만남으로 나의 삶은 충분히 의미 있다. 과거와 현재, 그리고 미래의 내가 연결되어 있다. 삶의 어느 지점에서 우리가 글벗이 되어 함께했음이 자랑스럽다. 책은 종착역에 도착했지만, 마음을 재정비해서 전쟁에 나가는 용사처럼 새로운 에너지가 솟구친다. 인생에서 선택의 순간이 있다. 마음먹은 대로 생각한 대로 나의 인생은 흘러간다. "내가 진짜 하고 싶은 것, 말하는 대로, 꿈꾸는 대로, 도전은 무한히, 인생은 영원히…"

김영주

NLP수업을 통해 "나는 어떤 사람인가?"와 "나는 어떤 사람과 어울리고 싶어하는가?"를 알게 됐다. 2022년 5월 이성엽 교수님은 법정스님의 말씀 '함부로 인연을 맺지 마라'를 인용했다. '함부로 인연을 맺지 마라. 진정한 인연과 스쳐가는 인연은 구분을 해서 인연을 맺어야 한다. 진정한 인연이라면 최선을 다해서 좋은 인연을 맺도록 노력하고, 스쳐가는 인연이라면 무심코 지나쳐 버려야 한다' 어떤 아픔을 동반하더라도 버텨내야 한다. 나와 결이 맞는 사람들과 함께 공부하고 책을 쓰는 기간은 크리스마스 선물 같았다. 우리는 서로의 글을 통해 지나온 과거와 살아내고 있는 지금, 미래의 꿈꾸는 삶까지 인생 여정을 함께 했다. N7이 함께여서 책을 출간하게 되었다. 나는 어떤 사람인지? 글을 쓰면서 알게 되었고, 함께 글을 쓴 N7 사람들과 오래도록 어울리고 싶어하는 것을 알게 되는 시간이었다.

노진백

나의 버킷리스트 중 하나는 책을 출간하는 것이었다. 책을 집필하는 것은 전문작가들의 전유물이라는 생각이 들어 쉽게 용기가 나지 않았다. 함께 코칭 공부를 하고 있는 67기 원우들과 코칭공부 과정에 대해 글을 쓰고 싶다는 마음이 생기면서 시작할 용기가 생기게 되었다. 그러나 이런 가상한 용기 못지 않게 내가 감당 못할 감정이 있었다. N7들과 주말마다 온·오프로 모여 글에 대해 평가를 받는다는 것에 두려움이 그것이었다. 두려움과 용기를 반복한 끝에 나는 인생에서 느껴보지 못한 경험을 갖게 되었다. 책이 나왔다는 결과보다는 누구나 변화와 성장을 할 수 있다는 것을 알게 된 소중한 시간이 되었다

설명찬

책을 처음 쓰자는 얘기를 했던 기억이 떠오른다. 막연히 내가 책을 쓴다고, 평생 한번 있을까 말까한 기회라는 생각에 선뜻 수락했다. 글을 쓰는 것은 긴장되면서도 재미있었다. 하지만, 시간이 지나면서 글을 쓴다는 것이 부담감으로 다가왔다. 나처럼 평범한 사람이 뭐라고 글을 쓸까, 내 글을 읽을 다른 사람들의 시선이 느껴졌다. 그리고 내가 경험한 것을 타인에게 보여준다는 것이 부담감으로 다가오면서, 설레임이 옅어지고 있다. 완벽한 글을 아니지만, 진솔하게 나의 마음을 전하고 싶었다. 이 글을 통해서 단 한 사람이라도 자신을 되돌아보고 동감할 수 있는 사람이 있었으면 좋겠다.

이재영

오늘 다시 노트북을 열고 글을 적고 있다. 이제 노트북을 열고 글을 쓰

는 내 모습이 낯설지가 않다. 인생에 있어 글을 써본 것은 어렸을 때 숙제용 일기 적기, 업무용 보고서, 기술 논문 정도가 다였다. 내 생각과 느낀 바를 글로 표현하는 것은 쉬운 작업은 아니었다. 비록 미흡한 점들이 많은 글이지만 글쓰기를 마무리하고 나니, 시원하면서 뿌듯함이 느껴진다. 한여름의 뜨거웠던 태양의 마음을 가지고 글쓰기를 시작하여 한겨울의 한파를 뚫고 책을 이제 마무리하려고 보니, 가슴속에서 뜨거운 무언가 뭉클한 것이 느껴진다. 아마도 N7 친구들 모두 비슷한 마음을 느꼈을 것이다. 고난스런 어려움을 잘 이겨내고 글쓰기의 과정을 서로서로 격려해 준 N7 멤버들에게 감사 인사를 보낸다. 사회생활에서 이러한 친구를 만나고 같이 책을 출간할 수 있어, 그 자체만으로도 무한한 영광이었고 내 인생의 엄청난 축복이다. 난 정말 축복 받은 사람이다. N7 멤버, 우리 언제까지나 함께하자.

조영자

어느 날, 장난처럼 건네 온 말이 있었다. "우리 책을 써보는 게 어때?" 코칭으로 함께 공부하고 있는 67기 원우들(N7)과 이야기 중에 흘러나왔다. 별 고민없이 "그럴까" 했던 것이 어제 같은데 지금 난 에필로그를 쓰고 있다. 그렇게 우린 N7이 되었다. 각자가 쓴 글을 읽어 주고 피드백 받는 것에 모두들 조금은 불편해 하는 듯했으나 횟수가 더해질수록 이 과정이 얼마나 큰 배움으로 가치가 있고, 성장을 하고 있다는 것을 느끼면서 함께했다. 책을 쓴다는 것은 자기 치부를 다 드러내는 것이라고 어떤 작가님이 말씀하셨다. 그렇게 우리는 책을 쓰고 서로 많은 것을 알아갔고, 슬픔과 기쁨을 함께 하는 소중한 존재들이 되어있다.

최현정

NLP를 공부하면서 수업 후 이성엽 교수님께서는 항상 [RP] Reflection Paper를 작성하게 하셨다. 우리들의 축제였다. 이 축제를 하면서 자기성찰을 통해 나의 자원을 찾고, 내면을 알아차려 갔다. 글쓰기를 통해 책을 내보자. NLP를 함께 공부하는 7명 N7의 멤버는 마음을 함께 하고 같은 동기를 갖고 책 쓰기에 도전했다. 우리들의 책 쓰기는 마치 글쓰기 고난이라는 포장지를 통해 마음성장을 선물 받은 시간과 같았다. 각자의 위치에서 삶에 최선을 다하고, 평일에 학교 수업과 주말에 책쓰기까지, 2022년 하반기는 방학도 휴가도 없이 모든 개인일정을 내어놓고 책쓰기에 마음을 함께했다. 짜여진 스케줄에 번아웃이 찾아와 아무것도 할 수 없었을 때, N7은 하나님께서 보내주신 귀한 선물(N젤즈)이었다. 지치고 힘들던 어느 날 하던 일 모두 접고 번개로 만나 작성한 전제의 내용을 미니책으로 만들어 의욕도 넣어주고, 적극적으로 위로해 준 N7 멤버들 덕분에 끝까지 함께할 수 있었다. 마지막까지 함께할 수 있도록 응원해준 N7 멤버들께 진심으로 감사하다. 책을 통해 인생의 아름다운 동행지기를 만났다.

저자 약력

[N7]

1. 구병주 코치 MBA 코칭 & IT Business 전공

KPC (Korea Professional Coach), NLP PRACTITIONER (NLP University)

성취와 미래지향적인 사고로 아이디어가 많으며 최상화를 위한 방향제시의
강점이 있는 코치이다.

끊임없이 배움을 통해 성장을 하고, 강하고 앞장서는 리더형 코치

2. 김영주 코치 MBA 코칭 & 협상 전공

KSC (Korea Supervisor Coach), NLP PRACTITIONER (NLP University)

팀에서 리더를 맡아 전략적이며 우리가 최상화를 추구할 수 있도록
긍정 커뮤니케이션을 활용하여 N7을 이끌어준 탁월한 코치이다.

사람을 돕는 일을 중요하게 생각하고 사랑과 인정이 많은 따뜻한 감성의 코치

3. 노진백 코치 MBA 코칭 & 협상 전공

KPC (Korea Professional Coach), NLP PRACTITIONER (NLP University)

뛰어난 공감과 Action으로 팀 활동들의 연결성과 목적을 발견하도록 돕고, 스스로
배움의 열정을 통해 고객의 최상화를 위해 이끌어 주는 영향력 있는 코치이다.

긍정적이며 에너지가 넘치고 즐거움을 추구하며, 안정적인 믿음을 주는 신뢰형 코치

4. 설명찬 코치 MBA 코칭 & 마케팅 전공

KPC (Korea Professional Coach), NLP PRACTITIONER (NLP University)

팀에 목표 달성을 위한 추진력과 최고의 능력을 발휘하도록 돕고 성공적인 결과를
거둘 수 있도록 책임 의식이 강한 코치이다.

긍정에너지가 넘치고 즐거움을 추구하며 커뮤니케이션에 안정적인 믿음을 주는
코치

5. 이재영 코치 MBA 코칭 & 협상 전공

KPC (Korea Professional Coach), NLP PRACTITIONER (NLP University)

목표 달성을 위한 추진력과 팀의 성공을 돕고 최고의 능력을 발휘할 수 있도록
이끌어주는 탁월함이 있는 코치이다.

일을 효율적이고 목표 지향적으로 추진하며, 인정과 사랑이 많은 따뜻한 코치

6. 조영자 코치 MBA 코칭 & 협상 전공

KPC (Korea Professional Coach), NLP PRACTITIONER (NLP University)

편안하게 참여를 이끌며 공감과 화합을 이끄는 코치이자
팀원들의 차이점을 존중하며 한 사람도 소외되지 않도록 포용력이 강한 코치이다.

사람을 돕는 일을 중요하게 생각하고 사랑과 인정이 많은 따뜻한 감성을 가진 코치

7. 최현정 코치 MBA 코칭 & 마케팅 전공

KPC (Korea Professional Coach), NLP PRACTITIONER (NLP University)

팀에 다양한 가능성과 성장을 촉진하며 목표 달성을 효율적으로 돕는 코치이자

유연성을 발휘하고 역동적인 상황에서 최상의 능력을 발휘하는 코치이다.

일을 효율적이고 목표 지향적으로 추진하며, 인정과 사랑이 많은 따뜻한 코치

더 코치(THE COACH): 나를 찾는 마음 여정, 그리고 NLP

초판발행	2023년 10월 31일
중판발행	2023년 12월 20일
지은이	구병주·김영주·노진백·설명찬·이재영·조영자·최현정
펴낸이	노 현
편 집	조영은
기획/마케팅	조정빈
표지디자인	BEN STORY
제 작	고철민·조영환
펴낸곳	㈜피와이메이트
	서울특별시 금천구 가산디지털2로 53, 210호(가산동, 한라시그마밸리)
	등록 2014.2.12. 제2018-000080호
전 화	02)733-6771
f a x	02)736-4818
e-mail	pys@pybook.co.kr
homepage	www.pybook.co.kr
ISBN	979-11-6519-453-6 93370

copyright©구병주·김영주·노진백·설명찬·이재영·조영자·최현정, 2023, Printed in Korea

정 가   22,000원

박영스토리는 박영사와 함께하는 브랜드입니다.